良い政府の政治経済学

Principled Agents?
The Political Economy of Good Government

Timothy Besley

ティモシー・ベズリー

溝口哲郎 訳　下松真之 解説

慶應義塾大学出版会

日本語版への序文

　『良い政府の政治経済学』が出版されてから20年近くが経過しようとしている。この本は、私がウプサラ大学で行ったリンダール講義から誕生した。本書とそのテーマに対する関心がいまだに高いことを嬉しく思う。そして、中核となるアイデアの多くは、政治経済学における今日の議論や研究の中心であり続けている。

　本書を執筆する原動力となった主要な問題は、政府がどのような場合に、より多方面の公の利益のために活動するのかを理解することである。これは政治経済学における古典的な問題であり、歴史を通じて多くの政治思想家や憲法起草者を悩ませてきた。さらに、我々は経験則から、政府が国民に奉仕することは当然のことではないと知っている。誠実で専門知識のある人物を選ぶことは、彼ら彼女らの在任中の行動を左右する制度的・文化的要因を理解することと同様に、依然として重要である。本書の貢献は、こうした問題について考える枠組みを作るのに役立つシンプルな理論モデルを開発することである。世界はモデルよりもはるかに複雑だが、何らかの枠組みなしに問題を考え抜くことは難しい。

　本書で展開されている枠組みのほとんどは、民主制という設定において直面する問題の観点から記述されている。民主制は、選挙という競争を通じて権力へのアクセスをオープンにし、行政権力を制約するものであるが、それでも現職の政策決定者には十分な裁量権が残されている。さらに、その多くは情報の非対称性、すなわち市民がアクセスできない分析結果や証拠に政策決定者がアクセスできる状況にある。

　最近の事例では、新型コロナウィルス感染拡大時の政策決定が挙げられる。市民は、都市封鎖、ワクチン接種プログラムの設計、その他の介入策に

関する決定が、利用可能な最善の議論と証拠に基づいていることを疑わずに信じていた。しかし、専門家グループは政府への助言において大きな影響力を持っていた。これが複雑なトレードオフを考慮した上での最善の方法で用いられたかどうか、おそらく私たちにはわからない。しかし、結局のところ、私たち市民は、政府の対応がどれだけ優れていたかについて自ら判断を下すしかないのである。

　本書は、このような状況について考えるための枠組みを提供しようとするものである。政策対応に不満がある場合、政治の失敗という考え方を持ち出す人がいる。この言葉はよく使われるが、定義されることは、ほぼない。『良い政府の政治経済学』では、政治の失敗についてどのように考えられるかを幅広く論じている。

　この本が念頭に置いていた文脈は、ほとんどが民主制政治であった。しかし、下松真之氏〔本書の解説を執筆〕とのその後の研究では、本書の考え方を拡張して、非民主的な状況における政策決定について考えようとした。これにより、中国をはじめとする一部の独裁制国家が、民主主義国家の標準的な説明責任メカニズムなしに経済的成功を享受しているように見える理由について考えることができた。民主制体制における有権者の役割を果たす、党幹部という限られた人数の「選別者（selectorate）」について考えるのが最善であったが、本書の考え方はここでも役に立つことがわかった。民主制という設定から引き継がれるテーマは、情報制約を受け入れた上で、政策決定者に説明責任を果たさせる必要性である。これを研究することで、なぜ、こうした説明責任制度の構築に失敗した独裁国家が成功しないのか、を説明することができるようになる。

　本書の主要な考え方を応用した研究は、その後も数多く行われている。

　刺激的な展開のひとつは、政治的説明責任問題の解決に関連する実証的研究の増加である。その格好の例が、ブラジルの市長が無作為に選ばれて監査対象となったときに何が起こったかを調べた、Ferraz and Finan（2008）による影響力のある研究である。この自然実験をエージェンシー・モデルの予測というレンズを通して見ることは、実り多いものであることが証明された。政治的説明責任の研究は、フィールド実験の利用が増えたことにも後押しさ

れている。この研究の重要な分野の1つは、再選を目指す政治家とその在任中の業績についての有権者の知識を増やす情報介入を用いている（例えば、Kendall et al. 2015やDunning et al. 2019がある）。

　エージェンシー・モデルはまた、メディアと政治、そしてその政策決定における役割に関する、今となっては膨大になった研究蓄積を下支えしている。その中には、『良い政府の政治経済学』が書かれた当時は重要な問題ではなかったソーシャルメディアに関する研究も含まれている（Zhuravskaya et al. 2020を参照）。ソーシャルメディアが政府の質を向上させるかどうかを理解する上で、それが真実についての情報源なのか、それともフェイクニュースの情報源なのかは極めて重大な問題である。本書の分析結果のいくつかは、第3章の命題3が論じているように、次善（セカンド・ベスト）の世界では、より真実な情報を持つことが必ずしも良いという保証はないことを示している。政治的エージェンシー・モデルは、行動経済学と政治経済学をどのように組み合わせるかを考える上でも有用である（例えば、Glaeser and Ponzetto 2017がある）。標準的なモデルでは、プリンシパル（有権者）は経済学における標準的な意味で合理的である。しかしながら現在では、有権者としての役割や、より一般的な意味での政治参加に関連がある意思決定バイアスの種類について、より多くのことがわかっている。

　『良い政府の政治経済学』の重要なテーマである「政治家選択（political selection）」の問題への関心は、過去20年間で高まっており、本書のモデルの中心をなしている（Dal Bó and Finan 2018参照）。現在では、国によって異なるものの、誰が公職に就いているのかについて、はるかに多くのことがわかっている。スウェーデンは、こうした問題を研究する上で特に有益な場所であるとわかってきている。豊富なデータによって政治家とその学歴、労働収入、職歴を結びつけることができるからだ。Dal Bó et al.（2018）の研究は、スウェーデンにおける「政治家選択」についての楽観的な見方を提示している。議員になる者は様々な属性において平均的市民よりも優れているというポジティブセレクションが働いていることが、この研究で明らかになった。もちろん、そのような学歴エリートが、それ故に有権者の関心事からかけ離れた考えを持つかどうかは、どのように彼ら彼女らに説明責任を果

たさせるかにかかっている。Dal Bó et al.（2023）は、スウェーデンの急進右派が、かなり異なる経歴を持つ新しい政治家たちを引き寄せていることを示している。我々はまだ他の国についてはそれほど多くのことがわかっていないが、今後数年のうちに、より広範な国についてさらに多くのデータが入手できるようになるだろう。

　『良い政府の政治経済学』のテーマは、現在進行中の議論に関連していることは間違いない。ドナルド・トランプの当選と復帰の見通しは、この本に書かれている多くの問題を浮き彫りにしている。日本では、日本史上最も変革的な指導者の一人と概ねみなされている故・安倍晋三氏の評価と実績が、「政治家選択」について多くの議論と論争を生み出し続けている。特定の政治指導者についてどのような意見を持つにせよ、活力ある民主主義国家に住む私たちは、市民が政治に参加しようとするからこそ、政治制度の価値を高めることができるのだということを、時に思い起こす必要があるかもしれない。このことは、公益に貢献する効果的な政策を実施するための最良の希望であると同時に、そのような政策の実行者として誠実な人物が選ばれるのを促進する。本書は、政府が公共の利益に奉仕するためには、理想主義と実用主義の賢明な組み合わせが必要であることを思い出させてくれる。

2024年2月、ロンドン

序文

　この本は 2002 年にウプサラ大学にて講演した「リンダール・レクチャー」から始まる。私はこのような講演を依頼されたことを光栄に思う。エリック・リンダールは、公共経済学および政治経済学において強力なアイディアを展開した。彼は、この本が書かれた精神、すなわち世界をより良き場所にするための方法を理解するために、政治経済学と公共経済学のアイディアを使いながら示してくれた。ソレン・ブロンクィストとベルティル・ホルムルンドの二人には著者の滞在中および、これらのアイディアを書き上げるまでに時間がかかったことに対して理解と、その忍耐力に対して、特に感謝している。またウプサラの滞在が大変刺激的なものにしてくれた、ウプサラ大学の教授陣および学生にも感謝している。

　講義を仕上げるのに時間がかかってしまった主たる理由は、アイディアのいくつかをより深く、体系的に発展させたいという、内心からこみ上げる熱い想いである。例えば、政治のエージェンシー・モデルは、私が以前考えていたよりも理解されていないこと、そして政治のエージェンシー・モデルの可能性をより体系化した説明として展開する機会があまりにも魅力的であったからである。草稿はまた、いわゆる「善意の」独裁者としての政府の見方と、公共選択的な見方を分類する機会を与えている。私は母校で大学院生として学んでからずっと、（最小限であることは必要ではないが）健全な政府の重要性に対する私の信念と、行政機関がしばし悪用されているという自明の命題とを調和させるための旅を継続してきた。政府のインセンティブは最優先であり、かつ公共経済学のコースの中の一部として教えられるべきであるのは明らかである。元々の講義に、政府の失敗という概念について、より洗練された章を加えている。

　本書は、経済学と政治学のアイディアを組み合わせた、急速に成長している政治経済学の分野に対する貢献を意図したものである。また専門的な事象については最小限にとどめるように努めたが、ミクロ経済学の基本的な手法に慣れておくことは、議論を理解する上で必要となる。網羅している範囲は決定的なものとは言い難い。政治経済学の領域は現在加速度的に進化している。本書での取り扱いは主に、政治における非対称情報を重視した政治へのエージェンシー・アプローチに主眼を置いている。また空間モデルにはあまり注意を払っていない。

　本書のいくつかのアイディアのうち、ハーバード大学社会科学の基礎研究のためのセンター（CBRSS）によって組織化された「著者との出会い」シリーズでの発表の機会を持てたことは、この上もない僥倖であった。特にジム・アルトとケン・シェプスルには招待および親切なもてなしに感謝している。私が現地にいる間に彼らが提供してくれた、このプロジェクトに関する数々の見識からも恩恵を受けた。本ワークショップの参加者たちは、非常に協力的で、多数のアイディアが提供され、不適切なものを避ける手助けを得ました。特にこのワークショップでは、ダロン・アセモグル、アルベルト・アレシナ、アビジット・バナジー、ジョン・ロンドレガン、アーサー（スキップ）・ルピア、アダム・メイロウイッツ、シャルン・ムカンド、ジム・スナイダー、エンリコ・スポラオールの諸氏から受けたフィードバックに感謝している。

　この本のトピックについて、私の考えに影響を与えた人たちは大勢いる。私のキャリアを通じて、とりわけスティーブ・コートとの友情をはぐくみつつ、相談を楽しんできた。スティーブと私は数多くのプロジェクトで協働し、そこで発展させたアイディアの多く、（特に良いものについて！）は、おそらくスティーブのものである。しかしながらこれら多くのアイディアはスティーブとの何年もの議論によって、私の脳裏に刻みこまれてしまったため、区別がつかなくなってしまった。アン・ケースは、私たちがアメリカ合衆国の知事間の再選率の決定要因を理解しようとすると同時に、エージェンシー・アプローチを偶然思いついたときに、政治経済学への私の最初の努力に際して、協働してくれた。アンは、本書に関連するたくさんのアイディ

アを教えてくれた。またアメリカ合衆国知事に関する第3章の一部は彼女との共同研究に基づいている。マイケル・スマートとも財政の設定のもとでのエージェンシー・モデルを理解するために、共同研究を行った。本書第4章の大半は彼との共同研究の成果である。ダニエル・シュトルムとスマートの研究も、本書第3章で使用しているエージェンシー問題の定式化に大きな影響を及ぼしている。

ロンドン・スクール・オブ・エコノミクス（LSE）は他に類を見ない場所であり、私は1995年以来、経済学部および、「経済学およびその隣接学問のためのサントリー・トヨタ国際研究センター（STICERD）」のメンバーとして奉職している。そこでは好奇心旺盛で、誠実で、エネルギーに満ち溢れた同僚に恵まれた。特にSTICERDの同僚たち、オリアナ・バンディエラ、ロビン・バージェス、マイトリーシュ・ガータク、マーカス・ゴールドスタイン、アンドレア・プラットからは、本書に関する有益な会話があり、その一部にもコメントをもらったことを感謝している。

他にも多くの方からコメントや激励を受け、ここで扱われている問題についての理解を深めることができた。ダロン・アセモグル、ブルーノ・フレイ、ジム・ハインズ、クレア・リーバー、ジラット・レヴィ、ステファン・モリス、ロジャー・マイヤーソン、トルステン・パーソン、グイド・タベリーニ、コンラッド・ブールハルディ、マリーケ・ハイゼントゥルイト、下松真之、マリット・リハビィ、シルビア・ペッツィーニは、さまざまな場面で優れた研究支援をしてくれた。とりわけ下松真之氏は、草稿全体を注意深く読み込んだだけではなく、本書の本質的な改善につながる多くの重要なコメントをしてくれたことを言及しておく。

最後に、妻のジリアンと息子たちのトーマスとオリバーに、彼らの寛容と支援に感謝している。

ペーパーバック版への序文

　本書のペーパーバック版は、ハードカバー版からは小さな手直しのみ行っている。最初の原稿を書き終えてから、エージェンシー・アプローチを用いた新しい論文がいくつも目に留まるようになった。また見逃していた古い参考文献もある。いずれにせよ、ここでそれらを取り入れることはしていない。同様に、この本について、この本について意見を寄せてくれた同僚たちからのフィードバックに応えることができていない。しかし、いくつかの誤字を訂正し、既存の参考文献の一部を適宜更新した。ハンネス・ミューラーには、この仕事を手伝ってもらい、感謝している。

2007年3月　ロンドン

目　次

凡例
- 訳注は本文中に〔　〕で補った他、†をつけ脚注にしたものもある。
- 原著の重要な概念である congruent を「合議型」、 dissonant を「不合議型」と訳した。

第1章

理想的な政府に関する争点

> およそ憲法をつくるにあたって目的とすべき点は、まず第一に、社会共通の福祉を判別する最もすぐれた英知をもち、それを実現してゆくうえでの最もすぐれた能力をもつ統治者を得られるようにすることであり、そうあるべきである。それに次いでは、これら統治者が市民の信託を受けている間は道徳的であり続けるよう、万全の措置を講ずることである。
>
> Madison (1788)

1.1 政府についての二つの見解

政府についての経済分析は大まかにいえば、二つのカテゴリーに分けられる。一つは、公益のための政府を重視するものである。いわば市民生活の向上のために、政府が行うことができる活動範囲を描き出す。政府は所有権の確立および、法廷を通じた裁判によって市場システムの基礎を提供し、民間活動が内生化に失敗する外部性を規制することが可能であり、市場においては過少供給になりがちな公共財を供給することができる。さらに競争が限定されている場合、市場支配力の濫用を制限することができる。そして最後に、社会的に優遇されたグループへと、政府は資源配分を行うことができる。この背景にある論理は、長い年月をかけて発展し、厚生経済学の視点から見た国家の現代理論を提供している[1]。

もう一つの極端な例は、政府を主に私利私欲にまみれているものであると

---

[1] 例えば、Atkinson and Stiglitz (1980) を参照。

みなすものである。政府は、徴税権のゆえに、国家を掌握しようとする私的で無駄な努力がなされることで、一般市民を犠牲にして、権力者に報酬が与えられるというレントシーキングの中心になりうる。政府は一見すると道徳的な機能を果たしているように見えても、組織化された集団の影響を受けたり、国家公務員が賄賂を受け取って市民全体の利益に反する行動を取ることもある。政府は公共の利益を実現するために（献身の精神に乏しい）役人たちに十分なインセンティブを与えない可能性がある。このような役人たちは資源を自分たちのために流用したり、単に仕事を怠けたりすることも選ぶかもしれない[2]。

　本書はこの二極化する政府観とその可能性について理解を試みるものである。その知の起源は、いわゆる**パブリアス**（Publius）[†]の見解にあり、今日では、『ザ・フェデラリスト』（1788）の著者の一人であり、アメリカ合衆国憲法の制定者であるジェームズ・マディソンの名前と関連づけられることが多い。この見解は政府が公益のために行動する可能性を認識しているが、物事がうまく行かない傾向があることも理解している。良い政府とは、ある程度まで、政策の決定に関与する人々のインセンティブに影響をもたらす制度的な枠組みを設計することと結びついている。ところが良い政府をつくるためには、インセンティブが全てとはいえない。さらにいえば良い指導者、すなわち人格と知性を兼ね備えた人物が必要である。こうした政治におけるインセンティブおよび選択の2つの要素は、本書における中心テーマである。

　こうした疑問を解決するためには、政府による資源配分の方法についてのモデルが必要である。市民と政府間にある依頼人（principle）・代理人（agent）問題の解決こそが政府の有効性を高めるために重要である。しかし、より広い意味では、公的資源配分を理解するための理論・実証的ツールを開

---

[2] この見方は公共選択の中心となるものである。財政の文脈では Buchanan（1967）を参照。

[†] アメリカ合衆国独立当時の米国では、アメリカ合衆国憲法の草案に対する反対派が根強く、成立が危ぶまれていた。このとき連邦体制の強化と 1787 年採択の憲法批准促進を擁護する論陣を新聞や雑誌に張った。そのときに使った匿名が「パブリアス」で、実際の筆者は、A・ハミルトン、J・マディソン、J・ジェーであった。

発した現代政治経済学の文献に位置づけられる。

　本書は、政府の有効性には制度的な前提条件が必要であるという考え方において、パブリアスの見解と共有している。しかしそれらの前提条件を見つけるためには、インセンティブと政治家が選出されるプロセスを理解する必要がある。ただし良い政府は条件が整ったときのみだけ可能である、という意味で概ね楽観的である。

1.2　本書の概要

　本書は、いわゆる自己完結型の四つのエッセイで構成されている。最初（第1章）は、本書で学ぶ問題についての導入と、政治経済学の観点に基づいた政府についての議論を取り上げる。ここでは議論に関して、歴史的経緯と政府の役割について伝統的な公共経済学のアプローチの両方から考える。またこのような考え方の動機となっている、各国政府の質の違いにおける経験的証拠についても議論する。また、政治におけるインセンティブと選択というテーマについても、より一般的に論じる。

　第2章は、**政府の失敗**（government failure）についての試論である。現在、経済学者の多くは、政府介入を議論する際に、政府の失敗と市場の失敗という考え方の両方の併記が必要であることに合意している。しかしながら、市場の失敗とは異なり、政府の失敗の定義については意見が一致していない。政府の失敗のどの側面が、政府が強制力を独占しているという事実に内在するもので、どの側面が民主的な政治競争の結果なのかは不明瞭である。第2章は、それらの考えを概説し、主要なアイデアを説明するための簡単な経済事例をいくつか挙げる。

　第3章では、**政治的エージェンシー・モデル**（political agency model）について説明する。このモデルでは、政治における限定情報の影響を探っていく。そして標準的なモデルを作成し、そのモデルで発生するさまざまな問題を議論する。さらに文献の紹介だけでなく、これまで十分に理解されてこなかった種々な問題を提起し、今後の研究へと役立てる。また、現実世界の政策選択を説明する上で、モデルの経験的な可能性を強調している。これらの

モデルの中心となるのは、**政治的説明責任**（political accountability）という概念である。よく使われる概念であるが、正確な用法を欠くことが多い。政治的エージェンシー・モデルは、この概念について考え、政治的説明責任が実際にどのように機能するかを探るための理想的な手段である。

　第4章では、マイケル・スマートとの共同研究に基づき、政治的エージェンシー・モデルを財政問題に適用する。エージェンシーの枠組みで税金、負債、公共支出の決定を考える際に適用可能である、簡素で扱いやすいモデルを展開している。また、エージェンシー・モデルにおいて、政府を抑制するメリットについてもモデルを用いた考察を行っている。また、公共サービスを提供する際に、非政府組織（NGOs）と政府のどちらを選択するかについて、エージェンシー・モデルがどのような知見を与えるかについても論じている。

　第5章では、若干の結論と意見を述べる。主なテーマの一つは、政治経済学モデルにおける選択の問題にもっと注目する必要があるということであり、これに関連する主要なアイデアをいくつか紹介する。

1.3　背景にあるテーマ

　本書では、代表民主制における政策立案を中心に論じている。このことは、公的・私的資源の配分における市場経済とある種の自由民主主義が中心的な役割を果たすというこの上ない合意が得られている現在、非常に重大な意味を持つ。実際、世界の大半は現在、民衆に選ばれた政府によって規制され、強化された資本主義的生産モデルに関与している。とはいえ、いつもそうだったというわけではない。1945年から1990年あたりまで、世界は二つの巨大な経済システムに分裂していた。一方の側は、経済計画を通じて、経済の国家への全体的な従属を基礎とした計画経済であり、もう一方は政府による公共財の生産と市場で優位であった私的財の生産の両方による混合経済であった。この経済的な分裂はほぼ政治的な分裂と並行している。すなわち計画経済は主として独裁的であり、混合経済は自由民主主義のある種の形式

図 1.1　世界の民主政体（1950–2003）

出典：PolityIV（2003 年版）
註：所与の年における国家が民主政体であると分類されるのは、PolityIV のデータセットにおける Polity 2 の変数がゼロよりも大きいときである。民主政体のパーセンテージは各年に対して PolityIV のデータセットにおいて、すべての国家の数に対する民主政体の数の比率として計算される。PolityIV のデータセットは 2003 年においては、50 万人以上の人口の国々しか含まない。またデータセットの国の全体数は植民地の独立、国家の分裂、国家の統合によって全期間を通じて変化している。

にコミットしていた。最近の民主制への揺り戻しについては、Polity IV[†] のデータセットを使った描かれた図 1.1 にある。1950 年代から 1970 年代半ばまではこの動きは減少傾向であり、1990 年頃から本格的な「テイクオフ」が始まった。ベルリンの壁の崩壊が一因ではあるが、それ以外の要素もある。

[†] Polity IV は各国の政治体制が民主主義が独裁制かを評価するための指標と評価そのものが中心となったデータベースである。現在は Polity V に移行しており、1800 年から 2018 年までの時系列データをカバーしている。詳細については https://www.systemicpeace.org/polityproject.html にある。

　近年、民主主義的な価値観が勝利を収めたとはいえ、様々な制度的選択がもたらす影響については、いまだに膨大な議論がある[3]。さらに、経済学における民主的な政策立案の結果についても多くの議論がある。ヴァージニアとシカゴに端を発する政治経済学の初期における支配的な伝統は、どのように民主制が政策を生みだすのか、また回避すべき「民主主義の失敗」が常態化しているのかどうかについて、競合的な分析を提供した。重要な課題は、どのように政府の資源配分が機能するのかを理解し、そして効果的で民主的統治の制度的な前提条件を明らかにすることである。

1.3.1　政府の規模

　20世紀に起こった政府の著しい発展は、最初に述べた政府に対する二つの相反する視点を浮き彫りにした。政府の成長は、政府は自らの徴税権を抑制する安全装置が不十分で、政府が「制御不能」に陥っていることの裏返しともいえる。しかし、政府の成長は公共の利益を守るための政府の有効性を確認するものともいえる。

　Maddison (2001)から再作成した表1.1はこのことを示している。20世紀

表1.1　現在価格でのGDPの％として表された総政府支出：西欧、アメリカ合衆国および日本（1913年–1999年）

	1913	1938	1950	1973	1999
フランス	8.9	23.2	27.6	38.8	52.4
ドイツ	17.7	42.4	30.4	42.0	47.6
オランダ	8.2	21.7	26.8	45.5	43.8
イギリス	13.3	28.8	34.2	41.5	39.7
平均	12.0	29.0	29.8	42.0	45.9
アメリカ	8.0	19.8	21.4	31.1	30.1
日本	14.2	30.3	19.8	22.9	38.1

出典：Maddison (2001).
註：オランダのデータは1913年ではなく1910年のものである。

---

[3] 民主制の政府と非民主制の政府の間の相違について、重要な洞察をいくつか行っている Acemoglu and Robinson (2006)を参照のこと。

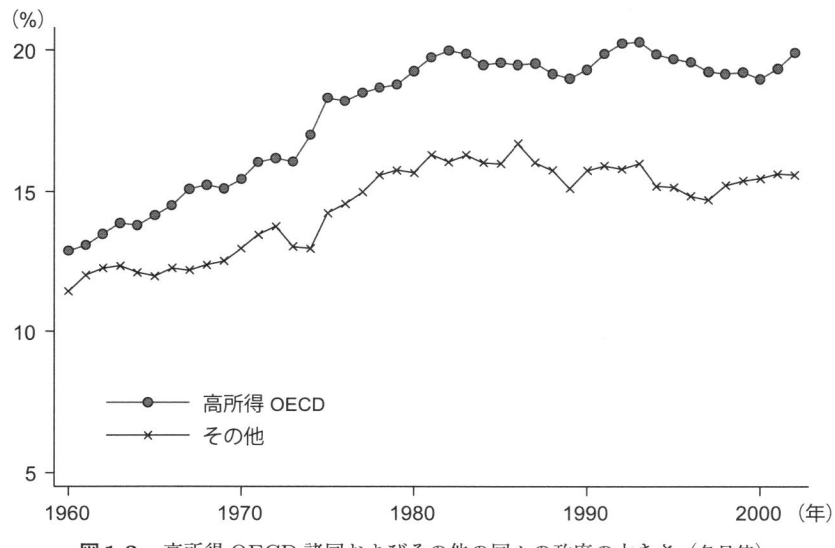

図1.2　高所得 OECD 諸国およびその他の国々の政府の大きさ（名目値）

出典：世界開発指標（2005 年）
註：政府の大きさ（名目値）は、現地現在通貨単位による一般政府最終消費支出対 GDP のパーセンテージで
　　測られている。国家の各グループへの単純平均は計算されている。高所得 OECD 諸国は、オーストラリア、
　　オーストリア、ベルギー、カナダ、デンマーク、フィンランド、フランス、ドイツ（1990 年以前は、統一
　　ドイツ）、ギリシャ、アイスランド、アイルランド、イタリア、日本、ルクセンブルグ、オランダ、ニュー
　　ジーランド、ノルウェイ、ポルトガル、スペイン、スウェーデン、スイス、英国およびアメリカ合衆国であ
　　る。2003 年のデータは 23 ヵ国のうち 8 ヵ国の高収入の OECD 諸国が失われているため、除外されてい
　　る。図 1.3 との比較のために、実質値での政府の大きさのデータへの国家－年別は利用できないため、欠落
　　している。

初頭の西ヨーロッパの政府は、GDP の約 10% のみ消費していたが、20 世紀
の終わりまでには 40% 以上も消費している。このトレンドは日本や完全な
「福祉国家」を採用していないアメリカでも維持されている。
　　図 1.2 および図 1.3 は 1960 年以降のパターンを見ている[4]。これらの図は、
実質値および名目値の両方の GDP に占める政府消費割合によって測られた

[4] 世界開発指標からのデータは 1960 年より先からのみ利用可能である。

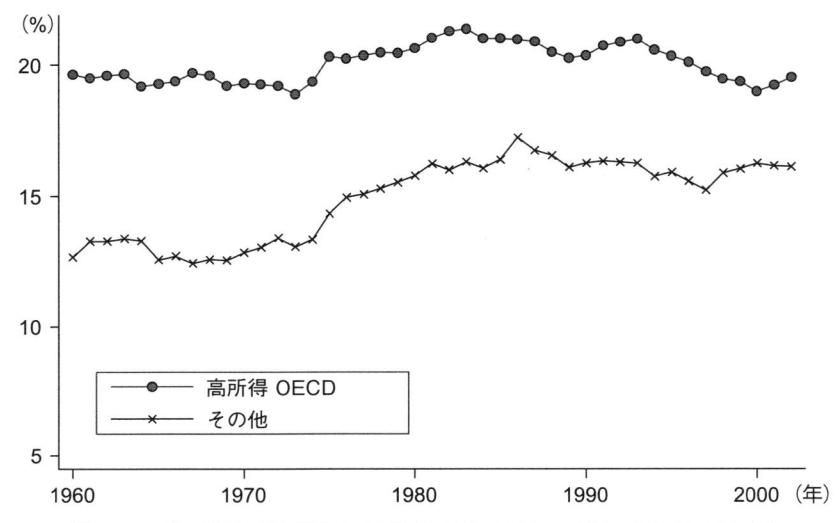

図1.3 高所得 OECD 諸国およびそのほかの国々の政府の大きさ（実質値）

出典：世界開発指標（2005）
註：政府の大きさ（実質値）は、現地不変通貨単位による一般政府最終消費支出対 GDP のパーセンテージで測られている。国家の各グループへの単純平均は計算されている。高所得 OECD 諸国は、オーストラリア、オーストリア、ベルギー、カナダ、デンマーク、フィンランド、フランス、ドイツ（1990 年以前は、西ドイツ）、ギリシャ、アイスランド、アイルランド、イタリア、日本、ルクセンブルグ、オランダ、ニュージーランド、ノルウェイ、ポルトガル、スペイン、スウェーデン、スイス、英国およびアメリカ合衆国である。2003 年のデータは 23 ヵ国のうち 8 ヵ国の高収入の OECD 諸国が失われているため、除外されている。図 1.2 との比較のために、実質値での政府の大きさのデータへの国家－年別は利用できないため、欠落している。

政府の大きさをグラフ化したものである。ただし高所得の OECD 諸国とその他の国々を分けている。こうした図が示しているのは貧しい国々よりも豊かな国々の方が政府の規模が大きいということである。名目値における政府の規模は、両者ともに国民所得に占める割合が増加しているが、扱っている期間の途中から横ばいになっている。実質値のグラフは、豊かな国々ではトレンドはほぼ横ばいであるが、非 OECD 諸国のサンプルでは、上向きの傾向がみられる。このことは、名目的な政府規模の拡大は、Baumol（1967）が示唆した非均斉成長の話に沿って、あるサービス群を供給するコストの増加が主な原因であることを示唆している。彼は豊かな国々の政府の成長は、労

働集約的なサービスを提供しているという事実に大きく影響され、労働節約的な技術革新の恩恵を受けていないと主張した。Borcherding (1985) は、政府規模の上昇のほぼ31%がこの方法で説明できると見積もっている。どのように民主化が政府の成長に影響を与えるのかは、議論の余地がある。理論的な見地から言えば、民主制は民意をもっと重視すべきである。Acemoglu and Robinson (2005) は、貧困層がより大きな影響力を持ち、より大きな再分配をもたらす政府システムとして、民主制をモデル化した。Mulligan et al. (2004) は、民主制国家が非民主制国家と本質的に異なる経済・社会政策を持っているという命題を、このデータはほとんど裏付けていないと主張する。ところが彼らのデータは1990年で終わっており、民主制の発生率が近年重要な増加を見せる前であった。さらに彼らが利用した Polity IV のデータは、大まかな傾向を見るには有用だが、全体としての政策的なインセンティブをモデル化するには不十分である。

　図1.4と図1.5は Polity IV のデータで測られた民主制と独裁制における政府の規模を表している。これらの図によれば、民主制と非民主制の間の政府の規模についてあまり差はないことを示している。1990年以前の実質値ベースの差は、主として所得効果であり、この時期の民主制と独裁制の所得水準の大きな格差が反映している。

　昨今の研究から最も説得力のある教訓は、民主制には様々な形態があり、民主制それ自体の効果を求めるのは、おそらく見当違いだということである。Persson and Tabellini (2003) は、政府の形態と政策の帰結に関して特有のパターンがあることを示している。中でも特に注目すべきは、（大統領制ではなく）議会制と（多数決代表制ではなく）比例代表制の両方と政府の大きさの間には頑健な関係が存在する。

　政府が現代のような規模にまで成長したのは、国民の信頼が著しく高まったからかもしれない。政府は国民所得の大部分を使い、非常に賢く利用することが求められている。このような信頼は以下の二つの方法のうちどちらかで保つことができる。つまり政府が公明正大な役人によって構成されていると確信するか、さもなければ利己的な行動を抑制する十分な安全措置が設けられていなければならない。いずれにしても、100年の間にこの立場が大き

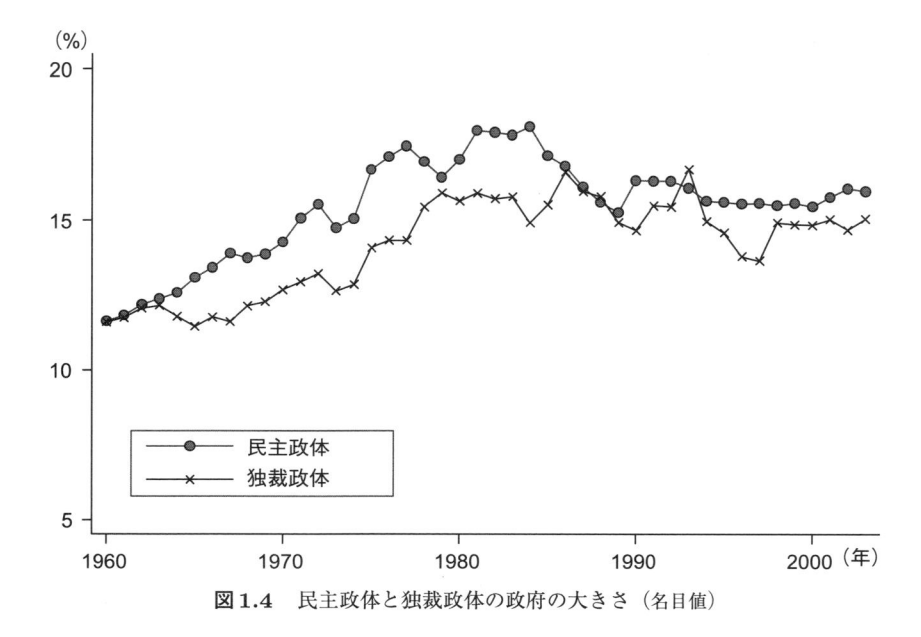

図 1.4 民主政体と独裁政体の政府の大きさ（名目値）

出典：世界開発指標（2005）および PolityIV
註：政府の大きさ（名目値）は、現地現在通貨単位による一般政府最終消費支出対 GDP のパーセンテージで測られている。国家の各グループへの単純平均は計算されている。所与の年における国家が民主政体であると分類されるのは、PolityIV のデータセットにおける Polity2 の変数がゼロよりも大きいときであり、独裁政体の場合は Polity2 がゼロか負のときである。ある年は民主政体である国家が他の年には独裁政体である可能性にも注意する。図 1.5 との比較のために、実質値での政府 y の大きさのデータへの国家-年別は利用できないため、欠落している。

く変わったことは注目に値する。どのような長期的観点から見ても著しく高い税金と引き換えに利益をもたらすという政府への信頼が、この制度的合意の核心部分である。

1.3.2　腐敗

　政府の大きさが政府の質をできるだけ語りうるかどうかは議論の余地がある一方で、実証的な注目を大いに浴びている政府の質の側面の一つに、いわゆる腐敗（corruption）がある。腐敗がどの程度経済全体にダメージを与え

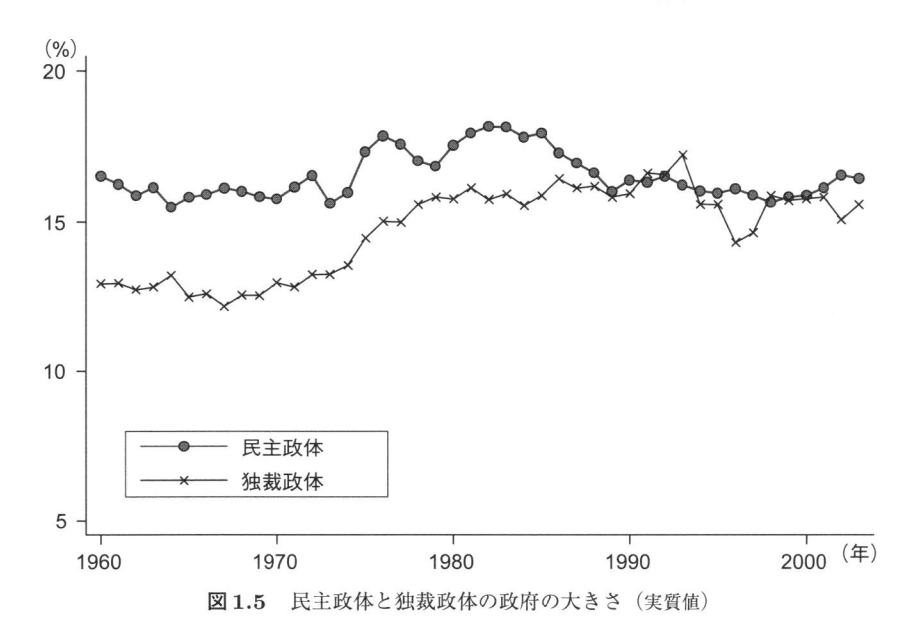

図1.5 民主政体と独裁政体の政府の大きさ（実質値）

出典：世界開発指標（2005）および PolityIV

註：政府の大きさ（名目値）は、現地不変通貨単位による一般政府最終消費支出対 GDP の％で測られている。国家の各グループへの単純平均は計算されている。所与の年における国家が民主政体であると分類されるのは、PolityIV のデータセットにおける Polity 2 の変数がゼロよりも大きいときであり、独裁政体の場合は Polity 2 がゼロか負のときである。ある年は民主政体である国家が他の年には独裁政体である可能性にも注意する。図1.4 との比較のために、名目値での政府の大きさのデータへの国家－年別は利用できないため、欠落している。

るのか未だに議論があるものの、質の低い政府の重要な徴候であることには、広く認められている。とはいえ、腐敗は国家の実績における別個の分析を必要としている様々な問題を表すために特別に使われている。特に重要なのは、官僚の腐敗と政治の腐敗の違いである[5]。これら腐敗を永続させる制度的構造は、関連性がある場合もあるが、全く異なる場合もある。例えば、官僚と

---

[5] Hellman et al.（2000）は、「国家簒奪」（法律の変更による腐敗）と「行政的腐敗」（法の施行を変更することによる腐敗）を区別し、実証的に国家簒奪に参加している企業のタイプは、行政的腐敗に参加している企業とは異なることを示している。

政治家に対する統制へのインセンティブ機能はどちらかというと異なる傾向がある[6]。

　次章で見るように、規範的な視点から腐敗のコストについて考える数多くの方法がある。国家から不正な収益を得る人物が社会的に価値の高い人物であることはまずないため、腐敗は主として配分の問題として捉えることができる。腐敗によって生み出された公務員と市民との間の移転の大きさを評価する社会厚生関数を考えるのはかなり難しい。

　腐敗は資源の配分ミスにもつながっている。資源の配分ミスが起こる可能性には様々なやり方がある。例えば、腐敗は投資や公共インフラを最も生産的な利用から遠ざけるような、配分ミスへと導く。利己的な個人が汚職行為によって見返りが増大した職業に報酬を求めるため才能の配分の誤りにつながる可能性もある[7]。腐敗した政府によって、さらに利己的な個人たちが、レントを得るために公務員を選択することにつながるかもしれない。

　腐敗を測ることは一筋縄ではいかないが、いくつかの指標が目下利用可能である。それらの中で主要なのは、国際カントリー・リスク・ガイド（ICRG）とトランスペアレンシー・インターナショナルのものがある。腐敗を様々な歴史的・制度的要因と関連づける小規模の産業が生まれた[8]。いくつかの有用な経験的規則性が浮かび上がってきた。

　原因においても結果においても、腐敗は低所得と関連している（Mauro 1995 も参照）。ここで因果関係の方向を確立するのは非常に困難であるものの、貧しい国であるということは部分的に、政府の質が低いことを明らかにしている。加えて、この観察はどのように経済開発を促進するのかという議論に影響を及ぼしている。世界銀行とその他の組織は、開発途上国の世界中で政府のパフォーマンスの改善の手段として、腐敗と闘うことに重点を置く「統治アジェンダ」を後押ししている。

　図 1.6 と図 1.7 はこれら二つの論点を図示している。図 1.6 は、1980 年代

---

[6] このことについての最近の分析は、Alesina and Tabellini (2007)を参照。
[7] 例えば Murphy et al. (1991)を参照。
[8] 実証的な文献は、Treisman (2000)が概説している。

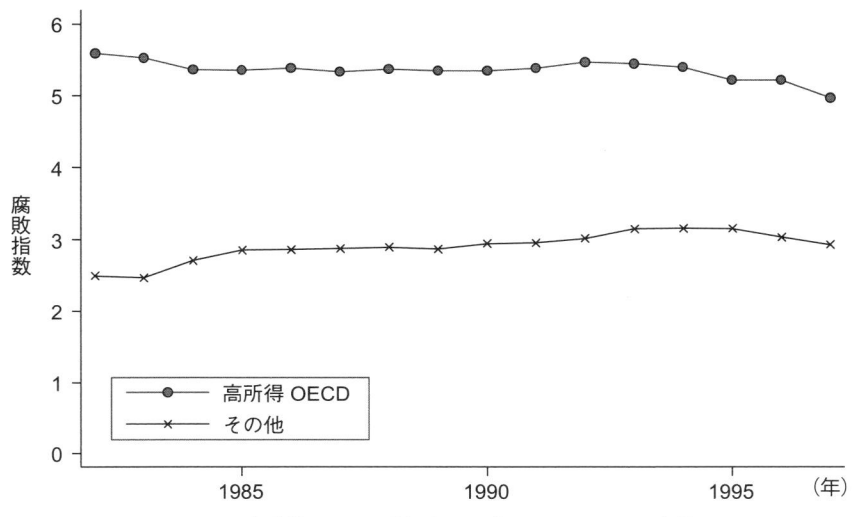

図 1.6　高所得 OECD 諸国とその他の国々における腐敗

出典：国際カントリー・リスク・ガイド（http://www.countrydata.com/dataset）
註：腐敗指数（データセットにおいて「腐敗」変数）は 0 から 6 の範囲で、高い数値は腐敗がより少ないことを示している。国家の各グループへの単純平均は計算されている。高所得 OECD 諸国は、オーストラリア、オーストリア、ベルギー、カナダ、デンマーク、フィンランド、フランス、ドイツ（1990 年以前は西ドイツ）、ギリシャ、アイスランド、アイルランド、イタリア、日本、ルクセンブルグ、オランダ、ニュージーランド、ノルウェー、ポルトガル、スペイン、スウェーデン、スイス、イギリス、およびアメリカ合衆国である

半ばと 1990 年代の終わりにかけて ICRG の腐敗尺度をグラフ化したものである。全期間を通じて、豊かな国々は極めて腐敗の水準が低い状態にある[9]。図 1.7 で表されたように、民主制の国々は同時期の独裁制の国々と比較しても腐敗水準が低い。

　その裏付けるとなるように、腐敗とその他の政府のパフォーマンスとの間には強い相関関係がいくつもある。La Porta et al.(1999)は、腐敗と①民族言語的な細分化、②宗教および、③法の起源の間に実証的なつながりがあることを研究している。彼らは多様性がより少ない社会ほど、腐敗の度合い

---

[9]　この指標の高スコアは低水準の腐敗を表している。

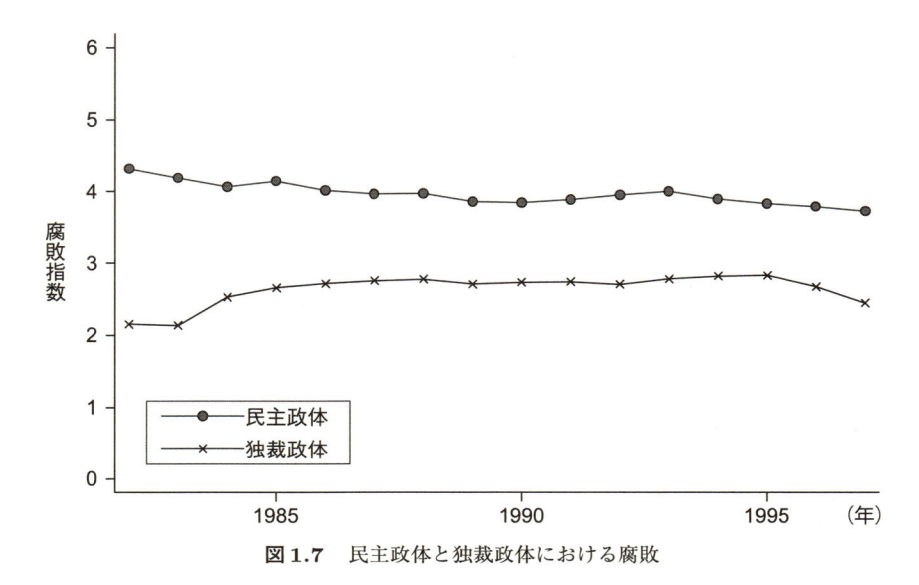

図1.7　民主政体と独裁政体における腐敗

出典：国際カントリー・リスク・ガイド（http://www.countrydata.com/dataset）とPolityIV
註：腐敗指数（データセットにおいて「腐敗」変数）は0から6の範囲で、高い数値は腐敗がより少ないこと
　を示している。国家の各グループへの単純平均は計算されている。所与の年における国家が民主政体である
　と分類されるのは、PolityIVのデータセットにおけるPolity2の変数がゼロよりも大きいときであり、独
　裁政体の場合はPolity 2と類似した変数がゼロか負のときである。ある年は民主政体である国家が他の年
　には独裁政体である可能性にも注意する。国際カントリー・リスク・ガイドのデータセットは1982年から
　1997年までをカバーしている。

は少なく、プロテスタントの比率が高い社会も同様である。慣習法（コモ
ン・ロー）が法の起源である場合も腐敗は少ない。因果関係の問題はさてお
き、これらの相関関係の政策的な効果は、あまり明確ではない。しかし、こ
れらの議論は、政府の質を内生的なものとして扱い、構造的要因がインセン
ティブや選択に与える影響を通じて政府のパフォーマンスにどのような影響
を与えるかを探る必要性を動機付ける。第3章において、エージェンシー・
モデルにおける政府のパフォーマンスの決定要因を調べたいくつかの研究結
果は、理論的な見地から考えるのに有用である。
　開放性と腐敗の間のつながりにも注目が集まっている。Ades and Di

Tella (1999) は、貿易に対してより開放的な経済を持つ国々は腐敗がより少ないと主張する。この種の分析は Bonaglia et al. (2001) によって拡張・発展している。これらの研究によって生み出された主な理論的議論は、開放性は政治家の行動への制約として働くというものである。第4章では、国家間の租税競争のある時に、政府の質を調べるために、政治的エージェンシー・モデルを援用して、これらの議論により広範な意味づけをする。

腐敗は、クロスカントリー・データを用いて報道の自由と腐敗を関連づけした Ahrend (2000) と Brunetti and Weder (2003) の研究によってメディアの自由とも関係している。これら両方の研究によれば、報道の自由は腐敗がより少ない水準にあることと関連している。Djankov et al. (2003b) は、より直接的にメディアの所有権の形態が様々な結果をもたらす影響に焦点を当てている。彼らは98の国々におけるメディアの所有権の形態に関する卓越したデータセットを開発し、腐敗が新聞の国家保有に関係していることを発見した。第3章では、報道の自由は有権者が利用できる情報の度合いに影響を与えるという政治的エージェンシーの枠組みでこれらの研究が理解可能であることを示している[10]。

腐敗はまた、政治機関と政治的な結果に関連している。例えば、Persson et al. (2003) は腐敗と政治的／憲法的な変数とのリンクについて考察している。彼らは多数決のシステムと比較的大きな選挙区は汚職が起こりにくいという考えを検証し、それを支持する強力な証拠を見つけている。Treisman (2000) と Persson et al. (2003) は、腐敗は政治交代と負の相関関係にあるという事実を証明している。第3章では、政治交代と腐敗が共に内生的に取り扱われる政治的エージェンシーの枠組みによって示される双方のリンクに立ち戻る予定である。

腐敗の実証的研究は政府の質の最もしっかりした研究領域の一つを提供している。とはいえ、理論とのリンクはかなり限定されている。このことは取り扱うものが内生的か外生的かどうかの選択に表れている。例えば、政治家

---

[10] これは Besley and Pratt (2006) を基礎にしている。

の間の再選確率は多くの場合外生的に取り扱われるが、理論的なアプローチの多くは、内生的に決定している。またクロスカントリー・データでは因果関係の方向を定めるのが非常に難しい。それでもなお、このような粗い測定方法であっても、世界各国の政府の質には大きな違いがあり、説明が必要であるという命題が浮き彫りになった。

1.3.3　所有権

　所有権の施行については、大規模な研究がなされてきた。ウェーバー的な国家観[†] の核心は、国家が合法的な強制力の行使を独占しているという考え方である。この強制力は公共財を資金調達するために税金を上げたり、外部性を規制するような安全な方法で利用される。しかしながら、同じ力が富を収奪するために利用されることもある。政府の質が重要な局面となるのは、これがどの程度行われているかに関係している。政府の力に適切な制限を課さなければ、民間投資を促す環境を育むのが難しい。

　この搾取の問題は、政府が強力かつ威圧的な時に起こりうる。政府による富の収用と並んで、政府の力が弱すぎる状況では、民間による収用が行われる。このような場合には、民間契約が履行されない可能性がある。そしてこの契約の不履行による貿易や投資の抑止効果が働くため、1人当たり所得の低下をもたらしてしまう。ここでは、公共の収奪ではなく、民間の収奪が問題となる。政府の役割は民間主体の間の市場の取り決めをサポートし、契約を確認することにある。

　これらの結果を考慮に入れると、Djankov et al.（2003a）は、効果的な政府の役割は、権威主義と無秩序の二つの害悪の間の舵取りであるとみなしている。効果的な制度上の解法とは、二つの間でバランスを正しくとることである。政治制度によって形成された政治的インセンティブが、こうした問題を理解する上で、部分的なイメージしか提供しないのは明らかである。もう

[†] ウェーバーは「国家とは、ある一定の領土内においてその成員に対し法的拘束力を持ちつつ秩序維持をはかる行政機構であり、警察組織、軍事機構などの強制力を伴う組織を合法的に独占しうる存在である。」としている。

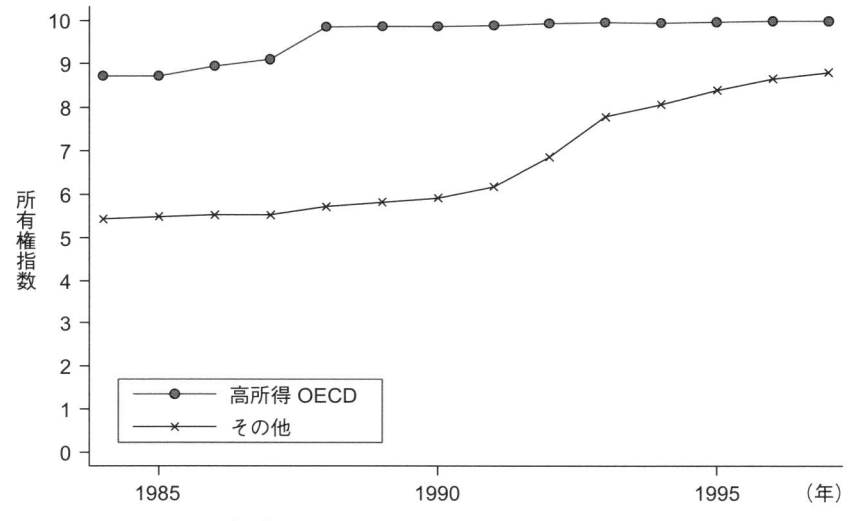

図 1.8　高所得 OECD 諸国とそのほかの国々における所有権

出典：国際カントリー・リスク・ガイド（http://www.countrydata.com/dataset）
註：所有権指数（データセット内では「搾取のリスク」変数）は 0 から 10 の範囲をとり、高い値は所有権が
　より担保されていることを意味する。国家の各グループへの単純平均は計算されている。高所得 OECD 諸
　国は、オーストラリア、オーストリア、ベルギー、カナダ、デンマーク、フィンランド、フランス、ドイツ
　（1990 年以前は西ドイツ）、ギリシャ、アイスランド、アイルランド、イタリア、日本、ルクセンブルグ、オ
　ランダ、ニュージーランド、ノルウェー、ポルトガル、スペイン、スウェーデン、スイス、イギリス、およ
　びアメリカ合衆国である。データセットは 1982 年から 1997 年までをカバーしているが、1982 年および
　1983 年は除外している。なぜなら、23 ヵ国の高所得 OECD 諸国のうち 21 ヵ国がこれらの年については、
　データセットから欠損しているためである。

　一つの問題は、政府による収奪を抑制し、民間契約を守るために十分な司法
の独立性を備えた効果的な法制度が存在するかどうかである。Djankov et
al.（2003a）は、法制度の運用と市場のパフォーマンスが関係しているという
実証的証拠を幅広くレビューしている。
　腐敗の場合、1 人当たり所得と所有権の執行との間に強い相関がある。こ
れは、政府による「収用のリスク」の ICRG の指標を利用して、図 1.8 に描
かれている。難しい問題は、因果関係の方向を定めることである。最近の論
文で、Acemoglu et al.（2001）は、植民地時代の入植者の死亡率を利用して、

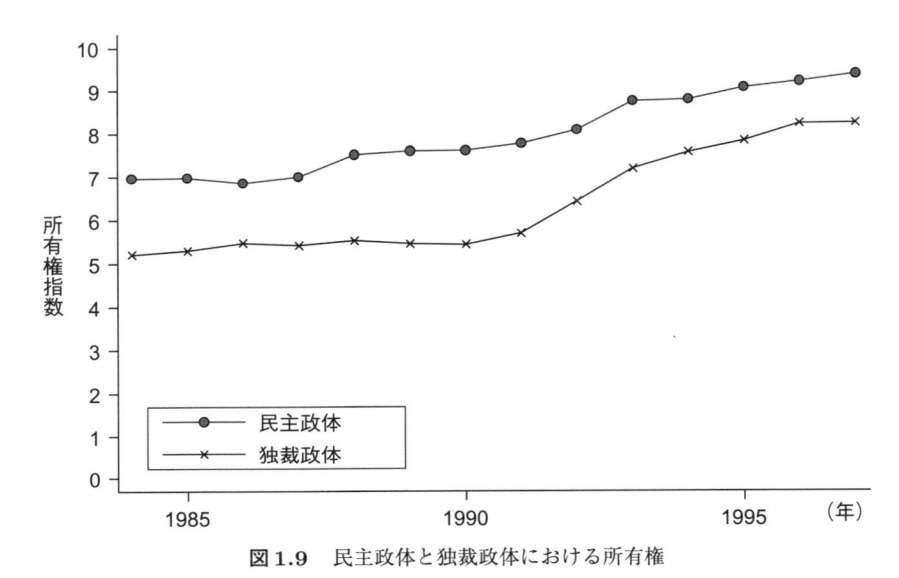

図1.9　民主政体と独裁政体における所有権

出典：国際カントリー・リスク・ガイド（http://www.countrydata.com/dataset）とPolityIV
註：所有権指数（データセット内では「搾取のリスク」変数）は0から10の範囲をとり、高い値は所有権がよ
　　り担保されていることを意味する。国家の各グループへの単純平均は計算されている。所与の年における国
　　家が民主政体であると分類されるのは、PolityIVのデータセットにおけるPolity2の変数がゼロよりも
　　大きいときであり、独裁政体の場合はPolity2と類似した変数がゼロか負のときである。ある年は民主政
　　体である国家が他の年には独裁政体である可能性にも注意する。国際カントリー・リスク・ガイドのデータ
　　セットは1982年から1997年までをカバーしているが、図の1982年および1983年は除外している。な
　　ぜなら、民主政体の半数程度がこれら2年間のデータが欠損しているためである。

　所有権の行使の手段として使われたことを指摘し、制度の継続につながった
と主張している。彼らはこれを根拠に、所有権の不備が低所得につながると
いう因果関係を主張する。さらに、政府の質は、それが所有権の行使に寄与
する限りにおいて、長い歴史的経緯を持つ。
　ところが、この効果がどのような理論的経路で媒介されるのかについては、
この研究は直接的にはほとんど触れていない。図1.9は所有権の保護と民主
制の間に予測可能な関連があることを示しているが、それが因果関係かどう
かは明確ではない。このことを理解する上で、Persson（2005）は、Acemoglu
et al.（2001）の変数を民主制の形態の操作変数として用いて、入植者の死

亡率と現代の政治制度を関連づけた。（大統領制に対する）議会制[11]民主制（多数決制に対する）と比例代表制制度は成長を促進することがわかった。Acemoglu et al.（2001）の結果と合わせると、これらの政府の形態も、所有権の保護をより強める傾向がある。

　政治制度は物話のほんの一部に過ぎないが、政府のインセンティブ構造と政治的エリートの質は、市場経済の機能向上、特に確実な所有権の創造を目指す上で重要な投入要素となる。したがって第3章と第4章における依頼人・代理人問題を学習するためのモデルと分析は、政府の質の立場からも、重要な投入物となっている。

1.3.4　信頼と投票率

　図1.1に記された民主化のパターンを見ると、1990年代頃から自由民主主義が制度として増え続けていることがわかる。しかしながら、より確立した民主制の国々の状況が悪化していることが目下の懸念である[12]。この主な徴候として、有権者の投票率の低下がみられることである[13]。このことは、OECD諸国について図1.10について描かれている。図1.10ではこのトレンドについてOECD諸国における投票率を時系列でプロットすることによって記録したものである。投票率は1946年から1950年の間、平均84％で、1996年から2000年の間に、平均74％へと低下しており、最も激減したのは，この時期の後半である。このOECD諸国の経験は、主として古くからの民主制に起因している。中央および東ヨーロッパの新たな民主制国家では、非常に高い参画率を享受しており、このパターンを示していない。

　一般的に投票率の低下がもたらす厚生上の影響を評価するには、投票に関する理論に合意がない以上、困難である。大規模選挙では、どの有権者も決定的な票を投じる可能性が低いため、勝ち負けを左右する役割を果たす確率に基づくモデルは、投票理論の根拠としては疑問が残る。Aldrich（1997）に

---

[11] 議会制とは、内閣構成議員の信任投票手続きを行う制度と定義される。

[12] 例えばPharr et al.（2000）を参照。

[13] これらの問題について幅広く論じているLevi and Stoker（2000）を参照。

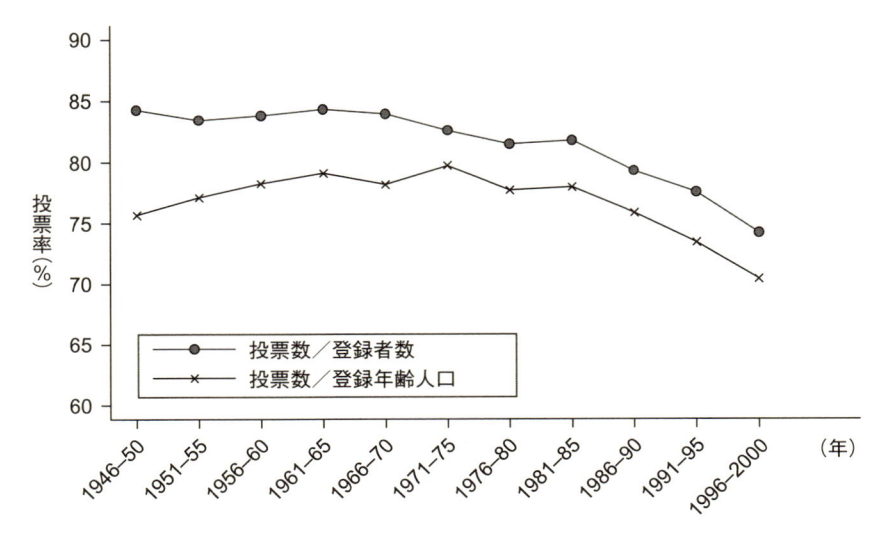

図1.10　高所得 OECD 諸国の国民選挙の投票率（1946 年–2000 年）

出典：民主主義・選挙支援国際研究所（IDEA）（http:www.idea.int/vt）
註：「投票数／登録者数」は、登録者数に対する総投票数の比率である。「投票数／投票年齢人口」とは、18 歳以上人口に対する総投票数の割合である。5 年間の期間を選択することで、独裁制（以下を参照せよ）の間のギリシャ、ポルトガル、スペインを除く各諸国は、各期間に少なくとも 1 回は選挙を行っており、構成バイアスを避けるためである。高所得 OECD 諸国の 5 年間平均の投票率は以下の通りの計算がなされている。各国および各 5 年間ごとに議会選挙に対する投票率（IDEA のデータセット内の変数「投票数／登録者数」あるいは「投票数／投票年齢人口」）が平均化されている。大統領制の国（例えばアメリカ合衆国）では、大統領選挙の平均投票率を個別に計算し、立法府の選挙と平均して、それぞれの選挙の比重が同じになるようにしている。国別の単純平均を 5 年ごとに算出する。このため、各期間内に選挙が多く行われた国が、他の国より過剰に表示されることはない。高所得 OECD 諸国は、オーストラリア、オーストリア、ベルギー、カナダ、デンマーク、フィンランド、フランス、ドイツ（1990 年以前は西ドイツ）、ギリシャ、アイスランド、アイルランド、イタリア、日本、ルクセンブルグ、オランダ、ニュージーランド、ノルウェー、ポルトガル、スペイン、スウェーデン、スイス、イギリス、およびアメリカ合衆国である。1946 年から 1976 年の間のスペイン、1965 年から 1973 年までのギリシャ、1946 年から 1974 年の間のポルトガルでは、国政選挙は行われていなかった。登録投票数のデータ（よって「投票数／登録者数」）は、1946 年から 1950 年のギリシャおよび 1946 年から 1963 年のアメリカ合衆国では利用不可能である。

　よって議論されたように、政治学者は大勢の人たちが投票する理由を説明するために、追加的な効用の（社会的な義務のような）要素が引き合いに出される枠組みで仕事をする傾向がある。このケースでは、選挙の投票率は、そのような義務感が国民にどの程度広がっているかを示すバロメーターとなりう

る。これらが政府に対する満足度と相関している限りにおいて、投票率と政府の質の間に関連性が生まれる可能性があるが、その関連性はあまりない。社会的義務が投票するための決定の主な根拠であるならば、投票率の低下は社会資本の全体的な低下、すなわち市民によって公共財を私的に提供する意欲の低下とも関連している可能性がある。

投票に関する他の理論では、投票するかどうかの判断に影響を与える情報提供の役割に重きを置いている（Fedderson and Pesendorfer 1999 を参照）。選挙が純粋に共通価値の問題ならば、たった一人の投票者がやってきて、情報を与えられて投票を決定的に行うとしても誰も気にしないだろう。この議論は、投票者のグループ間で重大なイデオロギーの相違があるときに、ほとんど無意味なものである。このことは、情報提供を与えられた投票者が、特定のイデオロギーのグループ分けに由来している場合に特有の問題である。

投票率と、政治と政治家への投票者の満足度の低下につながりがあるかどうかを知るためには、投票率に関する証拠だけでは不十分である。アメリカの全国選挙調査（NES）は面白い見方を提供している。調査では、政府に対する態度に関する興味深い質問をしており、政府の行動指標や投票率のパターンと相関させることができる。特に注目すべき点は、1958 年から 2002 年の期間で政府への信頼を評価する複合変数であることである。しかしながら、これらは主観的な評価であり、常に実際の政府のパフォーマンスをあまり反映していない可能性があることを注意する必要がある。図 1.11 は政府の信頼が低下していることを示している。さらにこの図は投票率を見ていて、信頼と投票率の二つは大体同じ方向に動いており、期間を通じて低下していることを示している。信頼は、期末にかけて回復の兆しがみられた。あくまでも示唆的ではあるが、数多くの議論において、信頼の低下が投票率の低下につながる理由を示している。

1.4 経済政策の基礎原理

上記で議論した政府の二つの見方は、経済政策の研究に対するアプローチと類似点を持っている。政府ができる良いことに焦点を当てた良い政府とい

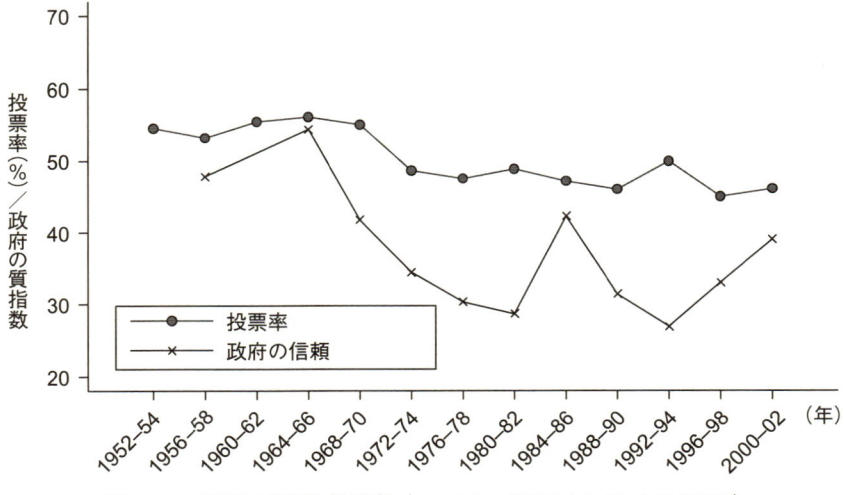

図1.11 政府の信頼と投票率（アメリカの各州をまたがった単純平均）

出典：政府への信頼はアメリカの全国選挙調査からの引用である。投票率は1952年から1998年はマイケル・マクドナルドと2000年から2002年までは彼のウェブサイト（elections.gmu.edu）から得ている。
註：投票率とは、投票年齢人口に対する最高位当選者の投票総数の割合である。図に示したのは、各大統領の年とその次の中間選挙の年の単純平均で、各州に同じウェイトを置いたものである。政府への信頼（NESのデータセットでは変数CF0656）は、以下の4つの質問に対する回答調査の集計指数である。(1)ワシントンの政府が正しいことをすると、どの程度信用できると思いますか？ (2)政府は、一部の大企業が自分たちのために動いているのか、それとも国民全体の利益のために動いているのか、どちらでしょうか？ (3)あなたは、政府の人々は私たちが税金で支払うお金をたくさん浪費していると思いますか、それともいくらか浪費していると思いますか、それともあまり浪費していないと思いますか？ (4)政府を動かしている人のうち、かなり多くの人が不正直だと思いますか、それほどではないと思いますか、それともほとんどいないと思いますか？ 国政選挙が行われたときに、調査は隔年で行われる。図に示したようにアメリカの各州をまたがった単純平均は、以下のように示される。各州の回答者の単純平均をとり、州の単純平均を各調査年に対して計算する。最後に各大統領選挙年の数値は、翌年の中間選挙年の数値と平均する（ただし1958年は1956年に調査が行われなかったので除外する）。投票率と政府への信頼の両方については、アラスカ、ハワイ州およびコロンビア特別地区は含まれていない。

う考え方には、アーサー・ピグー、ジェームズ・ミード、ジェームズ・マーリーズのような重要な人物が関与している。より慎重な考え方には、前者と同様に重要なジェームズ・ブキャナン、ジョージ・スティグラー、アン・クルーガーのような人物が関連している。後者は、政治経済的な問題をアプローチの中心に据えている。

　後者のグループの中で、ブキャナンは民主制制度の仕組みを改善するために憲法のルールを利用する重要性を長期間にわたって発展させてきた[14]。上で述べたように、これは**フェデラリスト・ペーパーズ**（Madison 1788）で表明されたアメリカ合衆国の建国の父たちが利用した方法の精神である。この方法は、手続き的憲法（民主制の制度の仕組みのもとで定義するルール群）と財政憲法（政策立案の制約として定義するルール）の両方に必要であることについて議論している[15]。

　この節の主目的は、政策立案の規範的方法の主な要素について、簡潔にまとめることである。これは政府の失敗の概念を徹底的に理解しようとする第2章における議論で重要となる。また政策立案における政治経済の問題の議論の背景としても重要である。

1.4.1　基礎

　良い政府が意味を成すためには、業績評価基準が必要となる。標準的な経済学の概念として、**社会厚生**（social welfare）がある。これは通常、社会厚生への「投入」が個人の効用レベルであるという文脈で用いられている（社会厚生そのものがこのようなデータの関数であるという考えは、**厚生主義**（welfarism）として知られている）。したがって仕事としては、幸福の社会的尺度を構成するために、これらの効用レベルを集計する手段を提供することにある。社会厚生への基準がいったん定まれば、政策やそのほかの社会的な状態は評価され、順位化される。これによって、良い政府が定義可能となる。

　このアプローチは、政策や政治過程、制度に応用することができる。共通善や公益のために政府が活動するという考え方に、知的な裏付けを与えてくれる。その歴史的背景には、ロールズの正義論や、古典的な功利主義もある。しかし、共通善の概念の首尾一貫性や、それゆえ良い政府について考える際の有用性に疑問を呈する向きもある。

---

[14]　特にジェフリー・ブレナンとの共同研究において、このことは正しい。例えばBrennan and Buchanan（1980, 1985）がある。

[15]　これらのテーマは第4章で取り上げられる。

　この問題には二つの水準での攻め方がある。最初の問題は、共通善の概念そのものである。これは、アローの不可能性定理の発見されたことによる懸案も含まれる。Arrow（1951）は、個人間の効用の比較を考慮しない個々人の選好から社会厚生が導出可能であることを発見した。アローの不可能性定理が誕生することによって、アローの研究は社会厚生に対する科学的な基礎付け、ゆえに共通善の概念に探究に対するに深刻な妨げになるように思われた。ところが Sen（1977）が強調するように、重要な問題の一つは個人間の比較についての仮定に関するものである。個人間の比較が認められると、社会厚生関数はアローの公理を満たすように導出可能である。それらは功利主義とロールズ主義が含まれる。

　共通善の概念に対する二つ目の攻め方は、たとえ論理的に首尾一貫していたとしても、社会厚生の概念は、本質的に競争するものであるとする。社会厚生関数の選択は、例えば不平等に対する嫌悪の概念など、合意が得られないような価値判断に大きく左右される。そこで問題は、共通善という考え方が意味を持つためには、善について競合する概念があまりにも多すぎることである。社会選択論の文献は、ある種の社会的厚生関数のエレガントな公理化を生み出してきたが現実的な問題は、ある特定の個人に強制力を割り当てる場合に、集合的選択を行う合理的な方法としてみなされる**手順き**かどうかがはっきりしたことである。代表民主制について特筆すべきことは、このようなことを行うための正当な方法として、いかに容易に受け入れられてきたかということである。

　社会的な意思決定のための社会厚生関数に容易に合意できるものではないという事実は、良い政府を定義する問題にとって重要である。このような懸念に対して、共通善を追求するための方法を探そうとするのが、民主制の目的であるという古典的な民主主義の概念を否定した Schumpeter（1943）も賛成している。彼は、民主制の問題を、候補者が票を獲得するためにどのように競争したかを理解するという実証的な問題としてとらえ直し、規範的な比較を完全に排除した。

　一つの選択肢は、分配の判断を一切行わず、パレート効率性の結果のみに焦点を当てるというものである。以下で詳細に議論するが、標準的な経済モ

デルは、良い政策に対する尺度としてパレート効率性を重視している。パレート効率性の使用は、標準的な経済モデルにおいては、概ね異論のないものである。しかし、政策上の制約として多くの人が引き合いに出している他の原則と矛盾する可能性がある。個人の自由への尊重は、重要な例の一つである。Sen（1970）が説得力を持って論じたように、政策はパレート効率的であるべきであるが、個人の自由という最小限の概念に違反するものである。事実、厚生への任意の付随制約（side constraint）はパレート劣位な政策を選ぶという特性をもっている可能性が高い（Kaplow and Shavell 2001 を参照）。

規範的基準としてのパレート効率に関するこの懸念はさておき、それでもなお、共通善の考え方が非常に弱く曖昧であるという問題がある。通常、パレート効率的な政策には様々なものがあり、それに伴う不平等の程度も様々である。政策や制度がパレート効率性を保証することは一種の成果かもしれないが、多くの政策結果はこの条件では比較できない。配分における比較を認める基準を持つことは、必ず良い政府の理論をより豊かなものにするだろう。ところが、そのためにはある種類の社会厚生関数を導入する必要がある。

このような難しさに共感しないわけにはいかないが、良い政府を実現するための分配基準を持ち出すような規範的指標を全面的に否定する見方はおそらく行き過ぎである。第一に、貧しい人々や特定の不利な立場にある人々を助けるといった分配のある側面は、総じて望ましいことが多い。第二に、狭い範囲に的を絞った政策、つまり少数のエリート集団を富ませるような政策はしばしば嫌悪の対象になり、共通善という言葉は、そのような政策を排除する上で威力を発揮する。実際、より一般的には、政策過程における勝者と敗者の政治力学によって、特別な分配目的を持つ特定の政策が、社会で幅広く支持されているかどうかが明らかになることが多い。

第 2 章でみるように、政治経済学には、主流派経済学ではあまり重要視されてこなかったが、政府の介入がない場合に起こりうることに重点を置いて、良い政府のケースを評価するという重要なやり方がある。これは後に深く議論するが、ジェームス・ブキャナンによって考案され、Wicksell（1896）に歴史的起源を持つ、規範的な枠組みである。彼らは政府不在の場合と比較し

て、**満場一致**の原理を強調する良い政府の基準を提唱する。このアプローチは、リバタリアンの味わいがある。なぜなら政府は個人の現状（政府がない場合）の効用よりも低下させることができないからである。このように、各個人には政府の介入に対する事実上の拒否権が与えられている。以下では、その意味合いについての議論に戻ろう。

1.4.2　良い政策

現代の公共経済学において重要視される伝統的な厚生経済学のモデルにおいて、良い政府とは良い政策とほぼ同一視されている。後者は通常、効率性と配分に関して定義されている。それゆえ、社会厚生のような考え方の一貫性への懸念については脇に置いておく。

政策を選択しなければならない個人（市民）の共同体を考える。彼らの間でその中の一つを選択しなければならない実行可能な政策集合がある。実行可能性は、政府が市民について知っていることは情報制約であることはもちろん、技術的実行可能性と予算バランスの両者などを考慮に入れることが必要とされる[16]。

まず良い政策の適切な基準は、政策手段への適切な制約を考慮した、次善のパレート効率性である。このような政策分析の伝統が発展してきた（例えば、Atkinson and Stiglitz 1980 を参照）。計画の現代理論もまた、このようなインセンティブ制約を重要視しており、市民に個人情報を開示させることの難しさが、良い政策を設計するための核心であるとみなしている。ある共同体にいる個々人はそれぞれ異なる政策への選好を持っている。目的は、選択可能な集合から政策を選ぶことである。

その意味で**効率的な**政策の研究は極めて有効である。経済学でよく知られている政策ルールの例の多くは、パレート効率性から導出したものである。例えば、公共財の最適供給に関するリンダール・サミュエルソン・ルールは限界代替率の和は限界変形率と等しいところに定まる。ところが、政策は一

---

[16] 規範的公共経済学における誘因両立性への重要な貢献として、Mirrlees (1971)と Hammond (1979)がある。

意に定めることができない。なぜなら社会における資源配分に依存して、公共財が多様に供給されることに一致するからである。ラムゼイ税ルールも次善のパレート効率的な政策の例である。次善の政策ルールよりさらに重要なのは、限界費用価格形成の異形である。すべてのケースにおいて、パレート効率的な政策の水準は、利用されてきた配分の基準、政策立案者が利用可能な情報、問題とされる産業における予算の必要条件の形態に応じて変化する。

特別な社会厚生関数を用いることで、最適な政策を研究することができる。正確な政策は選択された社会厚生関数の形状および、社会厚生がどの程度平等主義的であるかによって決まる。次善の政策モデルは衡平と効率のトレードオフの考えを形式化することができる。社会は、社会的に優遇されたグループの幸福を促進する政策と引き換えに、総所得や平均効用がより低いレベルになることを望むかもしれない。厚生経済モデルはしばし、政府のピグー型のモデルと呼ばれる。

この重要な先行研究はPigou（1920）であり、彼は、経済への介入は、社会的目標を追求する善意の政府によって導かれるという考えを体系化した最初の人物である。ピグーはまた、是正政策（公害を減らすための税は、重要な政策例である）を設計する動機としての市場の失敗を認識する上で、大きな役割を果たした。

厚生経済学モデルは、経済と人間の幸福の原動力についての体系的なモデルを用いて、「良い政府のためのルール」を生み出すものと考えられており、20世紀経済学の最高傑作のモデルの一つである。厚生経済学アプローチは古典派経済学に見られるような場当たり的な政策推論を一掃した。

例えば『国富論』（1776）の中でアダム・スミスは政府の役割について論じたとき、彼は政府の枠組みを提示するのではなく、政府がなすべきことを列挙した。

> 自然な自由の体制では、主権者が遂行しなければならない義務は三つしかない。（…）第一は、他国の暴力と侵略から自国を守る義務である。第二は、社会の他の構成員による不正と抑圧から社会のすべての構成員を可能な限り守る義務、つまり厳正な司法制度を確立する義務である。

第三は、ある種の公共施設を建設し、公共機関を設立して維持する義務である。この義務の対象になるのは、個人または少数の個人が建設・設立し維持しても、その費用を回収できない。

（Smith 1776 第4編第9章）

　スミスは『国富論』の第5巻においてすら、優れた政策の様々な原理を展開しているが、それは包括的な原則の集合ではなく、機能の一覧表であった。

　厚生経済学的モデルの最大の魅力は、まさに統一された思考法と強力な教訓のセットを提供している点にある。政策分野において、社会科学の他分野よりも経済学者の地位を高めたのは、間違いなくこの点にある。とはいえ、政策の選択と実行のプロセスについてはあまり言及しない傾向がみられる。その限りにおいて、高度に技術主義的な視点を与えている。

1.4.3　厚生経済学の公共選択批判

　政策に対する厚生経済学アプローチはどのように実際の政策選定が作成され、実施されるのかを考慮していないとして、公共選択の伝統に携わる人々から批判されてきた。仮に最適な政策は何かを理解できたとしても、現実に観察されているような意思決定機関がそれを実現する保証はない。厚生経済学の公共選択的批判は、政府をモデル化しないことによって、政府が果たす適切な役割について誤解を招きかねない見解を提供しているとしている（公正な競争環境を求める説得力のある主張については Buchanan (1972)を参照）。この関連における画期的な貢献には、Buchanan and Tullock (1962) があるが、彼らの研究では民主制システムにおける選択が、いかなる規範的理想にも合致する必要がないことを示した。

　この批判の要点は、介入に対する厚生経済学のケースは実際に政策を決定する政府が、実際に厚生経済学的な基準に従って最適な政策を選択するという保証はない、ということを想起させる。Pigou (1920)は厚生経済学の伝統の主な立役者の一人として見なされているが、以下に論じるように、この点をよく理解していたことは明らかである。

　　無拘束の私企業の不完全な調整を、経済学者がその研究の中で想像し

得る最善の調整と対比させるのでは十分ではない。というのはどんな
政府当局でもこのことを期待し得ないからである。かかる当局は等し
く、無知、部分的圧力、私益による個人的腐敗に傾きやすい。

（Pigou 1920: 296）

このような懸念はかなり抽象的に聞こえるかもしれないが、現実世界の文
脈では力を持つ。良い例としては、腐敗の可能性があるときに介入のデザイ
ンを考える。介入による標準的な経済的な便益に加え、腐敗への帰結を考慮
する必要がある。

これらの問題に対処するためには、政府がいつ、どのような場合に厚生経
済学モデルに従って行動するかを理解できるような公共資源配分モデルを必
要とする。これには、経済学者が市場資源配分のみならず政治や官僚の研究
についても専門家になる必要があるため、その能力を大いに高める必要があ
る。さらに、経済学者がこのような分析に取り組まない限り、経済政策に関
する多くの議論において、経済学者が傍観者になってしまう危険性がある。
このような問題に対する関心は昔からあったが、主流派経済学が、政府のイ
ンセンティブを政策問題の研究の中心に据えたのはここ 15 年ぐらいのこと
である。

1.5　政治経済学の歴史

「政治経済学」という用語は、様々な知的なプロジェクトで言及する数多
くの文脈で利用されてきた。したがって、この用語の新しい用法を、より広
い歴史的文脈の中で設定することは有益である。古典派の経済学者は、政治
経済学という用語を経済学と同じように使ってきた。19 世紀後半のある時
期から、経済学者たちは政治経済学から分離して経済学という用語を使い始
め、結局、政治経済学という用語の使用が主流派経済学で消滅してしまった。

この時代で特に注目するのは、1891 年に『政治経済学の領域と方法』を刊
行したジョン・メイナード・ケインズの父ジョン・ネビル・ケインズの仕事
である。その 34 頁に彼は、実証的科学（どうであるか）、規範的または統制

的科学（どうあるべきか）、ネビルが教訓の定式化と呼んだ政治経済学の技術を経済学の 3 つの分派として挙げられる。ジョン・スチュアート・ミルについて、ジョン・ネビル・ケインズは政治経済学の技術を、実践的な格言を定式化する経済学の一分野とみなしていることは明らかである。ネビルは以下のように述べている。

　　我々が税制の問題、国家と貿易・産業との関係に関する問題、あるいは共産主義的・社会主義的な計画に関する一般的な議論に移っても、経済的な問題が独占的に扱われているわけではない。評価は倫理的、社会的、政治的な熟慮の上でなされなければならないが、これらは科学とみなされる政治経済学の様相の領域外にある。　　（Keynes 1891：55）

　ところがここで記述されたように政治経済学の技術を研究することについて、20 世紀の前半に、主流派経済学者たちは強い関心を持っていたという証拠はほとんど見当たらない。それにも関わらず、現代の政治経済学の文献は、古典派経済学者たちが構想したような政治経済学の技術に再度取り組んでいる。

　20 世紀中ずっと、「政治経済学」の用語は比較経済システムの議論の中で利用され続けてきた。特に社会主義と資本主義の相対的な長所について論じるときに利用されてきた。この政治経済学というブランドは部分的に、マルクス主義思想家の専売特許であった。しかしそのことはハイエクやシュンペンターのようなオーストリアの思想家たちにもそのような傾向はみられた。

　政治経済学の考察は、特に 1930 年代の市場社会主義論争で表面化し、再び主流派経済学と利害が一致した。Lange（1936, 1937）と Lerner（1944）は計画当局を利用することによって、市場システムを複製することが可能な中央集権システムを提案した。ハイエクの役回りは計画経済の主要な二つの問題に注目したことである。つまり(1)政府は全知全能ではなく、仮定される情報の要件が非常に厳しいこと、(2)博愛を前提とした楽観的すぎる政府モデルに依存していた。Hayek（1976)は、市場の役割を認識することが、これらのうち最初のものに対する答えを提供すると説得力を持って主張した。第二の問題の解決はそれほど明確ではなかった。明らかに、社会主義のもと

で個人の自由が制限されることを考えれば、自由の保障が必要であることは
明らかである。しかし、経済と政府の働きを向上させるために、民主制シス
テムをどのように組織化できるかは不明確なままであった。この問題を解決
するためには、この問題を解決するには、民主主義のモデルが必要だが、ハ
イエクにはそれがなかった[17]。

　社会主義の没落とともに、これらの議論は経済思想史としては興味深いも
のだが、現代の経済や政治との具体的に関連することはほとんどない。ところ
が、現代政治経済学は政治および経済の問題が相互に影響力を持つ以前の
一連の議論にその起源を持つことは明らかである[18]。

　戦後間もない時期には、何が政府の質を高めるのかについての議論は、経
済学の主流では控えめであった。経済学の体系化と形式化への動きにより政
策経済学の主流は、ピグーの厚生経済学の流れを汲むテクノクラート的な様
式に大きく支配されることになった。市場の失敗をシステム化することに
よって、ピグーは混合経済と政府の役割の経済理論を確立することを約束し
たかのようであった。多くの経済理論は、計画の問題を純粋に技術的なもの
と考えていた[19]。

　ヨーロッパ大陸では、経済学と政治学の間の溝は、英語圏よりも大きなも
のではなかった。これは特に、法律や政治学に染まった財政学の分野で顕著
であった[20]。しかし、こうした考え方が体系化され、英語圏の主流経済学に
統合されたのは、戦後、公共選択という分野ができてからである。この試み
の中で重要な貢献はブキャナンとタロックで、彼らの1962年の著書『公共
選択の理論──合意の経済論理』の中で、ログローリング（票取引）の問題
の画期的な分析および租税と公共支出に対する民主制のガバナンスの意味を

---

[17] 議論については、Boettke et al. (2005) と Boettke and Lopez (2002) を参照のこと。

[18] 先に引用したジョン・ネビル・ケインズに言及すると、ネビルは「政治経済学の技術」
の下で、社会主義の利点についての議論が抜け落ちていると考えていたのは明白であ
る。

[19] 例えば、Heal (1973) を参照せよ。

[20] Musgrave and Peacock (1958) によって編集された素晴らしい集成が、英語圏に向
けた貢献をもたらした。

提供している。

　あるサークル内において、「公共選択」という言葉は、経済学と政治学がリンクしているあらゆる分析を指す言葉として使われることもある[21]。しかし、ここでは、1950 年代にヴァージニア学派で始まった研究を表すために、より狭い意味で使っている。これには三つの特徴がある。

　まず、政治的相互作用の研究における合理的利己心の仮定である。ゆえにブキャナンが言うには「個々人は、予測または期待されるように、測定された正味の富の位置という狭い定義で、自分自身の狭い自己利益を促進しようとするものとしてモデル化されなければならない。」（Buchanan 1989a:20）

　多くの経済学者にとって、このことは、無害なようにみえる。結局のところ、合理的エゴイストとしての経済主体は、市場の文脈の中でしっかりと確立された伝統なのである。しかしながら以下では、政治における選択の問題を無視することは、盲点であると主張する。

　公共選択論における第二の重要な考え方は、利己主義に対する制約としての憲法の重要性である。ここでブキャナンは「政治を改善するために、政治というゲームが行われる枠組みであるルールを、改善あるいは改革をする必要がある。「公共の利益」のために権力を行使する道徳的に優れているエージェントを選抜することが改善の鍵だという指摘はない。」と述べている（Buchanan 1989b:18）。この意味で、ブキャナンは効果的な政治制度を設計するプロジェクトに強い関心を持っている。

　公共選択の第三の重要な側面は、その規範的な枠組みである。経済学者は良い結果も悪い結果も、幸福の指標である個人の効用に与える影響という観点から見るという、特定の（広義の功利主義的な）枠組みで仕事をする傾向がある。分析者が良い政策と悪い政策について政策論争に参加することを可能にする「社会厚生」の尺度を得るために、これらをどのようにトレードオフするかについて様々な提案がなされてきた。しかしながら公共選択のアプローチは、全く異なる規範的な伝統に起源がある。それは、18 世紀の古典的

---

[21] 例えば、Mueller (2003)がある。

な国家観（特にジョン・ロックのもの）にさかのぼるものである。その主な考え方は、国家の正当な領域は、自由に契約する個人が喜んで合意することに関連するが、それだけであるというものである。

　ブキャナンがこのような考え方を支持してきたが、この考え方を具体的な政策設定（公的支出の提供）に初めて適用したのは、スウェーデンの経済学者クヌート・ヴィクセルであった（Wicksell 1896）。彼は満場一致のルールのもとでの公的供給の問題を研究し、給付税制を用いれば、配分は契約主義の理想に従うだろうと観察した。このアプローチは、配分の公正さを決定する他の権威（社会的選好の保護者）に訴える標準的な厚生経済学の枠組みと対立する。

　このような知的枠組みは、厚生経済学の提言と、ブキャナンやヴィクセルが思い描いた理想化された世界との間に矛盾があるとする、公共選択批判を生み出した。概して、介入のケースでは厚生経済学の見地よりも寛容ではない上に、その分析の枠組みはリバタリアン的な色彩を帯びている。

　我々が次章で議論するように、公共選択のアプローチはまた、ヴィクセルのテストに適合しないような民主的プロセスにおける資源配分、すなわち政治の失敗の概念に特別な観点を提供している。さらに多数決ルールに基づく代議制がこのような失敗を免れる保証はないというのが、Buchanan and Tullock（1962）の重要な洞察であった。

　公共選択アプローチは政府の適切な役割に関して広範囲にわたる多くの問題について考察するにあたり、影響力を持ち続けていた。ところが、政治研究のための具体的なモデルの構築とはあまり関係しなかった[22]。

　シカゴ流の政治経済学では、政治は支持をめぐる競争のプロセスであり、政策は投票や直接的な金銭的移転によって政治的支持を最大化する方向に向かうと考えられている。その先駆者たちはゲーリー・ベッカー、サム・ペ

---

[22] Brennan and Buchanan (1980)のリヴァイアサン・モデルはおそらく例外中の例外である。このモデルは政府の大きさを最大化するために政府は税金と公共支出を選ぶという仮定がある。

ルツマンおよびジョージ・スティグラーである[23]。彼らは政策過程における特定の制度の違いの重要性を軽視する傾向がある[24]。シカゴ学派のアプローチは、複雑な政策環境においてモデルをかなり使いやすくするため、いわゆる誘導形モデルと関連付けられることが多い。政策が政治的な資源配分によって歪められる可能性があるが、シカゴ学派のアプローチの主な知的貢献は、政策が効率的であるという傾向である。これは、支持率を最大化する政治家は、効率的な政策を好む傾向があるという観察に由来する。後述するように、これは政府の失敗の異なる概念を考えるにあたり、重要になる。

　政治の資源配分の研究において最も影響力のある経済モデルは、Downs (1957)によるものである。ダウンズの本はたくさんの重要なアイディアが盛り込まれていたが、経済学者の間で注目を集めた主なものは、政治は中位投票者の選好に収束するという考えを正当化するものであった。ダウンズは、顧客を有権者とする「政党」と呼ばれる競争企業の言葉で政治を説明した。もし政党が勝利のみを気にする場合、その時中央値に収束するインセンティブが働くであろうとダウンズは考えた。同様の考え方は Black (1958)でも展開されており、ブラックはこの予測における選好の制約（単峰性）の重要性を認識していた。

　このアプローチは経済学者の政治経済学へのアプローチを支配するようになったが、このアプローチには根深い問題が存在している。まず、単純なモデルにおいて政党が中位の結果を選ぶ理由は、この結果が**コンドルセ勝者**（Condorcet winner）、すなわち一対の比較を行う他のすべてに勝る結果、となるからである[25]。コンドルセ勝者が不在の場合、**循環**（cycle）が起きうる。これは、仮にAがシンプルに多数決によってBに勝利し、BがCに勝利し、CがAに勝利できるという三つの帰結（A, B, C）がある場合に起

---

[23] 例えば Becker (1983)、Peltzman (1976)、Stigler (1971)がある。

[24] Mulligan et al. (2004)は、民主主義と非民主主義の間の重大な政策的相違を見つけられなかったことは、シカゴ学派のアプローチと一致していることについて、論じている。これは、後者（非民主主義）が政策の帰結を決定する上での投票自体の重要性にあまり重きを置いていないためである。

[25] この用語は、フランスの貴族、コンドルセ侯爵にちなんで名づけられている。

こりうる。このようなコンドルセ循環はダウンズ型のアプローチに対して困難な問題を突きつけた。なぜならある政党は、他の政党が何を提案しようと、その政党と異なるものを提案することによって、常に選挙に勝つことが可能だからである。このことは、あらゆる興味深い政策問題、特に多数の政策次元を持つ問題において、コンドルセの勝者が存在しないことから、重要である[26]。

　この点を詳しく説明し、回避する方法を提案しようとした論文は数え切れないほどある[27]。しかし、結論は明らかである。理論的な視点から中位投票者の予測を評価することは、非常に特殊な環境を除いて、比較的少ない。それにもかかわらず、このモデルは経済学者の間で絶大な影響力を持ち、何世代もの学生たちに政治経済分析の基礎として提示されている。

　その他にもダウンズのアプローチには重大な理論的な問題が存在している。このモデルでは、市民は政策に関心を持つが、政治家は選挙に当選するためにどのような立場でも採用するという無限の柔軟性を持っていると仮定する。しかし政治家が政策にあまり好感を持たなければ、選挙後に反故にする動機になる。それゆえに、モデルは政治家の政策公約が信用できる理由を組み入れる必要がある。これにアプローチする方法の一つは、Alesina (1988) のように政治は個々人が評判を打ち立てる繰り返しゲームを仮定するものである。しかし、このことが完全収束をもたらすことは限らないことをアレシナは示した。他の方法としては、Osborne and Slivinksy (1996) や Besley and Coate (1997) のように、信頼性は適切な政策の選好を持つ候補者を選ぶことから生れると考えることもある。

　ダウンズ型のアプローチは政治経済学者よりも経済学者にとって魅力的であった。後者は世論調査データから、主要な次元における中央値の選好と政策結果との間に体系的な乖離があることを示唆する証拠を以前から認識して

---

[26] 中位結果の概念は、多次元分布に対してあまり意味を持たないという事実と密接にリンクしている。

[27] これら多くの議論については、Mueller (2003) を参照。

いた[28]。このモデルでは、どこで収束が起こるのか、またそうでない場合について、ほとんど洞察を得ることができなかった。

　ダウンズ型のモデルに基づいた議題にまつわる最後の問題は制度的な差異を考察するのにはあまり有用ではないという事実である。実際、政治が選挙民の選好の中央値を求めるものであるならば、選好の集計を形成する上で、制度的構造を考慮する余地はほとんどないだろう。制度構造が実際には重要であり、したがって政策結果を決定する上で有権者の選好を超えた何かが働いていることを示す良い証拠はたくさんある[29]。

　より直近の文献では、ダウンズ型のモデルによって提起した、コンドルセ勝者の不在下での政治的競争を研究するという問題を解決していない。しかし、このことは背景にしっかり留めておくようにした。新しいモデリングのアプローチがいくつかあるが、それはある種の支配的な政治的パラダイムを中心に構築されているわけではない。しかしながら幾つかの重要なアプローチには、人気を得ているものもある。

　ダウンズ型のパラダイムにおける難しさの一部は、政策の提案に制度的な制約がほとんどないことである。どんな政策でも、どのような政治的主体によっていつでも提案される可能性がある状況では、安定点を得ることは非常に難しい。モデルに制度的構造をさらに加えることによって、政治的主体に開かれた自由度が低下し、政策の形成が理解しやすくなっている。このアイデアは Shepsle and Weingast (1981) の重要な洞察であり、政策次元空間における安定点を生成するために、立法府内の提案力構造の制限をどのように利用できるかを論じている。Roemer (2001) は党内対立をモデル化することによって提案力を制限している。このような制限を設けることで、特定の政策文脈における均衡結果を予測するモデルを開発する確率が向上し、実証分析の基礎を提供している。提案力を制限することはまた、Romer and Rosenthal (1978) の「議題設定者（agenda setter）」のモデルの核心で

---

[28] 例えば、Weissberg (1976) を参照。
[29] 例えば、Persson and Tabellini (2003) を参照せよ。

もある。

　均衡の可能性を生み出すもう一つの方法は、均衡が純粋戦略であるという必要条件を緩めることである。多くの学者たちがこのことを研究している（例えば、Banks and Duggan 2005 を参照）[30]。結果を予測することは、今や複雑な過程となり、中位投票者の結果の単純さを失ってしまう。ゆえにダウンズ型のモデルはこの路線を歩んだ後、その魅力の多くを失うことになる。

　確率的投票は、最近の多くの貢献で取り上げられている。これは有権者の意図に対してランダムなショックが存在するもので、政策選択から政治的結果への写像が不確実なものにしていることを認識するものである。この単純な仕掛けは、政治戦略の研究を具体的に進める上で威力を発揮する[31]。Persson and Tabellini (2000)による影響力のある研究論文は、異なるモデルの政策的含意を探るためにこの道具を拡張的に使っている。このアプローチは、固定的な政策次元と柔軟な政策次元があり、競争は後者で行われると仮定することが多い[32]。

　旧来のスタイルの政治経済学は政治家の選択にあまり注目してこなかった。例えば、ダウンズ型のモデルは政治競争の材料は政治家ではなく政策であるとみなしている。しかしながら代表民主制では、政治家こそが選出され、政策を作成するのに責任を持っている。この考えは、Osborne and Slivinski (1996)と Besley and Coate (1997)によって最近、定式化された。これらのモデルでは市民は自分たちが選好する政策の結果を実行する政治家を選択すると仮定している。上述した候補者中心の政治競争観の意味するところは、

---

[30] Myerson (1993)も参照。

[31] 確率的投票は、政党が勝利もしくは敗北あるいは敗北から勝利に切り替わる点まわりの利得関数において固有の不連続性を持つダウンズ型のモデルにおける均衡点を見つけることに関連する技術的な困難点のいくつかを解消する手助けとなった。確率的投票モデルは勝利の確率をある範囲内において、政策選択のスムーズな関数とするときに役立つ。

[32] Lindbeck and Weibull (1987)は重要な先駆者である。彼らは、政党が勝利についてのみ気にかけていると仮定する。Calvert (1985)と Wittman (1977)は政策の選好のある政党について検討している。

候補者のアイデンティティが政策結果に影響を与えるということである[33]。このようなモデルは複雑な政策環境でも機能するが、均衡は混合戦略にもなりうる。

　選挙外における政策作成のモデルは政治経済学の文献においても重要である。最近の貢献では、多くを Grossman and Helpman (1994)に負っており、彼らの研究は政策の利益は最も高く値付けた者に競売されるというアプローチを利用して、ロビイングの問題を定式化している。ゆえに政策の結果は組織化された利益団体の「支払用意」を反映している。このアプローチは、ブラックボックス的な「影響力関数」を典型的に持つ前世代のモデルと比較して、ロビイングについて考えることについてより透明性の高い方法を提供している[34]。

　最近の文献は、アイデアの実証的検証が主な関心事となっている。新たなデータセットを作成する余地があるだけでなく、活用すべきデータも豊富にある各国政府間で見られる多くの制度の違いを利用し、国をまたいだ変化に注目した研究も多い[35]。その大きな利点は、制度のばらつきの範囲が膨大であるため、制度の比較に多くの可能性が生まれることである。しかし、その反面、このような制度は長期にわたって比較的固定化される傾向があり、また国によっては異質な要因が多く、それを納得のいく形で制御することは困難である。そこで難しいのは、制度が結果に与える影響と、制度と相関関係にある測定不能な他の要因との相違を識別することが難しくなる。これを克服するためには、極めて巧妙な工夫が必要である。

　もう一つの研究は、選挙区によって政治に違いがあるような、国内でのばらつきを利用したものである[36]。これは、全国調査に関連して議論される

---

[33] Lee et al. (2004)は僅差の選挙（すなわち、わずかな得点によって決まるということ）について調査し、データは合衆国選挙に対する政治の候補者中心の見方を支持していると論じた。

[34] 例えば Becker (1983)を参照。

[35] Persson and Tabellini (2003)はこのようなソースを用いて、何が達成できるのかを示す優れた文献である。

[36] 合衆国における州をまたがる変化についてのレビューは、Besley and Case (2003)を

観測されない異質性の問題と無縁ではない。多くの制度が長期にわたって固定されたままであることも問題である。しかしながら、制度の変化や、時変要因との何らかの適切な相互作用を利用できる場合もある。より一般的には、クロスカントリー・データよりもサブナショナル・データの方が、クロスセクションの単位が異質であるという問題は少ないだろう。しかしながら、そのような研究では一般的に、興味深い結果や制度において利用すべきばらつきが少ない。

　最後に特定の政策課題を検討するために、特注のデータセットの収集を増やす余地がある。経済学者は経済行動を調査するために家計調査を行うようになって久しい。同様に、政治行動（投票、活動）を調査するために、データセットを収集する伝統があった。ところがこれら二つを組み合わせてより完全な全体像を把握することは、ごく稀にしか行われていない。そのため、政策選択がどのように進展していくかを描くことに関心が高まっている。また、公的な情報源からの標準的なデータを補完するために、特注のデータセットを使用することもできる。

　公的な資源の配分は経済へ短期、長期の両方に影響がある。最近の政治経済学の文献の特徴の一つは、政治と経済の力学に注目していることである。民主制の政治生命の重要な側面は、一般的に、政府は短命であるが、数多くの政策の結果はそうではないということである。Kydland and Prescott（1977）は、善意の政府であろうとも信頼できない約束、例えば、投資を促進するために税金を低くすることを約束し、その後約束を反故にするようなことを行うインセンティブがあるということを述べている。しかし、この問題は短命政権の方がはるかに深刻である。

　この政治的生命の特徴を強調するモデルにおいて、様々な問題が研究されてきた。重要な例は、将来の政府を制約するための戦略的手段として、公的債務を負うことのインセンティブである[37]。政治的景気循環はその一例である。選挙前に政府が景気浮揚策を講じたという話は、以前から知られてい

　　参照。
[37] 議論と参考文献については、Persson and Tabellini（2000）を参照。

た。しかし、有権者が組織的に騙されていないときにこれをどう考えるかが理解されたのは、ごく最近のことである[38]。

また現在では、長期的な発展パターンが政治的発展のプロセスと結びついていることも明らかになっている。国家の失敗の問題は低所得国で特有なものであり、その研究は経済発展を形作る力を理解する上で中心的なものとなってきた[39]。

この短い概説から明らかなことは、政治におけるインセンティブの問題にはすでに多くの研究がある。これまで議論してきた政治の資源配分への大半のアプローチは政治制度と組織の構造について特定の仮定が政策選定をどのように形成することを理解することに関心がある。ほとんどの場合、ここで議論されているモデルで解決される利害対立は、政策的利害が異なる市民グループ間の対立であり、古典的な政治の空間モデルはこの種の理想型である。そして政治とは、主に選好の集約の問題に関わるものである。次節では、市民と政府の利害対立により焦点を置いたモデル、政治的エージェンシー・モデル、について考察する。

1.6 政治におけるインセンティブと選択の重要性

本書の分析の大半、特に第3章と第4章は、選挙が市民と政府の間の利害対立をどのように解決できるのかについて焦点を当てている。政治的権限が政治家に委譲されている場合、その時、政治家たちは選挙の間、公共の信頼を維持している。憲法は唯一、権力の酷い濫用に対して政治家を罰するという、政治家のコントロールに限定した条項を用意している。実績が振るわないことを理由とする主な制裁は、実績が振るわない場合は再選されないという選挙制度である。ゆえに、政治とは、有権者に対する政治家の**説明責任**

---

[38] Rogoff (1990)は、均衡景気循環のシグナリング理論を展開する目的で、不完全情報を伴う動学モデルを利用している。

[39] これらの問題の最近の洞察に満ちた議論については、Acemoglu and Robinson (2006)を参照。

（accountability）を果たすことである。

　説明責任のメカニズムとしての選挙の重要性は、昔から認知されていた。例えば、アレクシ・ド・トグヴィルはアメリカの大統領選挙をこのように見ており、特に以下のように言及している。

> 大統領は四年の任期で選出され、再選可能とされた。次を考えればこそ、大統領は公共のために働く勇気をもち、そのための手段をとるであろう。　　　　　　　　　　　　　　　　　（De Toqueville 1835: 121）

　同様に、マディソンはこのことをフェデラリスト・ペーパーズで認めており、こう記している。

> 下院は、議員が人民に依存していることをたえず想起するようにつくられている。すなわち、議員に当選したことにより印象づけられた議員たちの気持ちが、権力を行使するにつれて消え去る前に、彼らの権力が停止し、その行使が検討され、議員になる以前の地位に戻らなければならないときがくることを、予想せざるをえないようになっている。しかも、彼らに与えられた信頼を忠実に実行し、再選されて議員の身分を取得しない限り、その地位にとどまりつづけることはできないのである。　　　　　　　　　　　　　　　　　　（Madison 1788 第 57 篇）

　情報は選挙の説明責任について考える際に重要である。政治家に説明責任を求める有権者は、政治家の行動を観察することができれば、より効果的に説明責任を果たすことができる。そのため、説明責任を果たすためには、メディアや市民社会（シンクタンクや政策アナリスト）といった情報提供者の役割が前面に出てくる。

　第 3 章でみるように、形式的説明責任と実質的説明責任を区別して考えることは有益である。政治家が悪い仕事をした場合に、その政治家に対して何らかの措置（例えば、選挙で落選させられるなど）が取られる可能性があるような制度的仕組みがあれば、政治家は形式的には説明責任を負うことになる。しかしながらそのような説明責任のメカニズムが効果的に利用されるのかは保証することができない。実質的説明責任とは、政治家に責任を問う

人々が、システムを機能させるために十分な情報（例えば政治家の行動に関する情報）を持っていることを必要とする。

　政治生命を研究するためのアプローチは、Barro (1973) と Ferejohn (1986) が先駆者である。彼らは再選されないという脅威が、政治家によるレント収奪をいかに抑制するかを示した。したがって、インセンティブ・メカニズムとしての選挙に焦点を置いている。日和見主義の問題とは、本質的に契約論の文献におけるモラル・ハザードの問題のようなものである。

　Rogoff (1990)、Coate and Morris (1995) のような次世代モデルは、タイプの異なるエージェントの影響を考察するために、逆選択の概念が加わっている。選挙には、インセンティブを生み出すことと、最良の候補者を選ぶという二つの重要な役割がある。

　公職に向いている人と不向きな人がいるという考え方は興味深い。アメリカの偉大な政治学者であるV・O・キーは、政治家選択は間違えなく重要な問題であるとみなし、以下のように述べている。

　　　政府の仕事の本質は、究極的には政府を運営している人に依存している。我々が公職に選んだ人々と彼らの仕事に影響を与えるような我々が作り出した環境は、評判の高い政府の本質を決定する。我々が公職に選んだ人々を重視しよう。　　　　　　　　　　　　　　（Key 1956：10）

　選別が問題となる理由は主に二つある。一つは個人間の能力の差、もう一つはモチベーションの差である。モチベーションがあれば、誠実さ、正直さ、利他性、そして政策への関心も生まれる。この章の最初のマディソンからの引用は、マディソンが両方を念頭に置いていたことが示唆される。知恵を持つことは、能力を持つことと似ており、そして美徳は意欲に似ている。

　政治家としての能力は個々人に関して異なるという考え方は、労働市場において個人がマッチに特化した技能を持っているという考えに似ている。これが生来のものなのか、後天的なものなのかは、はっきりしない。前職のキャリアの経験は、個人がより高い能力をもつかどうかの信頼できる目安になるかどうかははっきりしない。マディソンが知恵に言及したのは、一般的に高い水準の人的資本と生来の能力を持つ政治家の必要性を念頭に置いてい

たことが示唆される。

　モチベーションの違いを取り扱うことで、標準的な経済学からの発展が可能になる。我々は市場行動の大半の場合において、個人は利己的であることを仮定している。このことを公的な生活での行動に拡張するかどうかは、議論の余地がある。前述したように、ブキャナンは、非情な利己心こそが、正しい前提であるという考えを重要視した。当事者が利己的であるという前提から政治的な選択をモデル化する考えも、政治経済学へのシカゴ学派的アプローチの特徴である。Peltzman（1980）は「政治的選好は純粋に利己心によって動機づけられている」（16）と仮定している。利己主義モデルも上で観察したように政府の成長を支えるものと考えられている。例えば、Holsey and Borcherding（1997）は「政治的パラダイムは公的サービスを利己的に再分配、すなわち政治的に優遇されたグループへ純粋な私的財を移転するものとしてみなしており、その結果政府支出は最も影響力のあるエージェントによって決定される[40]。」（565–566）とコメントしている。

　利己主義の仮定が公的な生活の行為に適応すべきだという考えは、決して新しいものではない。アダム・スミスと同時代の哲学者であり経済学者のデイヴィッド・ヒュームは次のように雄弁に論じている。

　　　政府のあらゆるシステムを考案し、いくつかの基準および憲法の制御を固定するときに、すべての人間は、私利私欲以外の目的を持ってはならない。利権によって、我々は彼を統治し、その手段によって、彼の狂気の欲望と野心にもかかわらず、公共の目的のために協力しなければならない。利権によって我々は彼を統治し、その手段によって、彼の狂気の欲望と野心にもかかわらず、公共の目的のために協力しなければならない。
　　　　　　　　　　　　　　　　　　　　　　　　　　　　（Hume 1742）

スミスはやや統合失調症的な見方をしていた。スミスは市場を共通善において導かれた私利私欲に対する完全なはけ口とみなした。しかしながら彼の

---

[40] 政府の成長を説明するためには、政治家の私利私欲が、例えば市民の美徳の低下によって、時代とともに増大したことを説明する必要がある。

道徳感情論は市場外の文脈における利他性を重要視した。ハイエクは以下のような拡張を提案している。

> スミスの主たる関心は人間が最良の状態にあるときにたまたま達成しうることにあったのではなく、人間が最悪の状態のときに害をなす機会をできるだけ少なくすることにあったということである。スミスや彼の同時代の人びとが擁護した個人主義の主要な長所は、その体制の下では悪人が最小の害しかなしえないということであると主張しても、おそらく言いすぎではないだろう。それはその体制を運用する善人を見つけるか否かによってその機能が左右させるような社会体制ではないし、またすべての人間が現在そうである以上に善人であってはじめて機能するような社会体制でもない。　　　　　　　（Hayek 1948: 11–12）

これはマディソンに通じるものがある。すなわち重要なのは、制度がどのように行動を形成するのか、また、制度が公職に最もふさわしい人物の選択を促進することができるとすれば、それはどのような方法なのかということである。

当然のことながら、個人がほぼ利己的であることを受け入れることは、政治家への幅広い種類の効用関数と矛盾しない。例えば、貧しい人を助ける政策が好むことは、政治家がそれによって満足を得る限りにおいて、一種の利己主義としてみなすことができる。したがって、真の問題は、この仮定をどれだけ狭めて解釈するかである。多くの場合、私的財の消費といった観点から、利己主義が定義されることは明らかである。

政治に当てはめると、この種の狭義の利己的な動機は政治的腐敗の説明の根底にある。Barro (1973) と Ferejohn (1986) のエージェンシー・モデルの説明を支えているのも、このような利己心の概念である。このような利己的行動が実際に重要であることは疑う余地がなく、国家の役割に関する最近の議論でもその重要性がますます認識されるようになっている。最も悪質な例は、選挙による制裁が制限されているか、あるいは存在しない非民主的な制

度にある、世界の非道なクレプトクラシーである[†]。

　政治におけるモチベーションに関しては他の三つのモデル、すなわちエゴ・レント、政策の選好および受託者責任、が存在する。それぞれについて順に説明する。

　政治経済学のモデルはよく政治家は選挙に勝つことだけを考えているという仮定を置く。あるいは、このように創られた最もよく知られた政治モデルは Downs (1957) で、政党は選挙に勝つためには何でもすると仮定している。勝利への欲望は、利己主義のもう一つの現れと解釈することもできる。ところが、概念的には、政治家の席を維持し続けるという願望は、狭義の利己心とは異なるものである。さらに、心理学の文献では選挙に勝利することは自尊心を高めることに重きを置いており、それは政策や私的財産の獲得のどちらにも依存しない政治家に就くことの報酬を生み出すことになる。このモデルは特に Rogoff (1990) および Maskin and Tirole (2004) らによって、良い政治家の選好を説明するために利用されてきた。これは、**エゴ・レント**（ego rent）として言及されるもので、政治家の職に在任することから得られる非金銭的な利益に由来する。純粋なエゴ・レントは、在任中の不正行為の可能性を減らしても、エゴ・レントを得ているエージェントの再選インセンティブを低下させないので、金銭的なレントとは区別される。

　前述したように、選挙に出る動機は政策に影響を与えるためかもしれない[41]。市民である政治家は政策の影響を受けるので、政策に意欲を持つという利己的な理由がある。この考え方は、極端に言えば、環境問題や税制といった特定の問題に個人が関心を持つという非常に狭い見方を含んでいる。しかしながら、政策の選好は、イデオロギー、すなわち政策的な好みの広範な集合を形成する世界観のような曖昧な考えを媒介することもある。

　政治家の行動をモデル化する際に、あまり注目されなかったものの以下の

[†] クレプトクラシー（kleptcracy）とは、少数の権力者が、国民や国家の金を横領し、私腹を肥やす政治体制を指す。

[41] 特に Calvert (1985) と Wittman (1977) を参照。Persson and Tabellini (2000) は、文献のレビューを行っている。

章で展開されるモデルに沿った、政治における動機づけの重要なモデルの一つが、**信任受託者**（fiduciary）モデルである。

　信任受託者という言葉は、ラテン語の動詞、信用する（fidere）ことに由来する。この言葉は、評議員や取締役会の取締役の職務を説明する際に最もよく使われる[42]。

　信任受託（fiduciarity）は主に二つの側面、注意義務と忠実義務、を持つ。信託統治者としての職としての政治職という考えは、指導者が公的な信託を守る者であると言及したフェデラリスト・ペーパーズのマディソンのエッセイでも一貫している。現代風にいえば、注意義務はモラル・ハザードを避けることと解釈できる。忠実義務は、モデルによってあまり明確ではないものもあるが、広義には、政治家が狭義の利己心を慎んで、市民全体の利益のために職務を遂行する義務を指す。第3章と第4章で展開するモデルでは投票者の代わりに信託受託者義務を満たすように選出された政治家が存在する。私利私欲にまみれた政治家とは対照的である。

　信託受託者としての義務を重く受け止める個人と、そうでない個人がいるのか、その理由は定かではない。信託受託者義務を実行するのは、**内発的動機付け**（intrinsic motivation）の一形態と考えることができる。心理学者の間で生まれたこの考え方が、経済学の考え方に持ち込まれたのはごく最近のことである[43]。定められた外的な報酬のためではなく、行動が内在的要因によって引き起こされ、「自分自身のため」に追求する場合を指す。したがって、忠実義務を守る政治家は、そうすることによって自分の効用を高めることを放棄してでも、そうすることを望むかもしれない。この見方においては、信頼がおける政治家であるとは、インセンティブの結果というよりもむしろタイプなのである。選挙の役割とは、彼らにインセンティブを付与するというよりもそのような政治家を選別する方法を見つけることだといえる。

---

[42] このような政治的代表に対する信頼観は、1774年にエドモンド・バークがブリストルの選挙人に対する演説で提唱したものに最も近い。またJ.S.ミルの著作でも好意的に受け止められている。

[43] 例えばFrey（1997）、Murdock（2002）、Bénabou and Tirole（2003）を参照。

　真摯に自分の信託受託者義務を果たしている政治家はインセンティブによる影響をまったく受けないという仮定は、あまりに強すぎる。インセンティブの度合いは政治家たちが自分たちが追求している目的に全面的に賛同しているかどうかに左右される。Besley and Ghatak (2005)はエージェントがどの程度注意を払うかは、組織が追求している**使命**に賛同する度合いに依存するというエージェントの動機モデルを開発している。したがって、政治家は、その大義に賛同することで、より高い動機付けを得ることができる。このような場合、当然ながら忠実義務の行使には曖昧な点が生じる。政治家と最も近い使命感を持つ有権者は、現職議員からより多くの注目を集める傾向がある。このことは、市民はどのような政治家を信託し、選ぶのかを気にかけている可能性があることを示唆している。

　より広範な動機づけの概念を導入することは、公私の生活における行動に関する幅広い証拠、特に実験室の実験で得られた証拠と一致する。人間の動機についての狭義の仮定は実験室で研究される公共財に対する個人の貢献を説明する上で、うまく機能しないことは長い間知られてきた。Ledyard (1995)によってレビューされた実験研究からの証拠は、狭義の利己心モデルに対する数多くの重要な例外を列挙している。市場の相互作用の文脈においても、Fehr and Falk (2002)は資源配分における公平性への配慮が行動を説明するため、いかに必要ことを明らかにしている[44]。

　政治家が重要な点において異質であることが認識されれば、誰を選出するのかを説明するモデルを開発する必要がある。より優れた政治家が存在し、すべての国民がより優れた政治家を選ぶと仮定しよう。すなわち、政治家の質は誘意性（valence）[†]の問題である。そのとき、政治家が選ばれるプロセ

---

[44] 満足のいく投票理論を構築するためには、狭義の利己心を超えることが必要である。個人が狭義の利己心のもとで投票を行う可能性は、多数決の選挙において決定的になる確率が非常に低いという事実に反している。そのため、義務感など、より大きな動機に基づくさまざまな代替案が提案されている（レビューは Aldrich 1997 を参照）。この義務の概念は、我々が提案している受託者モデルに非常によくあてはまっている。

[†] 誘意性とは、外界の対象または生活空間内の特定領域のもつ特性で、人をひきつける場合は正、反発させる場合は負の値をもつと定義される。

スを研究し、なぜ質の低い政治家が生き残れるのかを理解することができる。Osborne and Slivinsky (1996)および Besley and Coate (1997)の市民−候補者アプローチは、この問題を考えるのに有用な枠組みを提供している。彼らは市民が政治家候補になることを選択する際の、参入、投票および政策立案の段階をモデル化している。

このアプローチはなぜ質の低い政治家が選出されるのかについて、主な理由を三つ挙げている。第一の理由は、参入と投票に制限の可能性が存在することである。政治キャンペーンにかかる費用が候補者の質によって異なるのであれば、質の低い候補者も質の高い候補者もどちらも思いとどまるかもしれない。政治的エリートは、自分たちのレントを維持するため、腐敗した候補者を好む。彼らが（政党制を通じて）参入をコントロールするのであれば、質の高い候補者は立候補を取りやめる可能性がある。このメカニズムは質の高い候補者が立候補したとしても、選出されないようにするために投票プロセスをコントロールすることによって機能しうる[45]。

候補者の質が低い二つ目の理由は、情報によるものである。悪い政治家は、選挙キャンペーン中に有権者から識別できない可能性があるため、参入してくるかもしれない。このことは、Caselli and Morelli (2004)が研究している。その結果、立候補することで、十分な私的利益があるならば、悪い候補者がレント・シーカーとして参入することになる。

質の低いの政治家が存在する三つ目の理由は、Besley and Coate (1997)によって展開されているもので、有権者の間の調整問題の意味を考察している。政策空間において二極化している二人の質の低い候補者が立候補したと仮定する。そうすると、有権者が質の高い候補者について調整できないので

---

[45] Poutvarra and Takalo (2007)は公職を保持する価値は候補者の選挙キャンペーンの効果を通じて候補者の質に影響を与えるモデルを展開している。Gehlbach and Sonin (2010)はビジネスパーソンのような経済的エリートがいつ公職選挙に立候補することを選択するかを尋ねるために市民候補者のフレームワークを応用している。この世界で公職選挙に立候補することは、影響力のためのロビイングが選択肢になっている。彼らはビジネス界の候補者は公職を大いに乱用することにつながることを論じている。

はないかと恐れる候補者がいれば、質の高い候補者の参入は阻止される。そうでなければ、質の高い候補者が参入することで、政策選好が真逆の候補者が当選する確率が高くなる結果となる。

　参入、キャンペーン、投票のプロセスが質の低い政治家を排除できないのであれば、在任中に彼らのパフォーマンスを観察することが役目を果たす。しかしながら初期状態は、現職のタイプが不確実性なもの（逆選択）である。ゆえに、このモデルとインセンティブが問題となるモデルを組み合わせるには、政治においてモラル・ハザードと逆選択という双子の情報問題を真剣に考える必要がある。

　要約すると、インセンティブの問題は政府と市民の間の利害対立を理解するのに重要である一方で、選択も重要であると考えるには十分な理由もある。それは、より有能な政治家を選ぶことであったり、信託受託者責任を真剣に果たす政治家を選ぶことである。この本の大半では、インセンティブと選択の両方を真剣に考慮されたとき、政治と公的資源配分が機能する方法を理解することに費やされている。

1.7　結び

　政府がうまく機能するためには、インセンティブと選択の問題に対処しなければならない。優れた政治家が選ばれたり、インセンティブの問題が処理される状況では、政府の標準的な規範モデルに近い世界が実現する。一方で、公職を利用して個人的な目的を達成しようとする利己的な政治家が圧倒的に多いという状況もある。利用可能なインセンティブ・メカニズムが弱ければ、質の低い政府になってしまうだろう。この意味で、選択が問題となる環境での公的資源配分の政治経済学を理解することは、良い政府の可能性を理解するための有用なステップとなる。

　上述した先駆者たちの研究の軌跡をたどると、現在相当量の知識が蓄積されている。この本の残りの章は、ほぼ総合的な内容になっている。以下の章では、主要アイデアを説明するのに役立つ枠組みを深化させている。独自の枠組みを開発することで、この分野に統一性をもたらすことが期待される。

しかし、これは現在進行中の作業に関する準備的な報告である。

　現代の政治経済学の文献は、経済学者の能力を、政策の結果だけでなく、政策のプロセスを理解する方向に拡張することに成功している。このプロジェクトは、『フェデラリスト・ペーパーズ』におけるマディソンの見方とよく合致している。これは、政府を抑制するためのプロジェクトではなく、政府が機能するための制度的前提条件を理解するためのものである。このことを念頭に置いて、目下のプロジェクトに焦点を当てる。

第2章

政府の失敗を解剖する

効率的な政府とは、パフォーマンスが測定可能であるような基準であり、民間部門における家計と企業が評価される基準と同様である。実際のパフォーマンスは政府や時代によって異なるが、効率的な行動や建設的な指導力は決して手の届かないものではない。

Musgrave (1999: 34)

2.1 はじめに

政府の失敗（government failure）は頻繁に使われる用語であるが、定義されることはほとんどない。基本的かつ極めて直感的な考え方は、政府が理想的な市民サービスを提供できないのには体系的な理由がある、というものである。標準的な厚生経済学の提言について有用性を疑う理由として、特に政府介入が引き合いに出される。アナリストは厚生経済学の処方箋に従って政府介入のケースを作り出す際にも、政府の失敗と市場の失敗と天秤にかける必要があると度々主張している。

しかしながら市場の失敗という概念と姉妹関係にあるこの考え方は、政治経済学の文献には体系的な説明が見当たらない。本章では政府の失敗の代替概念について議論することで、これを是正しようと試みる。本章では、いくつかの議論と主要な考え方を説明するための簡単な事例を紹介する。

政府の失敗とより狭義の概念である**政治の失敗**を区別することは重要である。政府の失敗は経済（国家）におけるある主体が暴力の行使を合法的に独占化する時に生じる問題であるといわれる。政治の失敗（political failure）

はこの独占をコントロールする権力が民主制の政治システムによって配分される時に生じる、より狭義の問題であるといわれる。したがってここで述べられるような政治の失敗は、政府の失敗の部分集合である。

　この違いを明確にするために、二つの例を挙げよう。最初の例は不完全情報の問題と公共財の供給の問題である。政府が個人の公共財についての価値づけを正確に計測できないことが、政府供給を次善のものにするというClark（1971）とGroves（1973）の影響力のある仕事以来、よく知られている。これは公共財の供給についてのリンダール・サミュエルソン条件が達成できないことを意味する。この問題は、政府の運営に関する一般的なものであり、どのような政府体制の下でも（ある程度は）発生する可能性がある。したがって、このような形の不完全な情報は政府の失敗を構成するかもしれない。しかしそれは政治とは何の関係もない。

　二つ目の例として、公共資源の配分を決定する立法府の運営ルールを決定する問題について考えてみよう。例えば、立法府が政策議案を設定する権限を一個人に集中させ、他の人たちはその個人の提案に投票することができるとする。またこの議案を提案する人が特有な地区の代表であり、私利私欲によって、自分たちの地区の支出が他の地区に与える影響を内生化できなかったとしよう。その結果、（適切な補償移転が行われることを前提に）公的資源配分のパレート改善の状況をもたらすのは可能であるような、次善の資源配分のパターンへと向かうだろう。立法機関の運営における不完全性は、政治の失敗をもたらす可能性がある。

　政府機能における特定の問題が政府の失敗か、それとも民主的な資源配分に特有の問題なのかは大抵の場合あまり重要ではない。ところが政治の失敗において関係が深い二つの理由がある。まず、政治の失敗を研究することで、前章で論じたように支配的な制度になりつつある民主制の潜在的な欠点を知ることができる。市場の失敗という考えに動機づけられた市場の研究と同様に、民主制がどのように機能するのかを知るのは有用である。第二に、政治の失敗を研究することは、民主的な政府システムをどのように改善するのか、特にゲームのルールをどのように変更すれば、資源配分の改善につながるのかについて、具体的な洞察を得ることができる。

　経済学者が市場の資源配分について論じる標準的な方法は、政府の失敗について考えるモデルを提供することである。前章で論じたように、評価の基本となる基準は衡平性と効率性である。一般的に市場の失敗（market failure）という用語は、通常、市場の資源配分がパレート非効率性をもたらす状況を説明するために使用される一方で、後述するように、政府の失敗という言葉は若干異なる意味で使用されてきた。事実、文献が示唆する概念は三つある。このうち、市場の失敗の標準的な定義にそのまま対応するのは一つだけである。

　市場の失敗と同じように、「政府の失敗」という用語がどれだけ広まっているのか理解するのは有益であろう。例えばWittman（1997）のように、民主制のシステムは効率的な結果を生み出しやすいと論じるものもある。とはいえ、Buchanan and Tullock（1962）に代表されるような公共選択の伝統では、全く異なる見方をしている。これらの相反する見解は、政府の失敗という言葉の使い方がかなり異なることに起因している。いずれにせよ、これらの相反する主張がある以上、これらの問題に対して詳細に検討する必要がある[1]。

　本章の表題は、最初に市場の失敗に関する様々な考え方をまとめたBator（1958）から思い切って借用している。彼は自身の探究を「誤りのない利潤最大化および選好を基にした効用最大化の計算でさえ、パレート効率的な配分を維持できない現象を探求する試みである」と定義している。ベーターは、非専有性、非凸性、公共財が市場の失敗の主要な源であるとしている。原理的には、同様に単純なカテゴリーで政府の失敗を分類したい。

　ここで採用した手順は同様である。政府および政治過程主体は適切な制約のもとで、利得を最大化するものと仮定する。そしてそれがどのような場合

---

[1] Acemoglu（2003）とはこの章の目的の多くを共有している（Acemoglu 2003）。彼はコースの定理が政治の領域で失敗する理由を理解するための結果をまとめている。ここで、政治の失敗の議論の多くに関して、特にパレート非効率性の例は、この方法でまとめられる。さらにAcemoglu（2005）は、（本章の表現では）制度的失敗を理解するために、政策設定における制度を調べるというさらに野心的な課題を追求している。

にパレート非効率的な政策結果や私的影響力の活動パターンをもたらすのか
を探る。総合的な目的は、非効率性の基礎を明らかにすることである。また、
政治的な資源配分が非平等主義的である場合も含めて規範的基準の可能性集
合を拡張する。

　以下で詳細に論じるように、政府の失敗についてのアイデアは、憲法の設
計を理解するための中核を成している。ただし、そのアイデアはまた、経済
政策改革や明らかに有益な改革が実施されない理由について考える上でも中
心的な役割を果たしている[2]。政府の失敗が取りうる具体的な形態を十分に
理解することで、改革が設計者の意図したとおりに機能するのはどのような
場合かを理解することができるかもしれない。

2.2　政府の失敗の三つの概念

　本節では、政策の帰結を政府の失敗として定義する三つの方法について議
論する。一つ目は、古典的な市場の失敗の定義（パレート非効率性）と類似
している。二つ目は、政治的過程が「望ましくない」分配の果実を生み出す
可能性があることを認めるものである。そして三つ目は、ヴィクセルによる
もので、ジェームズ・ブキャナンの研究によって発展してきた。このことは、
特定の介入が、政府が不在の場合に起こりうることをパレート優越している
かどうかに基づいている。

　次節で検討する例からわかるように、これら政府の失敗の概念は政策の結
果にも政策過程にも、言い換えれば意思決定の過程に使い果たされたいかな
る資源に応用できる。後者は特に標準的なレントシーキングの非効率性とし
て言及される。従って、政策結果とこの結果を達成するために必要な民間と
公共の行動集合を研究する必要がある。その時政府の失敗は、選択された政
策が貧弱なものか、（たとえ良い政策であったとしても）政策を選択する手
段が非常に費用がかかるために生じる可能性がある。政府の失敗が起こらな

---

[2] このような問題全般に関する優れた議論については、Rodrik (1996)に詳しい。

い政府システムは、良い政策と政策プロセスを選択する。また、政策結果に影響を与える効率的な民間行動を促進する。

2.2.1 パレート非効率性（Pareto inefficiency）

経済学者にとって、最も明確な政府の失敗の定義はパレート効率性に基づいている。これは経済学の教科書にあるような市場の失敗のケースによく似ている。このことは（特に）パレート効率的な課税と公共支出について研究してきた公共経済学における長年にわたる伝統が動機となっている[3]。例えばラムゼイ税ルールと公共財の供給におけるリンダール・サミュエルソン・ルールはパレート効率的な政策の特徴づけから導かれる政策ルールである。

このような研究の成果は、社会の効用可能性フロンティアである。この効用可能性フロンティアは、個人が誰かの利益を損ねることなく、利益を高めることができないような政府の政策と私的資源の配分の決定の集合を特徴づけている。パレート非効率的であるとは、このフロンティアの内部での活動のことをいう。パレート非効率性とは、経済学者のフリーランチを意味する。すなわちすべての市民がより良くなるように、異なる政策の集合および／または私的決定を選択することが可能でなければならないということである。

市場の失敗は、市場がパレート効率的フロンティア上の配分を達成できない状態と定義される。このアプローチを政府の失敗にあてはめると、政策がパレート効率的フロンティアの内部にある社会状態にある場合、政府は失敗することになる。市場の失敗の分析がこのように明示的に拡張されることを考慮に入れても、政府の失敗という概念が文献上においてあまり関心をもたれないのは、いささか驚きを隠せない。これは、Besley and Coate (1997) で政府の適切な基準として提案され、Besley and Coate (1998) でさらに発展させたものである。

パレート非効率としての政府の失敗は様々な意味で弱い基準である。Besley and Coate (1997) で観察されたように、ある市民が実行可能性集合

---

[3] 例えば、Atkinson and Stiglitz (1980) を参照。

から政策を選ぶ権利が与えられているような状況は、政策立案者をより改善することが不可能であるため、静学的設定においてパレート効率的であるのは自明である。しかしながら、動学モデルにおいてこの方法で定義された政府の失敗の興味深く、自明ではない例があることがわかるだろう。

2.2.2　分配上の失敗 (distributional failures)

　前章で議論したように、しばしパレート効率性は規範的分析を行う基準としては弱すぎると考えられている。結局のところ、独裁者が社会の全資源を自分自身とその取り巻きに移転する政治的均衡は効率的になりうる。しかし、それを満足のいく状態だと考える人は少なく、政府の失敗だと考える人も多い。このような問題に対処する唯一の方法は、分配の問題を持ち込み、それに従って政策の結果とその過程を判断することである。

　例えば Mueller (1996)は豊かな国における農家への給付、（コンコルドの開発のような）多額の補助金を受けた公共プロジェクト、あるいは公共財の特定地域への地理的対象を、政府の失敗の動かぬ証拠としてみなしている[4]。もしこのような移転が非効率的に行われるのであれば、政府の失敗の最初の定義に戻ることになる。しかし、これがパレート非効率の原因ではないと仮定すれば、政府によって生み出された政策が判定される特定の社会厚生関数に暗黙裡の了解があることは明らかである。つまり、これらの事例は分配上の失敗の領域にある。

　したがって、これを運用可能にするために、ある種の分配指標、すなわち社会厚生関数を必要とする。ところが社会的な選好へのある程度の適切な合意がない限りは、このような分析から得られる結果は波紋を引き起こすだろう。どのような政治過程であれ、きちんと定義された社会厚生関数を最大化すると仮定する理由はほとんどないため、民主主義の中で選ばれた政策が、この定義に従って政府の失敗を招く恐れがある[5]。それゆえに、この政府の

---

[4] 例えば Mueller (1996)を参照。

[5] 確率的投票モデルの支持者たちの中には、特定の社会厚生関数が政治的均衡において最大化されると主張する（議論については Coughlin 1992 を参照）。ところが、社会

失敗の概念は全く意味をなさない危険性がある。

　とはいえ、この見方は非常に悲観的過ぎる。例えば、まともな政府であれば、どんなに効率的であろうと、政府役人が自らの利益のために国家を利用する範囲を制限すべきであるという点では、かなり広範な合意が得られるかもしれない。ザイールのモブツ大統領やフィリピンのマルコス大統領のような収奪的な独裁者の経験は、自らの利益のための手段として政府が利用されたときに感じる一般的な憤りを強調している。

　政府の失敗について考えるもう一つのアプローチは、分配の要素を取り入れた**社会的余剰**（social surplus）である。社会的余剰の概念は、譲渡可能な効用、つまり効用が貨幣について線形な効用のケースにおいてのみ、効率性の基準として意味を持つ。この場合、ヒックス・カルドア変分の補償テストの観点から動機づけられ、利得者が損失者に対して補償することできる。したがってある政策選択が社会的余剰を最大化する場合、利得者が損失者を補償できるような政策変更の方向性は存在しない。逆に余剰最大化を行う政策の方向に向かえば、その変化によって利得者が損失者を補償可能になることを保証する。

　よく知られているように、この論理が説得力を持つのは、パレート改善に相当する補償が実際に支払われる場合だけである。さらには、補償支払いは一括税や補助金を含む非常に多くの政策手段によってのみ可能である。補償が実際に支払われないのであれば、余剰最大化の要請はあまり明確ではなくなる。その場合、効率基準というよりもむしろ分配基準として考えるのが最適である。実際、選好が貨幣について線形である場合、社会的余剰の最適値とベンサム流の社会的厚生の最適値は、大抵の場合一致する。

　余剰最大化は「できるだけケーキを大きく作る」という概念からすると魅力的であることが多いが、特定の社会厚生関数を用いた一種の社会厚生の最大化演習問題として考えたほうがよい。以後、この方法で余剰最大化を利用する。実際、分配の失敗を検討するための主要例として、この方法を用いる。

　厚生関数は強い仮定に依存しており、技術的な仮定は、政治的競争において暗黙裡に存在する分配上の対立が中心にあるとは考えにくい。

というのは、パレート改善をもたらすために必要な補償が支払われているようなふりをさせないためである。

　より現実的にいうのであれば、政府の失敗という文脈では、それが強力な批判の力として機能するということである。仮に政策が政治的エリートや利益団体によって取り込まれ、社会的余剰の一層の低下がもたらされるのであれば、より広範な市民団体の利益のために、これらのグループの政治的優位性を低下させることに対して一般的に共感が集まるだろう。この文脈で採用された場合、社会余剰の基準は、小さな集団がより大きなの集団の犠牲の上に利益を得ていることを示すことができるため、実に強力なものとなる。よって、関税保護による消費者余剰の損失と、産業内の利害関係者にもたらされる便益とを比較検討することは、保護主義に関するの政策論議に影響を与える可能性がある。

　すでに述べたように、政治家が公職に就くことによるレントを得ることの意味を考える上でも、分配への考慮は重要である。これには第3章で取り上げるエージェンシー・モデルを含め、この点を中心に据えたモデルが存在する。もう一つの例は、Brennan and Buchanan (1980)のリヴァイアサン・モデルで、政治家は市民から引き出した税収を最大化する一方で、税収の一部を私的に流用すると仮定されている。

　この文脈で、政府の失敗を特定化するための制約をどのように構築するかは、たとえ多くの場合において自明であったとしても、議題の余地がある。ところが政治家になるという決断は、政治家に提供される報酬の関数である可能性が高く、（より有能な政治家はより高い機会費用を持つ）選挙に立候補することを選択した人々の能力に影響を与える可能性があることを念頭に置く必要がある。したがって、政治家になることに対して報酬を与えるべきではないというのは、おそらく行き過ぎである。

　政府の失敗の基準の一つは、より少ないレントで同じ政策結果を得られるような可能性があるかどうかを調べることである。よって政府の失敗はこのベンチマークと比べて「過剰な」レントを伴う結果を意味する。ここで余剰最大化の基準は政治家を富ませることが有権者に大きな犠牲を強いていることを示す上でも有効である。政治家が失ったレントを補償するケースには多

くの人が説得力を見出せないがゆえに、余剰最大化に対する反論の一つを退けるだろう。

2.2.3 ヴィクセル型失敗 (Wicksellian failures)

　政府の失敗の三つ目の概念は Wicksell (1896) の著作に導き出されたものである。ヴィクセルは標準的な厚生経済モデルから若干外れた基準を用いており、古典的なリベラリズムに由来する権利に基づくアプローチと考えるのが最も適切である。その考え方の根底にあるのは、政策の結果や政治的決定は、政府なしで達成される結果よりもパレート優越的であるような結果をもたらすべきであるという考え方である。その考えの背景については、以下の文章から明らかである。

> 　仮にある歳出が認められた場合、新たに提案されたものか、すでに存在しているものかに関わらず、一般的にこの歳出は社会全体に有用な活動のために意図されたものであり、例外なくすべての階級によってそう認識されている。もしそうでなければ、後者がどうして世界の正しい意味での集団的欲求を満たすのか私としては理解ができない。仮に誰かが自分の関心事ではない、あるいはまったく正反対のものであるような活動に対する費用に貢献を余儀なくされるとすれば、それは明らかな不公正である。
>
> (Wicksell 1896: 89)

　この考えの主な動機は、政府（市場のようなもの）を、ある現状以上のパレート改善をもたらす交換のプロセスとみなしていることである。あるいは、契約上の視点からのアプローチすることもできる。市民は政府が何をしてくれるのかを定義する全体契約に署名し、全市民がその契約に対する拒否権を持っていると考えるのである。

　この概念は、政策プロセスが市民間の資源の再配分につながる範囲を限定する。例えば、純粋な再分配は、敗者が受益者に対して利他的な感情を抱き、それゆえ他者への再分配から利他的な提供者として利益を得る場合以外は、除外される。このため、このアプローチは、政府の介入の正当性を判断するための保守的な方法を提供すると考えられており、主流派厚生経済学の伝統

と著しい対照を成している。ただしこのアプローチで懸念されるのは、不公平な初期資源配分が過去の歴史を通じて永続し、政府によって合法的に変更できないという事実である[6]。

2.2.4　比較

　ここで、政府の失敗に関するこれらの概念が、抽象的な意味でどのように関連しているのかを見てみたい。以下に示す例は、これをより具体的な内容にするものである。ここでは図による表現を用いて説明する。

　上で記したように、政府の失敗の最初の二つの基準は標準的な厚生経済のアプローチに基づいている。これらは、以下の意味で入れ子になっている可能性が高い。つまり合理的な社会厚生関数であれば、パレート非効率的な政策選択を失敗としてみなすだろう。ゆえにパレート非効率性に基づく政府の失敗は、より広範な社会厚生基準に基づく政府の失敗の厳密な部分集合となる傾向がある。

　このことは、2人の市民1, 2の効用を定義した社会厚生関数を記した図2.1に表されている。点Aは社会選好に基づいた最適性を満たしている点である。点Bが政府の政策の選択を通じて達成されるのであれば、このような社会選好を利用した政府の失敗とみなされるが、パレート非効率ではない。このことは、分配上の選好を基にした政府の失敗がいかに広範囲に及ぶ可能性があるのかを明らかにしている。点Aから離れたいかなる点は、政府の失敗である。

　ヴィクセル型の基準は、政府の失敗についてまったく異なる視点を提供する。図2.2は、ヴィクセル型の基準とパレート非効率性の間の違いを表している。

---

[6] このことはヴィクセルによってはっきりと認識されており、彼は「税の正義とは、暗に資産と所得の既存の分配における正義を前提としている」。ヴィクセルは続ける。「現代の法と衡平の概念に明らかに矛盾する財産と所得構造の特権が存在するならば、社会は既存の財産構造を修正する権利と義務がある」。ただし、これをどのように行うかについては、若干のごまかしがあり、ヴィクセルは正確な手続きやルールを特定することなく、ある種の条件付き多数決を容認している。

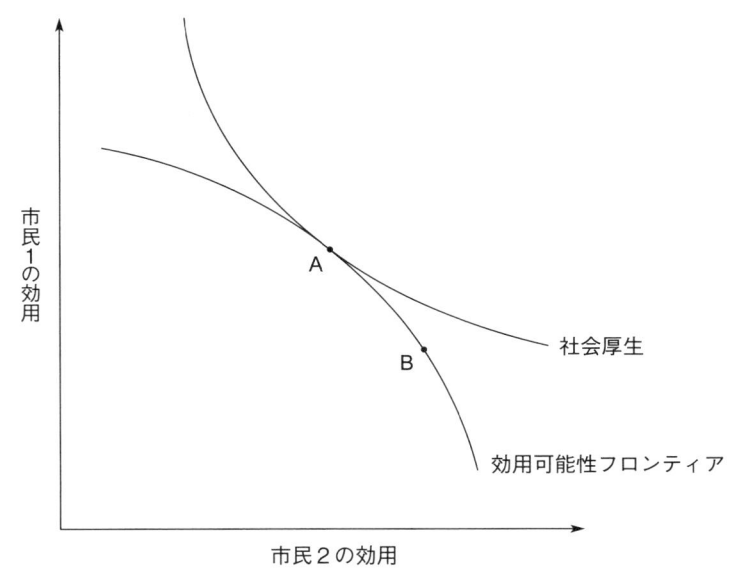

図 2.1　パレード非効率性と分配の失敗

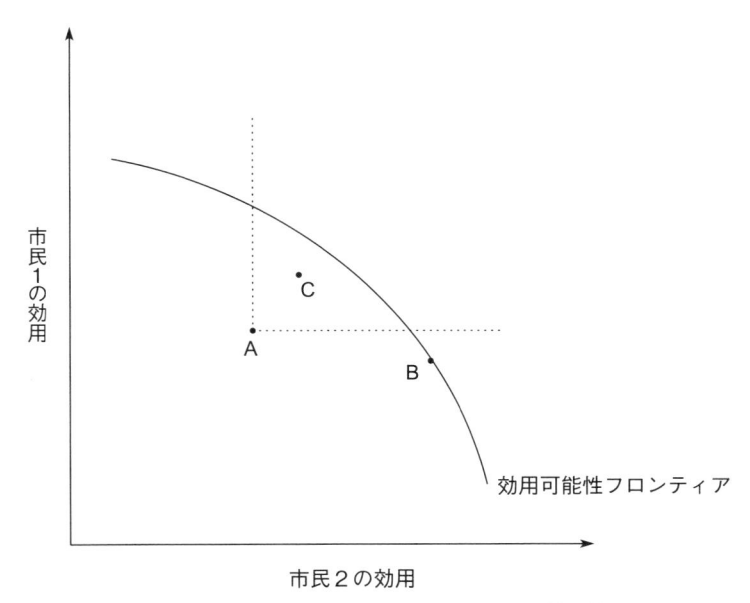

図 2.2　ヴィクセル型の失敗とパレート非効率性

　現状（無政府）では、経済はAのような点で運営されるとしよう。この点は、パレート・フロンティアの内部であり、例えば市場の失敗を補正することによって、政府が全員を改善できる可能性を表している。点Bを政府の介入後の結果としよう。点Bはまさにパレート・フロンティア上にあり、（次善の意味で）効率的である。しかしながら点Bは点Aに対してパレート改善とはならない。ゆえに政府によって選択されたとしても、点Bはヴィクセル型の政府の失敗となってしまうが、パレート効率性の定義によれば、政府の効率性を改善する余地がないため、政府の失敗とはならない。次に点Cについて考えよう。ヴィクセルの定義によれば、点Aと比較するとパレート改善されるので、政府の失敗ではないが、次善のパレート効率性を基にした定義では、点Cは政府の失敗とみなされる。この点（点C）から始まることですべての市民を改善することが可能である。

　ヴィクセルの定義に従えば、政府は厚生経済的に効率的な介入を行っても、政府の失敗を引き起こす可能性がある。実際、政治均衡によって生じる結果が、合意された社会厚生関数に従って社会厚生を最大化するものであったとしても、ヴィクセル型の政府の失敗は、起こりうるのである。

2.3　公共プロジェクトへの資金調達の例

　先に示したように、政府の失敗のこれら三つの概念は別個のものであるが、このことが重要かどうかは、具体的な政策問題について考えることによってのみ評価可能である。これは、所得の再分配を目的とした政策を考える際に、最も顕著に現れる。政府が再分配を最も効率的な方法で行うとする。完全情報のケースでは、一括税が利用されるが、別な方法としては最適所得税あるいは、その他の適切な最適課税システムが利用される。これは通常、特定の社会厚生関数に参照して研究されており、この種の社会厚生関数を利用しなかった政府は、分配上の失敗を根拠として失敗したとみなされる。一方、政府の失敗に関するパレート効率性基準は、ある厚生の重みづけの集合に対して最適であるような任意の税制は、政府の失敗がないとみなす。ヴィクセル型の定義はいかなる形の再分配を否定する。したがって経済が政府の介入な

しでパレート効率的ならば、このような形の正当な政府介入は存在しないということになる。

このような政府の失敗の論理に関する抽象的な議論から、所得再分配が許容されるというあらかじめ定義された概念がない限り、純粋な再分配は政府の失敗という考え方があまり意味をなさないことがわかる。したがって残りの議論では、何らかの非効率性、具体的には公共財の民間による供給不足がある場合に、政府が介入できるケースに焦点を当てることにする。この典型的な例によって、純粋な再分配を探すという袋小路に陥ることなく、より豊かな議論を行うことを可能にする。そうすれば、政府の失敗という対立概念は、真価を発揮することができる。

N 人の個人のいる共同体が、公共プロジェクトを立ち上げるかどうかという、一つの社会的決定を下さなければならないとしよう。プロジェクトを立ち上げる決定は、$e \in \{0, 1\}$ によって表される。ここで $e = 1$ はプロジェクトが実行されたケースを表す。プロジェクトが実行されれば、共同体は資金調達の方法を決定しなければならない。ここで、政府がプロジェクトへ資金供給をするのであれば、プロジェクトをさらに進行させるためには人頭税を利用する（1 人当たり資金調達に等しい）[7]。

プロジェクトを評価し、そこから b の効用を得る市民と、プロジェクトを評価せず、効用ゼロであるような市民が 2 タイプ存在している。プロジェクトを評価する市民は人口のうち γ の割合を占めている。全市民は所得 y を持ち、プロジェクトの実行には費用 c がかかる。$y > \frac{c}{N}$ を仮定し、各市民は 1 人当たり負担額を支払うのに十分な資金を持っている。

2.3.1 民間供給

公的供給に進む前に、古典的な市場の失敗を修正するものとして、プロジェクトの公的供給を動機づけることができることを見ていきたい。プロ

---

[7] これは単純化で、このような税システムは実際には見られない。しかしながら例を用いて表現される要点は、このことに左右されない。（これについては後で述べるが）重要なのは、最適な一括課税は存在しないこととである。

ジェクトは各市民が $s_i(i = 1, \ldots, N)$ の分のコストを拠出する私的加入を通じて資金調達されるものとする。もし $\sum_{i=1}^{N} s_i \geq c$ であるならば、プロジェクトは実施され、各市民に余剰金が均等配分で返還されるとする。言い換えると、各市民は $\frac{1}{N}(\sum_{i=1}^{N} s_i - c)$ を得る。もし $\sum_{i=1}^{N} s_i < c$ ならば、プロジェクトは行われない。

　貢献水準におけるナッシュ均衡を探すとする。最初の観察は，プロジェクトを好まない市民が正の貢献をする均衡は存在しないということである．一方で、プロジェクトを評価する市民たちが貢献をするというナッシュ均衡は多様である。これらの各々において、貢献の価値がちょうど足し合わせて合計 c となるように、貢献した人たち全員が決定的でなければならない。

　$b < c$ である限り、すべての市民が $s_i = 0$ であるようなナッシュ均衡が常に存在する。また $s_i = \frac{c}{N\gamma}$ ただし $N\gamma b > c$ であるようなナッシュ均衡も存在する。これは、ゼロ供給均衡がパレート優越しており、この均衡を達成できない場合は古典的な市場の失敗につながる。

　したがって、政府の介入を動機づけるために、民間供給がゼロの場合に焦点を当てる。この離散的なケースは、効率的均衡が存在するという意味で、間違いなく人工的である。ここでは、フリーライダー問題そのものというよりも、フリーライダー問題による協調の失敗にかかっている。しかしながら民間供給における非効率性は一般的なものである。したがって、ここではこの問題を見過ごすのが妥当であり、この例のわかりやすさから得られる利益は、この（少し）人工的な特性を上回るものである。

2.3.2　政府供給

　政府がプロジェクトの資金調達をして、人頭税を用いるものとしよう。社会厚生の計算を行うために、この文脈における社会的余剰基準と同一の功利主義的な視点を採用する。このケースでは、サミュエルソン・ルールを最適公的供給に適用する。

　図2.3はこの例におけるすべての当事者の利得を示している。

　$e = 0$ および $e = 1$ はともに、この設定においてパレート効率的な政策選択となることに注意されたい。なぜなら政府はすべての市民に対して税金を

	プロジェクトを評価する市民	プロジェクトを評価しない市民	社会厚生
$e = 0$	0	0	0
$e = 1$	$b - \frac{c}{N}$	$-\frac{c}{N}$	$\gamma N b - c$

図 2.3 市民の利得と政府供給のもとでの社会厚生

課すことができるからである。このように、このプロジェクトに価値を見出さない人々は、政府供給のもとで不利になる。このことは、プロジェクトを進めるか否かをコストなしに決定する政治的資源配分システムは、パレート基準を用いても政府の失敗とはなりえないことを意味している。

　我々が仮定した社会厚生基準を使うと、市民全体の便益の和が資源コストを上回るならばプロジェクトは価値があるものとなる。要約すると

$$N\gamma b \geq c$$

である。この条件が成立するのであれば、プロジェクトが失敗するようなあらゆる政治的メカニズムは、政府の失敗ということになる（$N\gamma b < c$ を仮定すれば、逆は真となる）。

　次にヴィクセルの満場一致テストに目を向けると、このテストはつねに $e = 1$ の時に失敗する。プロジェクトを支持しないグループは、プロジェクトに価値を見出さないため、利得が $-c/N$ だからである。ゆえにプロジェクトが推進されるような政治的資源配分モデルは、政府の失敗を引き起こすことになる。しかしながら政府がプロジェクトに価値を見い出す人々全員に $c/N\gamma$ という便益税を課すことができれば、プロジェクトを進めることで、$N\gamma b > c$ である限りは、パレート改善が実現することになる。実際、このケースでは「良い」ナッシュ均衡と同じ利得が得られる。具体的に言及される場合を除き、ここでは $N\gamma b > c$ を仮定する。

　この簡単な例は、公的介入の便益が市民に偏っている場合に、ヴィクセル型のモデルが政府の介入を最も保守的な基準に導く可能性が高くなる理由を明らかにしている。給付税が公共事業の財源に充てられない限り、政府介入のケースは極めて限定的なものになる。これに対して、パレート効率性はこのような状況下では有効性を持たないが、社会的余剰は利得者と損失者の利

得間のトレードオフを可能にする。

　この例はまた、政府の失敗にとって、政府が利用可能な手段の集合が重要である理由を明らかにしている。一括税が政府にとって実行可能であるとと仮定するならば、このような給付の適切な利用によって、常にヴィクセル型の基準と社会的余剰はともに満たされるであろう。さらに余剰を最大化する結果と一致する一意なパレート最適政策が存在するであろう。このように、政府の失敗に関する相反する概念間の興味深い対立は、政策手段に制約のある世界を扱うことを必要とする[8]。

　この事例は公的資源配分および政府の失敗の理由を研究するために目下利用する有用な構成要素を提供するものである。そしてこの事例は単純かつ定型化されているとはいえ、政治経済学における政府介入の研究を興味深いものにする多くのアイデアを具体化している。特に政府介入には利得者と損失者が存在しており、損失者に補償するための政策手段が限定されているのである。

2.4　「政府の失敗」の原因

　この節では以前に利用した事例を利用して政府の失敗の三つの側面について論じ、その意味するところの説明を行う。まず民主的な政治プロセスが政策決定に用いられるか否かにかかわらず生じる政府の失敗について論じる。問題になるのは、無知、私的な影響力の行使、リーダーシップの質である。

　それぞれのケースにおいて、$e = 1$ を設定するかどうかの決定を託された在任中の指導者が就任していることを仮定することから始める。指導者はプロジェクトの結果に対して自分なりの選好を持つものとする。ここで指導力の選択の過程についてはモデル化しない。次に、この政策権限がどのように行使されるのか、その厚生的帰結を研究する。

---

[8] 一括移転をともなうパレート最適な結果の一意性は、譲渡可能な効用の仮定の名残でもある。

2.4.1　無知

　経済に介入する政府は、一般的に政策過程の単純化されたモデルが要請するようなある種の全知全能さを欠いている。第1章5節で取り上げたように、この全知全能さの欠如は、ハイエクによる国の計画に対する批判の根底にあるものである。メカニズム・デザインを基にする現代厚生経済学の文献においても通底している。少なくとも全知全能の結果と比較した場合、ある種の無知が政策ミスを招くことは、さほど不思議なことではない。例えば、b または c について無知であるような政府はプロジェクトを進めるかどうかに関して、常に正しい判断をする可能性は低いだろう。これは、公的な意思決定の質を評価するための基準が何であろうと同じである。しかしながら、無知が政策決定において、過大もしくは過少な政府介入をもたらすような系統的な偏りにつながるかどうかは、先験的に不明である。

　無知は、少なくとも完全情報のケースと比較した際に、明らかにパレート非効率的な政策をもたらす可能性がある。また特定の厚生基準を満たさない社会的決定や、現状をパレート優越しない政策が実施される事態を招く可能性すらある。

　無知が政策方針に蔓延しているのは間違えないが、最も興味深い問題は、情報量が内生的であり、各人がそれぞれ政策について異なる情報を持っている場合に関するものである。このような場合、特定の意思決定プロセスが情報を抽出し、管理する上で優れているかどうかが問題となる。一般的に政策の結果の質は完全知識のもとで発生するものには及ばない。すなわちすべての情報が社会的な決定を行う際に織り込まれているかどうかである。それゆえに、ここで関連する基準は次善（セカンドベスト）、言い換えれば政策に関する情報制約された効率性である。

　民主主義と非民主主義政府の重要な違いの一つは政策プロセスにおける情報の収集と普及の方法にあるといえる[9]。政策ニーズに関する共通の基礎情

---

[9] これらの問題は Feddersen and Pesendorfer (1997) で検討されている。

報をより反映した政策につながるのであれば、民主的な政府システムの方が
政府の失敗は起こりにくい。例えば、人口のうち、プロジェクトに価値を見
出す個人の割合（我々の例ではパラメター γ）について不確実であると仮定
する。その時、市民が政策について異なる情報を持っている場合、政策をめ
ぐる直接投票は、共通価値を明らかにする良い方法かもしれない。

　これらの問題をより詳しく調べるために、政治的プロセスにおける情報の
集約の具体的なモデルを開発する必要がある。しかし、本書ではこれらの問
題には言及しない。しかしながら、社会的な意思決定がどのような形で行
われるかは、情報の政策プロセスへの取り込み方であることは間違えない。
Laffont（2000）はこの視点から俯瞰した政治プロセスに関して、多くの洞察
を提供している[10]。

　第3章と第4章で論じたエージェンシー・モデルは、情報の問題を深刻に
とらえている。しかしながら、それらエージェンシー・モデルは、政府が政
策について情報的優位性を保つような状況に焦点を当てている。現在の設定
でいえば、b あるいは c を政府が知っていて、市民が知らないということで
ある。ところが、政策立案者も利益相反、すなわち有権者には都合の悪い政
策の結果を選択する誘因がないのであれば、問題は生じない。したがってモ
デルをより興味深いものにするために、政治家は常に善意があるとは限らな
いと仮定する必要がある。その一つの方法は、政治家が政策を選択する際に
外部からの影響を受けると仮定することである。次に影響力の問題に注目し
よう。

2.4.2　影響力

　民主制かどうかにかかわらず、政府は強力に組織されたグループからの影
響を受けやすい。そのため一般的に政策の便益が、このようなグループに偏
ることになる。本節では、このことを上記の例にどのように持ち込むことが

---

[10] 政府による無知の問題が分配もしくはヴィクセル型の見方のいずれかのうち、どのよ
　　うに政府の失敗に関与しているのか先験的にいうのは難しい。状況の具体性に強く依
　　存しているからである。

できるかを議論し、政府の失敗を特定する意味について論じる。ここでは二つのモデルを考える。一つ目は、純粋な腐敗を取り扱い、その影響は完全に再分配的である。二つ目は、政策過程の中で資源が浪費される、コストのかかるレントシーキングである。

腐敗 (corruption)

　純粋な腐敗を、政策の結果に影響を与えるために政策立案者に金銭（賄賂）が支払われる状況と定義する。このような環境の下で、腐敗は市民と指導者の選好の関係を変化させることは、特段驚くべきことではない。これが吉と出るか凶と出るかは、精査の対象となる政府の失敗の概念による。

　特定化のために、政策立案者はプロジェクトが良いものかどうかに関わらず、$e = 1$ を設定することで私的な金銭レント $r > 0$ を獲得可能であるとしょう。この金銭支払い r は「組織化された」市民の一部によって行われる移転（transfer）であると仮定する。ここでは明示的に移転プロセスをモデル化しないものとしよう。しかしながら、本節の一般的な考察は、Grossman and Helpman (1994)で最初に政治的な影響力に応用された Bernheim and Whinston (1986)によるメニュー・オークションモデルを使ったアプローチが可能である。このアプローチの基本的な考え方は、政府は最高入札者（たち）に政策を競売にかけるというものである。各入札者たちは、政策結果の見返りに支払いを指定するメニューを提供する。ここで簡単化のため、支払われる金額の大きさと支払いを行う個人を特定するものとする。また

$$r > c/N$$

を仮定する。

　このケースでは、政策立案者は個人的な賛否に関わらず、プロジェクトを実行する。なぜなら支払い受け取り分が、自らが支払わなければならない税金の負担のいずれかを上回っているからである。ゆえに政策結果は常に $e = 1$ である。

　市民の効用は移転に資金を融資するかどうかによって決まる。ここで プ

ロジェクトに賛成する市民の割合を、β $(\beta < \gamma)$ とし、1人当たり均等にこの移転に資金を提供するものとしよう。したがって、このプロジェクトを支持し、移転の費用を負担する人々は、以下の効用を得る。

$$b - c/N - r/N\beta$$

ただしプロジェクトに賛成して資金を負担しない個人の効用は

$$b - c/N$$

である。

　移転に賛成しない市民は、$-c/N$ の利得を得る。

　$b - c/N - r/N\beta > 0$ を仮定すると、ここでモデル化した形態の腐敗は、この設定のもとで、パレート非効率な政策結果を生み出さない。移転は、個人合理的であるため、組織化された市民と政策立案者の両者ともに腐敗がない状態よりも改善される。その効果は、純粋にパレート・フロンティア周りへの移動である。一般的にこのことは、純粋な賄賂の場合、収賄側・贈賄側とも改善されうるゆえに、パレート劣位になることは考えにくい[11]。

　$\gamma Nb > c$ を仮定しているため、実際腐敗は $e = 0$ を生み出すどのような政策よりも、社会的余剰を増加させる。もちろん反対もあり得る。もし $\gamma Nb < c$ を仮定したとすると、逆の結果になっていたであろう。というのも、賄賂は理論上は社会厚生を上げるか、それとも下げたりするという仮定が存在しないからである。しかしながら、一般的に政府が純粋に博愛的な場合を基準とするとき、腐敗は厚生を低下させる。その結果、政策立案者がまず社会厚生の観点から正しいことをしたのであれば、賄賂は事態を悪化させるのは明らかである。他方で、最初に資源配分過程に潜在的な不完全性がすでに存在するようなモデルにおいて、先験的な予測は不可能である。この「次善」のテーマは、第4章の分析にも反映されている。

---

[11] ところがこのことは、利得者と損失者に補償するために利用可能な手段の種類に依存する。Besley and Coate (2001)はパレート優越的な政策結果となるような、ロビイスト間の協調の失敗のモデルを開発している。

　ヴィクセル型の定義からすれば、腐敗はプロジェクトが実行される可能性を高めることにより、政府の失敗への傾向を強めるだけである。ところが、小さい政府を志向する集団内に賄賂を認めるのであれば、一般的に物事がこのような方向に進む必要はない。しかしながら、特定のプロジェクトに賛成する人々ほど、より組織化される傾向はあるかもしれない。とはいえ、もし政府がプロジェクト実施に前向きで、それに反対する市民からの移転があった場合、プロジェクトが実施される可能性は低くなる。プロジェクトの実施を阻止するために贈賄する人たちは、政府が憲法でプロジェクトの実施を禁じられている場合よりも不利になり、政策立案者は有利になる。したがって、政府の介入の可能性は、政府の失敗を構成する一連の移転を生み出す可能性がある。このことは政策介入が起こらない場合でも同様である。そして公共選択が政府介入のような事態を防ぐための唯一の方法として、憲法上の制約にこだわることへの動機付けとなっている。

　ここいう腐敗とは、ただのレッテルに過ぎない。影響力の行使は、政府が良い方向にも悪い方向にも導く可能性がある。ある問題に賛否両論がある場合、政策プロセスが自分たちに不利だと感じ、政治的影響力の行使方法について懸念を表明するグループが必ず存在する。

　当然のことながら、ここで強調した以上の他の理由により、腐敗を嫌うもっともな理由がある。まず、政治家への移転がもたらす分配上の効果そのものが好ましくないかもしれない。また、個人が私益を得るために公職に就任した場合、才能の配分が歪められる可能性もある。第三に、腐敗それ自身を隠蔽するために、非効率な手段を通じて行われたのであれば、腐敗それ自体が死荷重を引き起こす可能性もある。ゆえに賄賂の取引費用を導入することで、市民は政策立案者に r を提供するために、市民は $\tau > 1$ の条件のもとで、τr の損失を被ることになる。

　とはいえ、この分析は他の多くの文献に比べ、腐敗に関してやや手加減をした描き方をしている。だからといって、腐敗に対する一般的な非難が正しくないというわけではない。まず、政策立案者は正当な民主制のプロセスによって選出されているので、賄賂は民主的なプロセスを損ねてしまうと考えられる。さらに、腐敗のプロセスを通じて与えられる政策の便宜の多くは、

合理的な社会厚生関数によると、分配上のメリットを持たないのではないか
と推測される。また腐敗が良識的な規範や国家の正統性を損なうという、モ
デル化しにくい制度的コストも存在する[12]。

コストのかかるレントシーキングのモデル

　賄賂のモデルにおいて、政治家の決定に影響を与えるために、資源は費や
されることはなかった。本節では、政策立案者がレントシーキングやロビイ
ングのような費用の掛かる影響力を及ぼす活動を行うことを想定する。実際、
個人は政治的便宜を確保するために、資源を消費する。このような活動が労
働の雇用を伴う限り、人々は生産的な職業から引き離されることになる。

　Tullock (1967)と Krueger (1973)が起源となるレントシーキングに関す
る広範な文献は、私的行動が政策にどのように影響するのかを研究してきた。
Tullock (1980)に倣って、レントシーキング活動への総支出を特徴づけるこ
とを目的とし、不可分の政策的便宜を得るための個人またはグループ間の競
争をモデル化することに主眼が置かれてきた（例えば、Baye et al. (1994)
およびその中の参考文献を参照のこと）。これまで研究してきた事例の構造
に、非常によく合致している。レントシーキングは政府の失敗の原因である
ことはよく主張されており、それゆえに我々のフレームワークにどのように
当てはめるのかを理解するのは重要である。

　市民 i が r_i を払って、政策立案者に影響を与え、プロジェクトを進める
か、中止させることができるとする。r_i は、は労働時間のような現実の資源
コストであり、政策立案者が流用することはできないと仮定する。事実、政
策立案者は（正または負の）影響からは利得を得られないとする。各市民
はプロジェクトに賛成の場合、資源 $r_{ia}(\geq 0)$ を拠出し、反対の場合は資源
$r_{if}(\geq 0)$ を拠出する。プロジェクトに賛成するときに拠出される総資源は、
$R_f(\sum_{i=1}^{N} r_{if})$ であり、反対の場合は $R_a(\sum_{i=1}^{N} r_{ia})$ である。そして、プロ
ジェクトが成功する確率は、以下の単純な関数によって表されると仮定する。

---

[12] 腐敗の程度を複数均衡にあてはめた集団的評判のモデルについては Tirole (1996)を
　　参照。

$$\frac{R_f}{R_f + R_a}$$

この種のコンテスト（contest）関数はレントシーキングの文献では一般的なものであり、主要な関心を説明するのに役立つであろう。ここで市民全員が影響力技術にアクセス可能で、二つの市民のグループ内で対称的な行動がある場合における影響の水準におけるナッシュ均衡を求める。プロジェクトに賛成の市民は、プロジェクトに反対するためのロビイングへの資源を拠出しない（プロジェクトに反対するケースも同様である）。

プロジェクトに賛成する市民 i の決定を考えよう。もし市民が r_{if} の貢献した場合の利得は、

$$\frac{(\sum_{k=1}^{N} r_{kf})}{(\sum_{k=1}^{N} r_{kf}) + R_a}(b - \frac{c}{N}) - r_{if}$$

プロジェクトに反対する市民 j の利得は

$$-\frac{R_f}{R_f + (\sum_{k=1}^{N} r_{ka})}\frac{c}{N} - r_{ja}$$

ここで、賛成および反対を表明している各市民が同水準の努力を費やす場合のナッシュ均衡を解く。プロジェクトが成功するナッシュ均衡の確率を求めると、

$$(1 - \frac{c}{Nb})$$

であることがわかる。

ここで重要なのは、c/Nb、1人当たりの建設コストと、賛成派にとってのプロジェクト実施の便益の比である。1人当たりコストは小さくなれば（N が高いか、あるいは c が低い）、プロジェクトが建設される確率は1になる。というのは、便益を受ける人だけが影響力を行使するためであり、プロジェクトに反対している人々のコストはごくわずかであるためである[13]。

---

[13] これは、プロジェクトが純粋な公共財であるため、プロジェクトのコストが母集団の大きさによって増加しないという特徴である。

　ナッシュ均衡におけるレントシーキングへの総支出は

$$\frac{c}{N}\left(1 - \frac{c}{Nb}\right)$$

である。

　これを用いると、費用のかかるレントシーキングの厚生結果について考察するのは容易である。

　費用のかかるレントシーキングの厚生結果を評価するには、二つの複雑な問題を考慮する必要がある。まず結果は、選択された政策と、社会的コストを課す決定に影響を与えるために費やされた資源の両面から評価される必要がある。第二の問題は、結果の事前評価と事後評価のどちらが適切かどうかということである。例えば事後の政策結果が $e = 0$ であった場合、影響力を及ぼすために正の資源を投入している人々は、政治的な影響力の可能性がない場合よりも悪い結果となる。しかし事前評価の観点からは、影響力を及ぼす行動は依然として個人合理的である。ゆえに事前的視点の方がより理にかなっている。

　影響力を行使した結果は事後的にパレート効率的であるが、プロジェクトが実行される確率を $q = (1 - \frac{c}{Nb})$ に固定することにより、事前の視点からパレート優越的で可能性がある。この確率が固定していると知っているとすれば、市民は資源をレントシーキングに費やすことはせず、上述の影響力を及ぼす活動を伴うナッシュ均衡と同じ確率分布を持つことになる。この意味で、費用のかかるレントシーキングはパレートの意味で、政府の失敗の源である。しかしながら、パレート改善をもたらすには、政策立案者があらかじめ（おそらくランダムな）政策配分を約束できるような政策技術が必要である。このような事前のコミットメントによってのみ、影響力を及ぼす活動は抑制されるのである。

　影響力ゲームのナッシュ均衡が達成された政策上の確率分布と同じものを使うことなしに、コストがかさむレントシーキングを抑制することは、必ずしもパレート改善をもたらすとは限らない。例えば $e = 0$ の事前コミットメントは、プロジェクトの進行に賛成する市民がより不利な状況に置かれるため、影響力を及ぼす活動を伴うナッシュ均衡よりもパレート優越的にはなら

ない。

　（レントシーキング活動が行われる前）事前の総余剰に着目すると、影響力に費やされるの資源を考慮に入れる必要がある。影響力におけるナッシュ均衡での（事前）総余剰は

$$\left(1 - \frac{c}{Nb}\right)\left(N\gamma b - c\frac{(N+1)}{N}\right) \tag{2.1}$$

で与えられる。

　第1項は、プロジェクトが実行される均衡確率であり、第2項はプロジェクトが生み出す余剰である。第2項が正であるか負であるかは，総利益（$N\gamma b$）と総プロジェクトコスト c および1人当たりプロジェクトコスト c/N とを比較することによって決まる。 c/N が小さい場合、総余剰が正または負かどうかは、影響力による影響はない。しかしながら、$N\gamma b$と c の比較による厚生計算は、明らかにレントシーキング活動のコストを無視しており、プロジェクトを進めるためにより厳密な基準を必要とする。

　余剰最大化の視点からは、費用のかかる影響力行使の行動は、レントシーキングがない場合よりも良くなるか悪くなるかのいずれかである。影響力がなければ、結果が確率1のときに $e = 1$ ならば、$\gamma Nb > c$ を仮定したことを思い出すと、影響力は事態を悪化させる。しかしながら、$e = 0$ であれば、社会的余剰への影響は曖昧である。

　いずれにせよ、(2.1) 式は余剰最大化の観点から公共のプロジェクトを進行させるための決定において、市場の失敗と政府の失敗をどのように比較すればよいのかを教えてくれる。「市場の失敗」は、協調の失敗が公共プロジェクトの次善の民間供給をもたらすことを仮定しているために、生じた。追加的な影響力コストは、従来の厚生経済的費用と便益とともに重みづけされる必要がある[14]。

　ヴィクセル型の視点からは、政府の失敗が起こるのかどうかはっきりとしない。このことは、影響力を及ぼす活動がなければ政策結果がどうなっていたかによる。もし $e = 0$ ならば、影響力を認めると、正の確率でプロジェク

---

[14] 関連分析として、Acemoglu and Verdier (2000)を参照のこと。

トが実行されるため、ヴィクセル型の場合事態が悪化することになる。しかしながら、$e = 1$ が、影響力が存在しない場合の結果であったとしても、影響力を行使することは、プロジェクトに反対する人々に権限を与えることになり、ヴィクセル型の観点からは状況を改善することになる。

ここでどう影響力が働くかについて、特殊で、高度に様式化されたモデルを用いた。昨今関心が高まっている領域は、選挙の献金活動という形での影響力活動である。最近の文献（例えば Grossman and Helpman 1996）では、選挙競争のモデルにおいて選挙献金という形での影響力が、どのように政策をゆがめてしまうのかを研究している[15]。

Coate (2004a, b)は、選挙献金を通じた政治影響力のプロセスを明示的にモデル化したモデルを開発している。このモデルは、レントシーキング・モデルと類似した誘導形に行き着く。場合によっては、政策上の確率分布が選挙資金による影響を全く受けないため、選挙資金を禁じることが、パレート改善となりうることを示した。これは今まで議論してきた一般原則をうまく説明するものであり、現実的な関連性を持ちうるものである。

ところがこれまで強調してきたように、影響力を及ぼす行動すべてを政府の失敗として片付けることは、あまり納得がいかないだろう。それは、事後的な政策結果に対して、あらかじめコミットメントがあることを仮定することに依存しているからである。このようなシナリオは、大半の荒削りな分析では想定されていないように思われる。これがなければ、慎重な厚生分析において重み付けが必要な資源の損失だけでなく、分配への影響もある。

もちろん、非民主的な影響力の行使に関しての本質的な懸念もあるだろう。しかしながら、プロセスよりも結果を重視するアプローチでは、ここで明らかになったトレードオフが優先される可能性が高い。賄賂のケースで観察したように、影響力がない場合に優先される政策メカニズムに何らかの形で欠陥があることが認識されれば、政治的影響力の行使は厚生経済学的に見て、全面的に有害であると考える理由はなくなる。だからといって経験的に

---

[15] Person and Tabellini (2000)と Besley and Coate (2001)も参照のこと。

多くの影響力の行使は損害を与えていないということにはならない。影響力の行使が社会的にコストのかかるものになるかどうかは、ケースバイケースで、経験的証拠に基づいて評価されなければならない。一方的な主張は、自明とは言い難い。

2.4.3　指導力の質

　これまで検討してきたモデルは、政策的権限を担う指導者の質をまったく重視してこなかった[16]。次に、政策立案者が政策に影響を及ぼす可能性について考える。政策立案者のタイプが重要である理由は、大きく分けて二つの理由がある。まず、政策の質は、政策立案者において具現化される可能性がある。例えば、個人の中にはより安価に政策を実施できたり、あるいは、何が効果的であるかについてより深い洞察力を持っている可能性がある。このケースでは、政治を改善する唯一の方法は、政策を立案する個人を変えることである。第二に、政策立案者の中には市民の意向を汲み取るのが得意な者もいるだろう。このことが実際に起こりうるかどうかは、政策立案者にどのようなインセンティブを与えれば良い行動ができるかによるが、政策立案者のタイプに関わらず、良いインセンティブがあれば、良い政策を生み出すかもしれない。これらの問題については、第3章と第4章でより詳細に議論される。ここではこれが、政府の失敗の原因になりうることを、ごく簡単な方法で議論する。

　政策立案者は公共プロジェクトを実行するためのコストに応じて、差別化された潜在的な政策立案者のプールから抽出されるものとしよう。よって、政策形成の仕事は政策立案者の人的資本に依存するものとしよう。潜在的な政策立案者の集合について、i に対して $c_i \in \{c_L, c_H\}$ とする。よって c_i は、は政策立案者の能力を示す尺度であり、c_L は有能な政策立案者である。

　最初に以下を仮定する。

$$b > \frac{c_H}{N} > \frac{c_L}{N}$$

---

[16] このテーマは Besley（2005）でも議論されている。

　このことは、どのような政策立案者であっても、個人的にそのプロジェクトを評価する限り、そのプロジェクトの実行を望んでいることを意味する。加えてプロジェクトを評価する市民全員も、プロジェクトが実行されることを望む[17]。

　政府の失敗の問題について考えるために（ここでは、$e = 0$ あるいは $e = 1$）、政策の結果と、その結果を実施する政策立案者（タイプ c_i）の両方を結果に含まなければならない。政策立案を考えるための一般的なアプローチは、政策立案者のアイデンティティと同様に政策結果も生成する政治的競争の市民―候補者モデルを使用した Besley and Coate（1997）で提案された。

　どのようなタイプの市民が政権に就いても、$e = 1$ である結果はそれ自身がパレート効率的である。ところが、タイプ H の市民が政権を掌握する場合、（政策立案者も含む）すべての市民は、タイプ L が政策を選択した場合よりも不利になる。プロジェクトの進行を好ましく思っていない人たちですら、コストタイプが c_L の市民によって実行される場合を選好するであろう。

　したがってタイプ H の市民が政権に就くことは、政府の失敗を引き起こすことになる。なぜならタイプ L の市民と置き換わることによって、パレート改善を生み出すことができるためである。よって、政策結果に加えて、誰を選ぶのかという観点から結果を定義すると、政府の失敗の可能性の集合にさらなる次元を加えることになる。政治経済モデルにおける政治家選択の問題に注目すること、言い換えれば誰が選出されるのかを懸念することを正当化する。有能な政策立案者を見つけることに敏感なリーダーシップの選択システムを生み出すことが、社会の利益となるのは明らかであろう。

　政府の失敗のそのほかの定義に目を向けると、タイプ H の政策立案者が就任することは、余剰最大化の政策の結果を達成することを妨げる可能性があることは明らかである。さらにいえば、仮に

---

[17] 共通価値としての能力を重視することにより、政策立案者は自分たちの能力不足から、利益を得られない。このことは低質のリーダーの能力モデルとレントシーキングのモデルを区別している。後者に関していえば、低質な指導者は在任中にレントを得るため、パレート改善を生み出すのが困難になる。

$$\frac{c_H}{N} > \gamma b > \frac{c_L}{N}$$

であれば、タイプ H の政策立案者は、社会的余剰を減少させても、プロジェクトを実行するかもしれない。

　政策立案者の質の違いを許容することは、ヴィクセル型の政府の失敗が生じるか、それを妨げることになる。これを見るには、次のような場合を考えてみよう。

$$\frac{c_H}{N} > b > \frac{c_L}{N}$$

　この場合、タイプ H の政策立案者が就任すると、（いずれにせよ政府の失敗であった）プロジェクトは実行されないことになる。この世界では、タイプ L の政策立案者が就任すると、何の利益を得ずに費用の支払いをしなければならない市民にとって有害な政府プロジェクトを実行する傾向がある。それゆえに、プロジェクトの費用が単にかさむので実行しない決断をする無能な政策立案者の方がましになる。政府が失敗したら、もっと歪んだ方がよい、というやや倒錯的なロジックである。繰り返しになるが、政治システムにすでに歪みがある場合、さらなる歪みを加えても必ずしも厚生が減少しないという類の設定における、次善の理由付けの性質と関係がある。

2.5　「政治の失敗」の原因

　前節で議論した問題は、政府が民主制か否かに依存しない。本章では、民主的な環境における政府で生じる二つの古典的な問題を分析する。一つ目は政策や政策立案者をめぐる投票が、どのような場合に政府の失敗を招くかという問題である。二つ目は、議会における意思決定と分配型政治の問題である。これらはいずれも政治の失敗について広範な議論がなされてきた分野である。したがってその根拠を詳しく調べることは、検討に値する。

2.5.1　投票

　投票は民主的意思決定の中核であり、多くの場合政治的な資源配分の根幹を成している。重要な問題の一つは、投票が何らかの形で政治の失敗と結び

ついているかどうか、ということである。

　このことを調べるために、上記の設定の下で社会的な決定を行わなければ
ならない個人が選挙で選ばれ、プロジェクトに賛成するか反対するかの2タ
イプの市民の間の選択が存在するものと仮定する[18]。この場合、投票とは
純粋に政策に関して競合する見方を集計する方法となる。利害対立は、プロ
ジェクトに賛成するものと反対する市民の間で生じる。そこでプロジェクト
の結果は多数の意見と一致した「中位投票者」の政策選好を持つ市民の意見
を反映した政策を選ぶのが妥当である。

　正式には、これは以下の政策決定ルールをもたらす。

$$\text{仮に } \gamma \geq 1/2 \text{ ならば } e = 1\text{、そうでなければ } e = 0$$

結果はどちらが数の上で大きいグループであるかどうかに依存する。

　このことから、**中位投票者の結果は常にパレート効率的である**ことが導か
れる。しかしながら、この点に関していえば政治の失敗の既存の文献の中に
は混乱が見られるものもある。例えば Bergstrom (1979) は、ダウンズ・モデ
ルを利用して、政治的競争が公共財の効率的水準を生産するかどうかを分析
している。そこで中位投票者が望む公共財の水準が、公共財の供給に関する
リンダール・サミュエルソン条件を満たすためには、強い制約が必要である
ことを示している。後者（リンダール・サミュエルソン条件）は、$N\gamma b > c$
のときに限り、公共財は供給されることを要求する。$\gamma \geq 1/2$ が $N\gamma b \geq c$
を意味するとき、これは明らかに一般的には成立しないが、投票の結果はリ
ンダール・サミュエルソン・ルールと一致するように見える。実際、もし

$$\frac{b}{2} < \frac{c}{N}$$

であれば、リンダール・サミュエルソン・ルールがプロジェクトを却下する
場合でも、プロジェクトが実効される $\gamma \in (\frac{1}{2}, 1]$ の値は常に存在する。

---

[18] これは Besley and Coate (1997) にあるように単純な市民－候補者ゲームによってモ
デル化することが可能である。この単純な設定では、政策結果への直接投票を認める
のと同様な結果を生み出す。

　ところがこのサミュエルソン・ルールと投票結果の間の不一致は驚くべき
ことではない。投票分析の目的で、税体系を一律に人頭税に固定する。対照
的にリンダール・サミュエルソン・ルールを**効率性の基準**とするとき、少な
くとも損失者が利得者からの補償を受け取るならば、一括税および移転が存
在するということを仮定している。これまで見てきた例からは固定された資
金調達方法を適用すると、多数決投票は効率的であることは自明である[19]。
これらの問題は、政策空間における制限が機能するモデルで必ず生じる。し
かしながら政策手段が固定していることが維持される中で、厚生の比較を考
えるのは重要である。

　この議論は、多数決のもとで達成される結果と社会的余剰最大化に基づく
結果とが、一般的にほぼ確実に分離する理由を明らかにしている。投票は選
好の強弱を把握するために利用することができない。ところが、ほとんどの
分配基準では、賛成および反対の選好の強さおよび、これらのグループの数
値的な強さを測定することが必須となる。

　投票によって達成される結果は、もしプロジェクトの進行に反対するグ
ループが非政府の現状維持の方がよいという$\gamma \geq 1/2$の場合は、ヴィクセル
型の政治の失敗になる。ヴィクセル型の正義は多数決ルールと両立しないと
いう洞察は、Buchanan and Tullock (1962)の民主的政策立案への批判の中
心である。

　この事例は（ただしパレート的な意味では例外として）中位投票者の結果
から一般的な効率性や非効率性の推定は可能ではないということを明らかに
している。実際、パレート効率性の結果は政治的均衡がコンドルセ勝者を取
り上げるときは常に当てはまる。分配上の基準とヴィクセル型の理想につい
て言えば、投票が政治の失敗につながると考える十分な理由があるといって
よい。

　さて Fernandez and Rodrik (1991)による、別の議論を考えてみよう。
フェルナンデスとロドリックはこの議論を経済改革全般に応用している。た

---

[19] この点はWittman (1989)による重要な論文で指摘されている。

だし、公共事業は単一の公共事業を構築する経済改革プログラムとして単純
に考えることができる。ここで $\gamma < 1/2$ とする。言い換えれば、全人口の
うち少数派がプロジェクトから確実に b の利益を得られる。ところがここで
基準モデルとは異なり、人口のうち残りの $(1 - \gamma)$ はプロジェクトから b を
得られたのかどうかがわからないものとしよう。具体的に、確率 π で、プロ
ジェクトが進行すると b を受け取り、確率 $(1 - \pi)$ で、何も得られないもの
とする。さらに以下も仮定する。

$$\pi b < \frac{c}{N}$$

　従って事前的な観点からは、自分たちが利益を得られたかどうかが不確実
な人々は、プロジェクトに反対するため、反対票を投じる。ゆえに、多数決
ルールでは、$e = 0$ が政策結果となる。ところが、$(\gamma + (1 - \gamma)\pi)b > c/N$ な
らば、多数決ルールは事前的な社会的余剰に関しては政治の失敗であること
がわかる。とはいえ、この洞察は、不確実性のない基準ケースから本質的に
大きく変わってはいない。

　より興味深いのは Fernandez and Rodrik (1991) による以下の観察である。
もし

$$\gamma + (1 - \gamma)\pi > \frac{1}{2}$$

の場合、事後的に、すなわち利得者と損失者の素性がすでに知られている場
合、過半数が改革に投票するだろうというものである。ゆえに個人特有の不
確実性は $e = 0$ という事実の原因である[20]。

　このような個人特有の不確実性が厚生的観点から良いのか、悪いのかは明
確ではない。政策の選択がパレート効率的であるかどうかは、無関係である。
しかしながら、ヴィクセル型の政治の失敗の確率を減らす傾向があり、政策
過程における慣性を重視するモデルでは、厚生を高めるものと見なすことが
できる[21]。社会的余剰に関して、どちらに転ぶかわからない。例えば、もし

---

[20] Fernandez and Rodrik (1991) は、この状況は改革における現状維持バイアスにつな
　　がるという結果を導いている。この点は、彼らの枠組みにおいては頑健ではないこと
　　が判明した。これについては Ciccone (2004) を参照。
[21] もし $\pi b > c/N$ と $(\gamma + (1 - \gamma)\pi) < \frac{1}{2}$ であるならば、誰が得をし、誰が損をするか

$$(\gamma + (1 - \gamma)\pi)b < c/N$$

ならば、個人特有の不確実性によって、社会的余剰を最大化する基準を満たさないプロジェクトが確実性のもとで実施されていたとしても、実施されない可能性がある。

　よって、不確実性の導入は、興味深い知見をもたらすが、公共意思決定において政治の失敗の新たな要因を与えることにならない。

2.5.2　ログローリングと議会の振る舞い

　今のところまで、政策過程が極めて単純化されたモデルを議論してきた。ところが実際には、政策過程は、政策の立案決定を担う政治家のグループ間の相互作用によって機能している。その重要な例の一つが、議会における政策決定である。議会のルールに従ってどのように合意が形成されるのか、そして政策結果にどう影響するのかという問題である。

　Tullock（1959）および Buchanan and Tullock（1962）の代表的な研究は、議会におけるログローリング[†]がいかに政策の歪みをもたらすのかを強調している。Tullock（1959）は社会的な意思決定の二つのシステム、すなわち多数決原理そのもの（タロックが、国民投票と呼ぶもの）とログローリングと呼ぶ有権者のサブグループ間とのある種の交渉の対比をしている。タロックはその主要な考え方について、以下にあるような示唆に富む説明をしている。

　　多かれ少なかれ似たような農業を営む 100 人の農民が居住する町は、国によって整備されたいくつもの幹線道路によって分断されている。ところがそのような道路は、限定されたアクセスになっており、農民たち

について不確実性があっても、確実な多数決の下では拒否されるプロジェクトが実施されることになる。よって不確実性はヴィクセル型の政治の失敗を最小化する仕組みである必要はない。またこの場合、事後にプロジェクトを断念するための投票が成功することに注意されたい。この点について議論してくれたサンジェイ・ジェインに感謝する。

[†] ログローリング（log-rolling）とは、議員が、自分にはほとんど関心のない法案を支持する代わりに、自分が強く関心のある法案を他の議員に支持してもらうことであり、金銭を媒介としないが、票を取引するという形式が取られるものである。

は地元の道路が交差している地点のみで主要道路網に入ることを許可されている。地元の道路は町によって敷設され、維持されている。維持は簡単である。特定の道路を補修したいと希望する農民は、その問題を投票にかける。補修が承認された場合、その費用は固定資産税として農民に課される。農家による地元の道路の主な用途は幹線州道路への往復である。これらの幹線道路は地区を縦断しているので、幹線道路に到達するための特定の地元道路に依存した農家は、一般的に4、5軒しかない。

　これらの環境のもとで、住民投票システムは圧倒的大多数が道路の補修に反対票を投じるため、結果としていかなる地元道路も補修されないことになる。ところがログローリングのシステムは、有権者間での交渉によって道路を補修し続けることができる。　　　（Tullock 1959: 573）

　議会における政策決定のための有益な基準は、個人のグループが政策選好の相違に起因する個人間の外部性を内部化するような共同合意に達するというコース的な見解である。このようなコース流の交渉は、議会において効率的な政治をもたらし、その結果経済全体から見てもパレート効率的である[22]。したがって政策は効率的であることが前提となる。この場合でも、ヴィクセルの懸念を満たすと考える理由はない、議会には無政府の現状をパレート優越しないような政策結果を選ぶ余地は十分にあるからである。

　合意に達するためのルールの種類を考えれば、議会で効率的な交渉ができるかどうかは問題ではない。議会における交渉モデルを発展することによって調査することが必要なのは明らかであり、この点に注目した多くの重要な貢献がある。ここではこれらのモデルを一般的に議論する余地はないが、これらのモデルがパレート（非）効率的な意味で政治の失敗の要因を生み出すことがあることを調べるのは有益である。

　その古典的な例としては、Weingast et al. (1981)の有名なモデルがある。このモデルでは、公共プロジェクトを様々な選挙区に割り当てる議会を想定する。各プロジェクトは一つの選挙区のみしか利益をもたらさないとしてい

[22) 議員も市民のため、議員のグループと少なくとも同程度に良い合意を選ぶだろう。

る。各選挙区は、選挙で選ばれた1人の議員によって代表される。彼らが分析した考え方は、議会は「普遍主義の規範」に従って運営されており、他のすべての選挙区がそうであることを条件にプロジェクトを獲得するというものである。ところが各選挙区は、あるプロジェクトにどこまで資金を提供するかを決定する際に、自分が負担するのはコストのほんの一部であり、残りは他の選挙区の住民が負担することになることを認識している。その結果、多くのプロジェクトが非効率的に資金調達されることになる。議員から見れば、パレート優越的な結果になることもあるが、資金提供される公共財のレベルを集団的に引き下げることで、皆がより良い状態になることができる。したがって、この結果はパレート的な意味での政治の失敗となる。しかし、このようなことが起こるのは、モデルが理由を述べることなく、単純に議員の間でコース的交渉の可能性を除外しているためである。非効率性の問題に取り組むために、政策の外部性を内部化できるような他の運用ルールを開発する必要がある。

　この問題を調べるために、非常な簡単な方法で上記のモデルを拡張する。ここで地理的地域から選出された代表者から成る議会において、政策決定がなされるものとする。議員が代表する選挙区 n は、$j = 1, \ldots, n$ とラベルづけされている。各地域は、同じ大きさで m 人の市民から構成され、$m \times n = N$ となる。プロジェクトは各選挙区で実施され、選挙区の住人のみが享受する。つまり、選挙区を超えた波及効果はない。したがって議会は最大 n 個のプロジェクト（各地区に対して一つずつ）の建設を認可することができる。

　$e_j \in \{0, 1\}$ は、選挙区 j においてあるプロジェクトが実施するかどうかを記述する。ここでは、共有資金調達が存在すると仮定し、選挙区をまたいで各市民に課される税金は、資金調達されるプロジェクトの総費用を（居住地に関係なく）政体内の全市民で均等に割ったものに等しいとする。また、（ワインガストに従って）プロジェクトの配分は、他のすべての議員が特権を享受している限り、各選挙区の代表がその選挙区でプロジェクトを実施するかどうかを一方的に決定できるというルールによって支配されていると仮定する。

　単純化のために、各代表者は選挙区住民の平均効用

$$e_j\gamma b - \frac{\sum_{k=1}^{n} e_k c}{N}$$

を最大化すると仮定する。

　なおこの式は、それぞれの選挙区がプロジェクトに賛成する市民の割合 (γ) が等しいことを仮定している。

　どの選挙区の議員も以下の条件を満たせば、自分の選挙区にプロジェクトを誘致したいと望むのは明らかである。

$$N\gamma b > c$$

事実、代表者があたかも全人口が享受しているかのような利益とコストを比較することになる。というのもコストが他の選挙区と共有されるからである。ところが、社会的余剰の観点から、プロジェクトが望ましいのは、そのプロジェクトが立地する選挙区で発生する余剰がプラス、すなわち $m\gamma b > c$ である場合に限られる。

　したがって我々が仮定した立法プロセスと共有資金調達は、

$$N\gamma b > c > m\gamma b$$

であるならば、（社会的余剰の基準によれば）過剰な公的財政支出をもたらす。以下の場合、政策結果はパレート非効率になる。

$$\frac{c}{\gamma N} < b < \frac{c}{m}$$

その場合、プロジェクトに賛成する市民でさえ、そのプロジェクトがないことを望むだろう。よって、これは政治の失敗に相当する。この結果は、議会における協力的な解決策、すなわち、すべてのプロジェクトが、その決定を選挙区内の代表者に委ねるのではなく、同時に合意されるような解決策によって、パレート優越される可能性がある。ここで、そもそもなぜ普遍主義という規範が見られるのか、という問題が出てくる。また、共有資金供給から脱却し、プロジェクト資金供給のコストを分担する税制を採用すれば、仮に各選挙区は、自分の地区内にプロジェクトがあればより多くの税金を支払

うことになるため、効率的な解決策になるだろう。

普遍主義の規範のもとでの結果は、ヴィクセル型基準（$N\gamma b > c$)によれば、政治の失敗である。さらに、政治的資源配分の傾向として、多くのプロジェクトを認可しすぎることがある。ゆえに想定される議会意思決定のルールは、政治の失敗の三つの定義すべてによって、失敗になりうる結果をもたらす。

空間を超えてな資源配分を求められる議会は、民主的な政策決定の中心的な特徴であり、このような方法で生じる政治の失敗が、より綿密な注意を払う価値があることは明らかである。ところがまた、政策の成果は立法プロセスの詳細によって左右されることも明らかであり、議員間のコース流の交渉がなぜ成立しないかが重要な問題となっている。上記の種類のような分析が経済学者たちの間では影響力を持つ一方で、普遍主義の規範は維持されているという事実は不可解であり、それを利用する前に説得力のあるミクロ経済学的基礎づけを与えることが重要となる。とはいえ、議会の意思決定をより詳細に調べる人たちは、このことが政治的失敗の重要な要因になりうることを確認している[23]。

2.6　時間を考慮に入れたモデル

次に政策決定が一期間以上で行われるモデルにおける政府の失敗について検討する。これは、政策の形成におけるコミットメントの問題や再選への懸念の役割を明らかにするために重要である。ここでは、二期間の例を考える。主な問題は、第一期と第二期の意思決定の間に連鎖があるために生じる。潜在的に重要な連鎖の三つの要因を以下のように特定する。

(1) **投資の連鎖**：この連鎖は民間の投資決定が将来の経済政策によって影響されるケースである。最初に Kydland and Prescott (1977)が明らかし

---

[23] 経済政策モデルへ応用した立法の交渉の動学的モデルの概要と発展については、Battaglini and Coate (2007)を参照。

た政府政策における古典的な時間整合性の問題は、このカテゴリーに属する。

(2) **政治の連鎖**：第一期の政策選択が第二期の政策立案者のタイプに影響する場合、第一期の政策は第二期の政策と連動する。

(3) **政策の連鎖**：第一期の政策は、第二期の現職の政策選択に影響を与える。

　政治的連鎖と政策的連鎖のいずれにしても、政策決定者が前向きであれば、第一期の政策選択は**戦略的**要素を獲得する。

2.6.1　投資の連鎖

　ここで、$t \in \{1, 2\}$ とする二期間を仮定する。各期において、プロジェクトは実行可能で t 期における政策決定は、$e_t \in \{0, 1\}$ で記述される。これまでのように、プロジェクトの費用は各期 c で、市民全員 N によって等しく資金供給される。市民 i は第一期のプロジェクトからの利得 $b_i(e_1)$ を受け取る。しかしながらここで、市民は私的投資決定が認められており、$x_i \in \{0, 1\}$ で示され、市民 i の私的投資のコストは κx_i である。二期間のプロジェクトによる市民 i の利得は $B_i(x_i, e_1, e_2)$ で示される。言い換えれば、市民の利得は第一期の投資決定と両期間における政府の行動に依存している。

　以下の二つのケースを考える

(1) **コミットメントあり**：政府は (e_1, e_2) を選択し、それから市民は投資をするかどうかを選択する。

(2) **コミットメントなし**：政府はまず e_1 を選択し、それから市民は投資をする。政府はそれから e_2 を選択する。

　それぞれについて以下順に見ていこう。

コミットメントありの場合

　このケースでは、政府と市民によって成された決定を ∗ で表す。$\{e_1, e_2\}$ を固定された政府政策の組としよう。すると、市民による最適投資決定は以下で記述される。

$$x_i^*(e_1, e_2) = \arg\max_{x_i \in \{0,1\}} \{B_i(x_i, e_1, e_2) - \kappa x_i\} \tag{2.2}$$

社会余剰を重視する良い政府を仮定する。その時、

$$\{e_1^*, e_2^*\} = \arg\max_{e_t \in \{0,1\}} \Big\{ \sum_i (b_i(e_1) + B_i(x_i^*(e_1, e_2), e_1, e_2) - \kappa x_i^*(e_1, e_2)) \\ - c(e_1 + e_2) \Big\}$$

ここで仮定を二つ置く。

仮定 1

すべての i とすべての $e_1 \in \{0,1\}$ に対して

$$(B_i(1, e_1, 1) - B_i(0, e_1, 0) - \kappa) - \frac{c}{N} > 0$$

この仮定は、政府が $e_2 = 1$ を選択し、すべての i に対して市民 i が $x_i = 1$ を選択するような状況において、すべての i に対して $e_2 = 0$ と $x_i = 0$ であるような結果をパレート優越することを意味する。

仮定 2

すべての i とすべての $e_1 \in \{0,1\}$ に対して

$$B_i(1, e_1, 1) - B_i(0, e_1, 1) > \kappa > B_i(1, e_1, 0) - B_i(0, e_1, 0)$$

仮定 2 は、市民が政府が $e_2 = 1$ を選択すると予想したときのみ、第一期で市民が投資すること（$x_i = 1$）が最適となる。言い換えれば、民間投資の限界収益は、第二期の投資プロジェクトによって増加するということである。仮定 1 と仮定 2 をあわせると、$e_2^* = 1$ とすることが余剰最大化（ゆえにパレート効率的）であることが示唆される。

第二期の政策が最適であると仮定すると、社会的に最適な第一期の政策は、

$$\sum_i (b_i(1) + B_i(1,1,1)) - c > \sum_i (b_i(0) + B_i(1,0,1))$$

のときのみ、$e_1^* = 1$ となる。上式はプロジェクトのコストと便益を単純に比較したものである。

　これは政府が前もってコミットが不可能なケースを研究するための基礎を提供する。

コミットメントなしの場合

Kydland and Prescott (1977)の古典的分析以来ずっと、事前に政府が政策にコミットする能力が不足していることは、厚生を低下させることが知られている。このことについて、我々の枠組みで研究する。以下のケースにおいて、変数の上に＾を使い、このケースにおける均衡結果としよう。

　第二期の政府の決定から逆算する。政府は、$(x_1, \ldots, x_N, e_1)$ を所与のものとして考える。最適な時間整合的政策は以下を満たす。

$$\hat{e}_2(x_1, \ldots, x_N, e_1) = \underset{e_2 \in \{0,1\}}{\arg\max} \left\{ \sum_i B_i(x_i, e_1, e_2) - ce_2 \right\}$$

次に市民による投資決定をを考えよう。彼らは第一期の政策選択を行い、第二期における政府の政策について（合理的）期待を形成する。ゆえに、

$$\hat{x}_i(e_1) = \underset{x \in \{0,1\}}{\arg\max} \Big\{ B_i(x, e_1, \hat{e}_2(x_1, \ldots, x, \ldots, x_N, e_1))$$
$$- \kappa x - \hat{e}_2(x_1, \ldots, x, \ldots, x_N, e_1) \frac{c}{N} \Big\}$$

第二期の政策の結果は第一期の投資決定の全ベクトルに依存するという事実は、私的な投資決定は相互依存していることを意味する。したがって、民間投資決定におけるナッシュ均衡を見つけることになる。

仮定3

すべての $e_1 \in \{0,1\}$ に対して

$$\sum_i [B_i(1, e_1, 1) - B_i(1, e_1, 0)] - c < 0$$

　市民全員が第一期で投資をする場合、政府は$\hat{e}_2(1,\ldots,1,e_1) = 0$を選択する。つまり第二期でプロジェクトが実行されないような選択を行う。コミットメントなしの時間整合的政策はすべての$i \in \{1,\ldots,N\}$に対して$x_i = 0$であり、$\hat{e}_2 = 0$であることを意味する。第一期の政策が、$\hat{e}_1 = 1$であるための必要十分条件は、以下の通りである。

$$\sum_i (b_i(1) + B_i(0,1,0)) - c > \sum_i (b_i(0) + B_i(0,0,0))$$

　仮定1は良い政府により達成された政策は、パレート優越的であることを意味する。ゆえに、$e_2 = 1$にコミットすることによる失敗は、パレートの意味で政府の失敗となる。

　投資の成果を兼ねたこの政策はまた、余剰最大化を含むパレート基準を重視するある種の社会厚生関数に従うと、失敗をもたらす。したがってこれは、分配の失敗でもある。

　ヴィクセル型の意味での政府の失敗が存在するかどうかはあまり明確ではない。もし仮に、あるiに対して

$$b_i(1) + B_i(0,1,0) - c/N < b_i(0) + B_i(0,0,0)$$

であるならば、$\hat{e}_1 = 1$ならばヴィクセル型の政府の失敗が存在する。なぜなら市民の中にプロジェクトを実行することによって悪化するものが出てくるためである。$\hat{e}_2 = 0$の事実は、ヴィクセル型の失敗は、一部の市民が第二期のプロジェクトが実施されないことを望む限り、コミットメントありの結果と比較して、第二期では回避される可能性があるという意味である。

　この簡単な例は、良い政府を悩ませる古典的な時間的整合性の問題を描いている。この問題は、民間投資決定がなされてしまうと、政府の政策選好が変化するために起こる。しかしながら、この政府の失敗の例は政治とは関係はない。この話には選挙はなく、コミットメント力のない慈悲的な独裁者がこの種の問題を引き起こすのである。しかし、時間的整合性の問題は、市民による恒久的な私的決定、この場合は私的投資決定が政府の政策インセンティブに影響を与えるという事実から生じる時間的連鎖の結果である。次にいかにして政治および政策の時間的連鎖がどのように政府の失敗を誘発する

のかを示す。ここで生まれた時間的整合性の問題は第一期の政策立案における非効率性の結果ではないことに注意したい。このことは、次節で示す問題と対比される。

2.6.2 政治および政策の連鎖

これまで見てきたように、(善意の) 政策立案者の属性が長期にわたって固定されている場合でも、コミットメントの問題は発生する。しかし、政治経済モデルの本質は、政治的プロセスを通じて政策立案者が選ばれ、交代していくことにある。本節では、このことが政策選択にどのような影響を及ぼすかを探る。政治と政策の連関の問題に焦点を当てるため、ここでは民間投資の決定を抽象化し、x_i を分析から除外する。

本節での重要な追加的考察は、政策立案者が任期中に生存する確率を、第一期の政策選択の関数として決定する生存と交代のプロセスを記述することである。ここでは、政策立案者の交代過程について、「ブラック・ボックス」アプローチを展開する。ただし、ミクロ経済学的基礎を与えることも可能である。例えば、Besley and Coate (1998)は、政治の市民・候補者モデルに基づいて、交代の分析を展開している。また、第3章と第4章で研究している政治的エージェンシー・モデルも、その基礎を与えることができる。これらのモデルでは、後述するように、**政治的説明責任**（political accountability）を反映しているというのが重要な考え方である。彼らは、政策結果または政治家のタイプのどちらかが事前には不確実であるという不完全情報モデルを用いて、この問題を説明している。Acemoglu and Robinson (2006)のように、非民主主義的な政治モデルにおいても、政治的交代に関する考察は同様に研究することができる。

ここで、政府プロジェクトに対して高い需要があるグループとそうではない低い需要の市民のグループが集団内に存在するとしよう。ここで $\tau \in \{L, H\}$ を使って各々のタイプの市民を記述しよう。$\gamma_t (\in [0, 1])$ は第 t 期においてタイプ H の市民の割合である。有権者の入れ替わりの可能性を考慮し、それによって γ が時間と共に変化することを認めるとする。各タイプの市民の将来比率についても何らかの不確実性が存在する可能性がある。

$b_\tau(0) = 0$ とし、

$$b_\tau(1) = \begin{cases} \overline{b} & (\tau = H \text{ の場合}) \\ \underline{b} & (\tau = L \text{ の場合}) \end{cases}$$

は、第一期の政府プロジェクト（$\overline{b} > \underline{b}$）を実行することによる第一期の利得である[24]。第二期のプロジェクトの利得はプロジェクトが第一期に実施されたかどうかに依存する。$B_1(e_1, e_2)$ を第二期におけるタイプ τ の価値とする。$B_i(e_1, 0) = 0$ を仮定し、そして

$$b_\tau(e_1, 1) = \begin{cases} \overline{B}(e_1) & (\tau = H \text{ の場合}) \\ \underline{B}(e_1) & (\tau = L \text{ の場合}) \end{cases}$$

ただし $\overline{B}(e_1) > \underline{B}(e_1)$ である。

このことより、第二期のプロジェクトに対する需要は、第一期でそれが実施されたかどうかによって影響を受ける可能性があるため、二つの期間の間に**政策の連鎖**（political linkage）があることがわかる。上述のように、プロジェクトの費用は各期間において c であり、等しく N 人の市民全体によって均等に分割される。

各期間に1人の市民が政策立案者として在職していると仮定する。これは、市民がタイプ L か H でのいずれかであるということを意味する。よって、ある種の市民が政策立案者として、最適な政策選択のみを考えればよい。さらに、政策立案者は、政策への関心に加え、政策担当者としてのレント $E \geq 0$ にも関心を持っているものとする。タイプが外生的に与えられた特定の政策立案者が第一期に在任していると仮定する。

政治家の交代には二つの考慮すべき側面がある。まず政策立案者は在任を勝ち残ることについて関心がある。このことは、レントが存在する場合、特に重要である。次に、将来どのようなタイプの政策立案者が就任するかどうかという問題である。従って政策立案者が落選しても、その政策立案者と同じ選好を持つ誰かに引き継がれることが保証されている。ゆえに、落選に

---

[24] $\underline{b} = 0$ という仮定を課していない理由は、すべての市民が第一期においてプロジェクトの実施に賛成する可能性があることを期待しているからである。

よって個人的なレントのみが失われる。

$\sigma_t \in \{L, H\}$ を第 t 期における在任中の政策立案者のタイプとする。この二つの側面から交代を捉えると、次のようになる。$\pi(\sigma_1, e_1) \in [0,1]$ をタイプ σ_1 の現職が第二期に政策立案者として再選される確率を、第一期に実施したプロジェクトの関数として表す。次の三つの可能性がある。$\pi(\sigma_1, 1) = \pi(\sigma_1, 0)$ であるならば、プロジェクトが**政治的に中立**である。もし $\pi(\sigma_1, 1) > \pi(\sigma_1, 0)$ であれば、**政治的に有利**であり、$\pi(\sigma_1, 1) < \pi(\sigma_1, 0)$ であれば、**政治的にダメージがある**という可能性である。$q \in [0,1]$ を第二期の現職がタイプ L である確率であるとする。$q \neq 1$ を求める方法がいくつかある。例えば、γ が有権者や投票率の変化に負う確率変数と仮定するので、中央値はタイプ H または L であるとすることができる。$\hat{e}_t$ を各期間における均衡プロジェクトの選択とする。

モデルのタイミングは以下の通りである。第一期において、e_1 を選ぶ（外生的に与えらえた）タイプ σ_1 の現職の政策立案者が存在するとする。そして自然は $\pi(\sigma_1, e_1)$ に従って現職が交代するかどうか決める。後者は、選挙の結果か、独裁体制における権力闘争のどちらかを表す。現職が交代する場合、自然は新たな現職のタイプを決定する。第二期の現職は e_2 を選ぶ。第二期の政策選択から逆算して、結果を研究する。

第二期の政策選択は第二期の政策立案者のタイプのみに依存することは明らかである。そのため、

$$\hat{e}_2(\sigma_2, e_1) = \begin{cases} 1 & B_{\sigma_2}(e_1, 1) \geq c/N \text{ の場合} \\ 0 & \text{その他} \end{cases}$$

次に、

$$W^\tau(e_1, \sigma_2) = \left\{ \hat{e}_2(\sigma_2, e_1)[B_\tau(e_1, \hat{e}_2(\sigma_2, e_1)) - \frac{c}{N}] \right\}, \tau \in \{L, H\}$$

を第一期の政策選択と第二期の政策立案者のタイプの関数として、タイプ τ の第二期の市民の効用とする。ここで第一期の政策立案者の選択を考える。これは将来を考慮する要素を持つ。政策立案者の選好は、

$$e_1(b_{\sigma_1}(e_1) - \frac{c}{N}) + \pi(\sigma_1, e_1)(E + W^{\sigma_1}(e_1, \sigma_1)) + (1 - \pi(\sigma_1, e_1))\bar{W}^{\sigma_1}(e_1)$$

$$(2.3)$$

ただし

$$\bar{W}^{\tau}(e_1, q) = qW^{\tau}(e_1, L) + (1-q)W^{\tau}(e_1, H)$$

は、政策立案者が再選されない場合の第二期の期待利得である。これは、政策立案者のタイプに関する不確実性を反映している。したがってタイプ σ_1 の現職の第一期の最適政策は、

$$\hat{e}_1(\sigma_1) = \underset{e_1 \in \{0,1\}}{\arg\max} \left\{ e_1 \left(b_{\sigma_1}(e_1) - \frac{c}{N} \right) + \pi(\sigma_1, e_1)(E + W^{\sigma_1}(e_1, \sigma_1)) \right. $$
$$\left. + (1 - \pi(\sigma_1, e_1))\bar{W}^{\sigma_1}(e_1, q) \right\}$$

である。これは、動学的な政治経済の設定で生じる政策決定の戦略的側面を示している。この方程式は、動学的な政治設定において政策を形成する三つの主要な考慮事項を具体化したものである。

- **短期間の政策の検討**：これらは $b_{\sigma_1}(e_1) - \frac{c}{N}$ で表される。政策が現在のコストと便益から見て、価値があるか、そうでないかによって決まる。
- **長期間の政策の検討**：これらは、$W^{\sigma_1}(e_1, \sigma_1)$ と $\bar{W}^{\sigma_1}(e_1)$ の e_1 への依存性に反映されている。第一期の政策が**将来**の政策による利得に影響を与える可能性があるため、生じる。これが政策連鎖の要因になっている。
- **生存の検討**　これは $\pi(\sigma_1, e_1)$ が e_1 に依存し、第一期の政策選択の関数として現職が生き残る確率が影響するような方法で表される[25]。これは政治の連鎖の要因である。

　次に (2.3) 式を最大化する政策選択の意味について検討する。政策および政治の連鎖の両方を説明する。その前に、Besley and Coate (1998) を基に、基本結果を発展させる。以下を仮定しよう。

条件(1)　政策が政治的に中立であるなら、$\sigma_1 \in \{L, H\}$ に対して $\pi(\sigma_1, 0) = \pi(\sigma_1, 1)$

条件(2)　第二期のプロジェクト選択からの利得は、第一期のプロジェク

---

[25] 原理的に、q を e_1 に依存させることもできる。

　　　　　ト選択によって影響を受けない。ゆえに $\tau \in \{L, H\}$ に対して
　　　　　$B_\tau(0, e_2) = B_\tau(1, e_2)$

　したがって政策選択 (e_1, e_2) は、パレート効率的である。

　このことがなぜ正しいのか見ていくために、もし条件 (1) と (2) が維持される
のであれば、現行の政策立案者（および政体にいる市民）の第二期の期
待利得は e_1 にまったく依存しない。ゆえに第一期の政策選択は、$b_{\sigma_1}(1)$ が
c/N より大きいか小さいかによってのみ決定される。とすれば、このモデル
は、すべての時間的つながりが断ち切られた一期間モデルへと減じられる。

　このケースにおいて結果がパレート効率的であることを保証していたとし
ても、社会的余剰を最大化したり、あるいはヴィクセル型の政府の失敗を回
避することを期待する理由はない。ここでの理屈は、上記で発展させてきた
静学的なモデルと全く同じである。

　次に上記の条件 (1) と条件 (2) のいずれかが失敗するとき、何が起こるの
かを考えたい。まず、政治的な連鎖のケースであり、次に政策的な連鎖の
ケースである。それぞれの場合において、政策選択がパレート非効率であり、
したがってこの意味で政府の失敗となる例を構築できることを示す。

政治の連鎖の例

　最初の例では、現職が職の存続を望むことがパレート非効率的な政策選
択につながるケースを紹介する。全市民が第一期のプロジェクト、つまり
$\underline{b} > c/N$ を実施することを望んでいると仮定する。しかしながら、市民たち
は第二期の政策については同意しないとする。具体的に、以下を仮定する。

$$\underline{B}(0) > \frac{c}{N} > \underline{B}(1)$$
$$\bar{B}(1) > \bar{B}(0) > \frac{c}{N}$$

　最初の仮定は、低タイプの市民は、第一期においてプロジェクトが実行さ
れないときのみ、第二期においてプロジェクトを望むということである。第
二番目の仮定は、プロジェクトを高く見積もるタイプは、第一期にプロジェ
クトが実行されるかどうかに関係なく、プロジェクトが実行されることを望

むということである。

　このような選好上の仮定を前提とすると、第一期のプロジェクトが実行されない状況すべてがパレートの意味で政府の失敗である。つまり第二期における政策決定が固定的であれば、全市民の厚生が改善されるということである。ゆえにこのような状況が起こらない場合を検討することに関心がある。この最も顕著なケースは、 $e_1 = 1$ に設定することで政治的にコストのかかる場合である。ここで以下を仮定する。

$$\pi(\sigma_1, 1) = 0 < \pi(\sigma_1, 0) = 1$$

　この仮定は、第一期の現職が第一期のプロジェクトの実行に失敗したとしても、現職を存続させることを意味する[26]。

　E が十分に大きい場合、第一期のプロジェクトが実行されないことが明らかな場合、$\sigma_1 \in \{L, H\}$ に対して $\hat{e}_1(\sigma_1) = 0$ である。これは理にかなっている。現職はレントが大きいので、地位に執着するが、プロジェクトを実行することを選択すると落選することになる。ところが、政府の失敗も $E = 0$ であれば、起こりうる可能性がある。このことを見るために、$\underline{b} - c/N$ を小さくして、タイプ L にとってプロジェクトの直接の便益は小さいものとなるようにする。そして $\sigma_1 = L$ と $e_1 = 1$ かつタイプ H の政策立案者が第二期に在任し、$e_2 = 1$ を設定したとするならば、現職は効用の損失 $\underline{B}(1) - c/N$ を受ける。よって、q（タイプ L の政策立案者の確率）が十分にゼロに近いならば、タイプ L の政策立案者が $e_1 = 0$ に設定するのは最適となる。 この場合、政府の失敗を誘発するのは、現職にとどまることからの直接のレントよりもむしろ、政策のプロセスをコントロールすることからの決定レントといえる。

　この例はなんとかして現職に留まろうとすることが、政策の選択の効率性に影響を及ぼし、パレート非効率な成果をもたらしている。この議論は社会

---

[26] このミクロ経済学的基礎は次章で研究するタイプのエージェンシー・モデルにおいて生成されうる。このアプローチは Coate and Morris（1995）の重要な貢献によって用いられた。Besley and Coate（1998）は市民－候補者アプローチを利用してこの種の結果と一致するモデルを開発している。

余剰の最大化のような、他の社会的な目的に容易に、そして当然ながら拡張される。ヴィクセル型の用語では、より微妙なものである。ヴィクセルの視点からは、正しい結果は、$e_1 = 1$ と $e_2 = 0$ である。タイプ L の現職は、第一期においてプロジェクトを実施しないことで、第二期の政府の失敗を防ぐことができる。

　厚生への配慮が必ずしも明確ではないとしても、政治的に存続することが経済政策への選択に影響を与え、重要な役割を果たすという考え方は広く研究されてきた[27]。例えば、Aghion and Bolton (1990)や Milesi-Ferretti and Spolaore (1994)は、戦略的な政策選択が選挙で選出される人物の変化にもつながるというモデルを構築している。現職は赤字を出せば、対立候補の当選が魅力的ではなくなると考えるかもしれない。これらの考え方は、Biais and Perotti (2002)で民営化政策に適用されている。多くの政府が民営化を奨励してきたのは、民営化によって株主階級が生まれ、その株主階級が右翼政権に便宜を図るからである。このことは、政府が利害関係者の階級を生成するため、民営化の価格を人為的に安く設定することを促してしまう。Besley and Coate (1998)は、上記のアイデアをまとめ、これらの戦略的効果が実質的な非効率性の要因となり得ることを示した。

　再選を目指す政治的インセンティブが、どのような公共プロジェクトを選択するのかを形成することについて、様々な論文が考察を行っている。Glazer (1989)は、長期的な効果を持つプロジェクトが、政治的均衡に影響を与えるため、短期的にしか利益を生まないプロジェクトよりも優先させうることについて論じている。Coate and Morris (1995)は第3章と第4章で議論するエージェンシー・モデルのタイプを用いている。彼らは、政策選択が再選のチャンスに影響するという事実が、いかに非効率な政策を選択することにつながるのかを示している。これは、政治家が再選されることでレントを獲得したいという願望によるものである。Robinson and Torvik (2005)は、公共プロジェクトの選択は、ある種の政治家のみが将来にわたっ

[27) Besley and Coate (1998)はパレート基準を用いた動学的モデルにおける政治的均衡の意味について研究している。

てこれらの事業を継続することになるため、コミットメントへの仕組みを提供することが可能であることを論じている。Jain and Mukand (2003)は、Fernandez and Rodrik (1991)のモデルを拡張して、政府が第二期の損失者に対して第一期のプロジェクト選択の結果を補償することができる動学的政治経済モデルを提示している。彼らはまた、リーダーが生存するかどうかが、第一期の政策選択を理解する上で重要であることを明らかにしている。

　これらの知見は、政治が成長や開発にどのような影響を与えるかを理解する上でも有用である。現在、成長を後押しする政府の努力は現職の政治家に政治的な逆効果をもたらすという洞察を用いて、このテーマを発展させたモデルが多数存在する。例えば、Acemoglu and Robinson (2006)は、政治家の任期に影響するため、政府が生産的な投資を躊躇する可能性に基づいて、低開発の理論を構築している。同様に、Krusell and Rios-Rull (1996)は、政治家が今日の政策選択を通じて将来の政治的均衡に影響を与え、停滞をもたらすというモデルを構築している。

政策の連鎖の例

　次に政策の連鎖に目を向けよう。政策の連鎖に焦点を当てるため、第一期の政策は政治的に中立（$\pi(\sigma_1, 1) = \pi(\sigma_1, 0) = 0$）を仮定する。これは政治家全員が、多選禁止であり、レント E への配慮によって自分たちの政策選択を歪めることができないケースを説明している。ゆえにこの例では、政治的なレントは影響を与えない。

　第二期の政策をコントロールする政策立案者のタイプは不確実であり、どの種類の第二期の政策立案者も等しい確率（$q = \frac{1}{2}$）で存在すると仮定する[28]。上記と同様に、第一期のプロジェクトに対して全面的な需要（$\underline{b} > c/N$）が存在することを仮定する。しかしながらここで、タイプ H の市民は、第一期のプロジェクトが実行されるときのみ、第二期のプロジェクトを要求するものとする。すなわち

---

[28] これは、二つのグループが同程度の規模であり、政策立案者は各グループから代表者が1名選出されるという政治モデルによって容易に裏付けられるものである。

$$\bar{B}(1) > \frac{c}{N} > \bar{B}(0)$$

である。ところが、タイプ L の市民は第二期におけるプロジェクトを希望しない。ゆえに

$$\frac{c}{N} > \underline{B}(0) = \underline{B}(1)$$

である。上に記したように、第一期のプロジェクトが実行されない状況は、パレート劣位であることを意味する。

次に第一期の政策立案者がタイプ L の場合何が起こるのか検討したい。確率 $\frac{1}{2}$ で、タイプ H の政策立案者に置き換わる可能性がある。後者は $e_1 = 1$ であるときのみ、プロジェクトを実行する。ゆえにもし、

$$\underline{b} - \frac{c}{N} + \frac{1}{2}\left[\underline{B}(1) - \frac{c}{N}\right] < 0$$

であれば、タイプ L の現職は $e_1 = 0$ に設定するだろう。

ここでの論理は、政治の連鎖のケースとは異なり、第一期のプロジェクト選択は、現職が留任するかどうかには影響しない。その効果は、以下の事実から導出される。

$$1 = \hat{e}_2(H, 1) > \hat{e}_2(H, 0) = 0$$

繰り返しになるが、この種の論理によって、幅広い厚生関数の集合を用いて政府の失敗の基礎付けが可能になる。ヴィクセル型の意味合いは、政治の連鎖の例と類似している。第一期のタイプ L の政策立案者は $e_1 = 1$ を設定することで、第二期の政府の失敗を防ぐことになる。ゆえに、ヴィクセル型の意味で政府の失敗にはならない。

文献の中には、政策の連鎖とその意味合いを探る論文が多数ある。例えば、Tabellini and Alesina (1990) や Persson and Svensson (1989) の論文はすべて、政治家の現在の任期を超えて政策結果に影響を与えるために債務が戦略的に利用された場合、政治的均衡がなぜ過剰な財政赤字につながるかを研究している。彼らは、財政赤字額が大きいと将来の現職が自身が好む政策に支出することができなくなることを示した。これは、現職と潜在的な対立候補の間にイデオロギー的な対立が大きければ大きいほど、より起こりやすくなる。

2.6.3 投資と政治

これまでの議論を締めくくるために、前節で抽象化した問題である民間投資決定が政策選択に影響を与える可能性について検討する。ただし、本章の他の部分で扱った政策例とはやや異なり、投資が民間の生産性を向上させ、政府の政策が税制や移転政策の形をとっている場合を例に挙げて検討することにする。

政体における市民を三つのグループに分けるとする。y_H を得る高所得の市民の割合を γ_H、所得 $y_L(< y_H)$ を得る低所得の市民の割合を γ_L、投資コスト κ をかけて y_H を得られる民間投資を行わないのならば、所得 y_L を得る流動型の市民（mobile citizens）の割合を γ_M とする。$\kappa < (y_H - y_L)$ であれば、投資は価値があるものと仮定する。$x_i \in \{0, 1\}$ を i 番目の流動型の市民の投資とする。各市民の効用は税引き後所得と移転所得と等しい消費のみに依存するとしよう。

前節の二期間構造は、第一期で生産性を向上させる投資が実施され、第二期において実現するという形で維持される。上述したように、政策立案者は市民であるため、市民の三つのタイプの一つに相当する。政策立案者として、政府は所得に対して $t \in [0, \bar{t}]$、ただし $\bar{t} < 1$ であるような税率を設定可能であると仮定する。後者は、市民が何らかのインフォーマル（非課税）活動に回避することができるためと思われる。税収はすべて T で記述される移転を用いて一括方式で、市民へ還元されることを仮定する。μ_s を期間 $s \in \{1, 2\}$ における社会での平均所得とする。よって政府の予算制約式は、以下の通りになる。

$$T_s = t_s \mu_s$$

モデルのタイミングは以下の通りになる。第一期の政策立案者を想定する。第一期において、現職の政策立案者は (t_1, T_1) を設定する。そして流動型の市民は投資するかしないかを選択する。第二期の政治家のタイプはいわば後述の方法で決定される。そして政策立案者は (t_2, T_2) を設定する。

ここでは、政策立案者のタイプが多数決に従って決定される、民主的な政

治プロセスを明示的に検討する。以下を仮定する。

$$\gamma_M + \min\{\gamma_L, \gamma_H\} > \frac{1}{2} > \max\{\gamma_H, \gamma_L\}$$

これは、高所得、低所得の市民はいずれも多数派ではないということである。しかしながら、流動型の市民と彼らが組み合わさるのであれば、それぞれが多数派になれるということである。

　まず基準として、政府がない場合を仮定し、$s \in \{1, 2\}$ に対して $t_s = T_s = 0$ であるとする。この場合、流動型の市民は投資をするのが最適であると考える。

　次に投票で何が起こるかを検討する。上記と同様に、$\{\sigma_1, \sigma_2\}$ を各期間における在任中の市民のタイプとする。まず第二期の政策立案を考える。最適税率が

$$t_2(\sigma_2, \mu_2) = \underset{t \in [0, \hat{t}]}{\arg\max}\{(1-t)y_{\sigma_2} + t\mu_2\}$$

であることは容易にわかる。
この式は以下を意味する。

$$t_2(\sigma_2, \mu_2) = \begin{cases} \bar{t} & y_{\sigma_2} < \mu_2 \text{の場合} \\ 0 & \text{その他} \end{cases}$$

所得 y_H を持つ市民は、常に $t_2 = 0$ に設定されるのを好む一方で、タイプ y_L の市民は $t_2 = \bar{t}$ に設定されるのを好む。

　第二期における政策が流動型の市民による第一期の投資決定にどのように依存するのかを見るのは簡単である。流動型の市民がみな投資を行うのであれば、y_H の所得を持つ市民は多数派であり、ゆえに $t_2 = 0$ である。一方でもし、流動型の市民が全員投資しないことを選択したのであれば、所得レベル y_L の市民が多数となり、税率は $t_2 = \bar{t}$ となる。もし

$$(1 - \bar{t})(y_H - y_L) < \kappa$$

であれば、興味深いものになる。なぜなら流動型の市民による投資は、その市民が他の流動型の市民も投資を選択すると予期している場合にのみ発生する。言い換えれば、政治システムが流動型の市民の間に戦略的補完性を生み出すからである。

　政治モデルは、複数均衡を持つ。ある均衡では、流動型の市民の誰もが投資をしないので、市民の大多数は第二期と$t_2 = \bar{t}$において低所得になる。他には、流動型の市民が全員第一期に投資を行い、大多数の市民が高所得となるため、第二期に再配分課税が行われないため、$t_2 = 0$となる。国民所得は、それぞれのケースで異なり、税金が低いほど所得水準が高くなる。

　モデルを完成させるためには、第一期の政策選択を決定するだけでよい。ところが、これは流動型の市民が投資を選択するかどうかとは関係しない[29]。ゆえに

$$t_1(\sigma_1, \mu_1) = \underset{t \in [0, \bar{t}]}{\arg \max} \{(1 - t)y_{\sigma_1} + t\mu_1\}$$

この例が上記の例と異なるのは、第一期の政策が民間投資に影響を与えないという事実である。

　では、この例は政府の失敗なのか、どのような意味で失敗なのかを考察したい。この場合、政府の政策は純粋に再分配的であるので、任意の$t_s > 0$はヴィクセル型の政府の失敗となる。$t_s = 0$の憲法上の制限を設けるか、高所得の市民が常に在任することを保証する何らかの方式を提供することによって、達成することが可能である。社会的余剰は第二期で再分配課税がゼロであるようなこの例でも最大化されている。

　次にパレート効率性について目を向けよう。この結果が政治の失敗である可能性があることを示す。$t_2 = \bar{t}$で、流動型の市民は投資を行わない場合の結果を考えよう。税率が以下に引き下げられたと仮定する。

$$\tilde{t} = \frac{(y_H - y_L) - \kappa}{(y_H - y_L)}$$

これは流動型の市民が投資をしてもよいと考える最高税率である（市民たちは投資をするかしないかに関心がない）。低所得の市民は、$\bar{t}$のときよりも$\tilde{t}$で良い状況にあることを示す必要がある。

---

[29] このことは、κが純粋に非金銭的（すなわち効用）コストであるか、あるいは$\kappa < y_L$を前提としている。そうでなければ政府の再分配政策は投資の増加をもたらす可能性がある。

もし

$$\bar{t}\frac{\gamma_H}{(1 - \gamma_L)} < (y_H - y_L) - \kappa$$

であれば、真である。

このためには、投資からの利益が十分に大きく、非常に多くの流動型の市民が存在すること必要となる。つまり、流動型の市民が投資しない場合は、低所得層への移転は小さく、投資した場合には大幅に増加することを意味している。ここで研究している例は、政治的な失敗であることを示している。

　この例は、私的な意思決定が政策結果に影響を与えるという全体的な現象の一例である。この政策の歪みの一般的な類型には、Coate and Morris (1999)が研究した例も含まれる。彼らは、個人が政策から利益を得るために私的な投資決定を行うことによって、政策が持続することがあるという事実を強調している。政治的支持に影響を及ぼす集団の内生性は、Acemoglu and Robinson (2001)における非効率的な移転政策を維持するメカニズムの核心でもある[30]。

2.7　政府の失敗に対処するには

　より良いものがあるということが示されない限り、何かを失敗と呼ぶのは酷なように思える。市場の失敗の理論は、市場が達成しうることを政府が改善するケースを形成するための枠組みを提供する。実際、公共財の供給、外部性の規制および独占の規制のような政府の教科書的機能の多くは、市場の失敗の理論に基づいている。

　政府の失敗にどう対処するのかは、それほど明確ではない。広くみられる見解の一つは、政府の失敗を特定することは、主として憲法設計の基礎となるべきだというものである。この見方は、特にブキャナンの研究に代表され

---

[30] Krusell and Rios-Rull (1996)も関連しているが、彼らのモデルでは、現在の政策が（将来予想される政策だけでなく）投資に影響を与え、したがって将来の政策に影響を与える。したがって前節で研究された政策の連鎖の要素も持ち合わせる。

る、公共選択アプローチと同一視されることが多い[31]。政治ゲームのルールは、場合によっては無知のベールに包まれているかもしれないが、あらかじめ成文化されており、政治的資源配分はこのルールによって形成されるという考え方である。ルールは、政治の運営上起こりうる様々な問題に対応するために、規範的な意味を持つ。

Buchanan (1967)は、憲法を二つの部分に分けている。そのうちの一つは、政策プロセスを遂行するために定められた一連のルールである。ブキャナンはこれを**手続き憲法**（procedural constitution）と呼んでいる。これには、具体的な政策権限の指定、三権分立、選挙制度、投票権や政治職に就くことができる者を規定する規則などが含まれる。憲法の他の部分は、政策に直接言及するものである。ブキャナンはこれを**財政憲法**（fiscal constitution）と呼んでいる。しかし、**政策憲法**（policy constitution）というもう少し広義の用語の方が適切であることは明らかである。

特に新しい国家が建国する際には、政治構造を一から規定する機会が存在する。しかし、より一般的には、より控えめで、断片的な改革に焦点が当てられている。民主的な憲法改革には、民主制の構造、政府構造、政策ルールの三つの主要なカテゴリーがあり、議論されている。以下、それぞれの主な要素について簡単に説明するする

1. **民主制の構造**：憲法には、民主政治の遂行を形成するさまざまな要素がある。それらは以下を含んでいる。

    (a) 投票のルール：第一に、投票資格者とその登録方法に関する規則がある。19世紀から20世紀にかけて、特に女性が選挙権を獲得したことで、参政権は大幅に拡大した。第二に、票を集計し、代表の地理的パターンを決定するルールがある。一人区を中心とした単純な多数決方式から、比例代表制の名簿方式まで、選択肢が無数にある。

    (b) 選挙活動：参政権の開放に伴い、公職に就ける者を制限する規則も減少した。とはいえ、ほとんどの民主制度では、投票権を制限する

---

31) これらの概念の発展については、例えば Frey (1983) と Mueller (1996)を参照。

以上に、政治的地位へのアクセスを制限しているのが現状である。また、選挙の戦い方に影響する選挙運動の実施に関する規則も重要である。

(c) 立法府の構造： 選挙後の政治のあり方に影響を与える立法府内の規則は、様々な側面がある。この分類には、大統領のように直接選挙で選ばれた権力者の可能性も含まれる。また、一院制か、二院制かの選択も重要である。

(d) 直接民主制：市民の直接的な声をどのように残すべきか、はたまた残すべきなのかは、議論の余地がある。スイスのように、市民のイニシアチブに大きな役割を認めている国もあれば、市民のイニシアチブにほとんど依存していない国もある。

2. **政府構造**：これは主に、誰がどのような根拠に基づいて政策権限を持つのかを決めるルールが含まれる。

(a) 独立した機関：民主制においても、直接的な政策権限を持つ機関が数多く存在する。金融政策を決定する独立した中央銀行もその一つで、民主的な議会と並行して運営されている。また、司法の役割も多くの政体において重要である。 特にコモンローの国々では、司法は判例を確立することにより、多くの政策を形成する上で重要な役割を担っている。また、憲法裁判所のような形で、司法は選挙で選ばれた代表者の権力を制限する権限も持っている場合がある。

(b) 分権化：ほとんどの国が多層的な政府であり、中央政府レベル以下にどの程度の政策権限が委譲されているかは、重要な政策パラメーターである。これは近年非常に活発な政策分野であり、中国のような非民主政体も含まれる[32]。

(c) 行政の構造：政府内の機関の構成や、立法当局に対してどのように説明責任を果たしているかは、民主主義体制によって大きく異なる。議会制では通常、閣僚は立法府の議員であるが、任命された閣僚が

---

[32] 例えば Qian and Roland (1998) を参照。

いる制度もある。

3. **政策ルール**：政策の結果に直接の影響を及ぼす法のルールも数多く存在する。場合によっては、これらをどこまで憲法上の規定とみなすべきなのか、それとも単に変更される可能性のある政策とみなすべきなのかが不明瞭なこともある。とはいえ、実用上大きな力を持つことは間違いない。政策ルールは以下を含む。

(a) 財政赤字の規律：多くの国では、赤字を出すような政府の能力を制限する手段を用いている。このことは、赤字財政がなぜ政治の失敗の対象となりうるのかについて考察した、上記で言及した多くの文献を鑑みると、興味深いことである。この点については、第4章でさらに論じる。

(b) 私有財産：多くの国では、政府の国民に対する課税や規制の権限を制限する、財産保護制度を発展させてきた。

(c) 市民の自由：政策ルールも、個人の自由を保護するために発展してきたルールの中で機能しなければならない。人権規定に抵触する政策の選択は、政策間の矛盾を防ぐために修正を必要とすることが多い。情報の自由の規定は、その規定が特定の政策規定を超越しているとみなされた場合、実施可能な政策の種類に直接的な影響を与える可能性がある。このような分野では、裁判所の役割が極めて重要である。

　本書では、このように多岐にわたる憲法上の問題点を正しく扱うことはできないだろう。しかし、政府の失敗という概念をめぐって、ここで展開した厚生経済学の枠組みは、これらの問題のいくつかを考える上で役に立つはずである。全般的な知的アプローチは以下を示唆する。

- 手順一：特定の憲法ルールの効果について、理論および実証モデルを構

築する[33]。

- 手順二：手順一を用いて、誰が得をし、誰が損をしたのかを明らかにする。
- 手順三：手順二を用いて、社会的な決定を行うための議論や集約の過程を知らせる。

　これまで議論してきた政府の失敗に関する考え方は、手順二から手順三において暗黙裡に含まれており、政府の失敗に関する様々な考え方が、利得者と損失者の重み付けの方法に対応している。

　もちろん、この手続きは高度に理想化されたプロセスであり、憲法改正に関する現実の議論は厄介で、理性的な議論ではなく、特異な出来事に影響されているように見えるかもしれない。特別な利害関係者が政策に影響を与えることがあるように、憲法改正にも影響を与えようとすることがよくあり、建国の父たちが無知のベールに包まれて推論するという考えは、到底ありえないことである。しかし、だからこそ社会科学者の影響力がより重要になる。構造化された科学的推論のための空間を持つことは、その影響は時にわずかであるように見えようとも不可欠である。

　しかし謙虚さも必要である。経済学者は、多くの政策、特に公的資源の投入を伴う政策を論じる上で、比較優位に立つことができる。しかし、人権や自由の価値を計算する分野では、我々の能力は限られている[34]。先に述べたヴィクセル型のアプローチは、政府の失敗に対する唯一のアプローチであり、そのような懸念に直接的な役割を与えるものである。しかし、中絶の権利、戦争の決定、テロ容疑者の監禁などの政策を議論する際には、我々の厚生経済学の枠組みが限定的であることを認めるべきである。しかし、それでもなお、ここで論じた考え方が関連する領域は幅広く、多くの憲法改正議論

---

[33] この分野においての進捗については、Besley and Coate (2003)、Persson and Tabellini (2003)を参照のこと。Acemoglu (2005)は制度上の選好を引き出す政治的均衡の考えについてより幅広い議論を行っている。

[34] 憲法の選択における権利の問題をより直接的に扱う試みについては、Cooter (2000)を参照。

の中心になる可能性がある。

　以降の章では、上記で提起された憲法選択の問題をいくつか議論する。しかしながら主に、政治的エージェンシー・モデルという特定のアプローチのレンズを通して行われる。このモデルは、政治における不完全情報の問題を真剣に考慮した動学モデルの一種である。また、前章で強調した選択とインセンティブの問題を計量化する手段も提供する。これらのモデルを用いて、経済政策の選択と政治家の質に関する問題を探求していく。

　このように制度設計を振り返ることで、本章の推論がより広範な制度に適用できること、すなわち制度の失敗に関する理論を持つことが明らかになった。このプロジェクトは Buchanan (1967) が次のように語ることからも予想される。

> 　厚生経済学の理論は、経済資源の配分が効率的であるために満たすべき必要な限界条件を定義することを可能にする。この分析を「制度経済学の理論」に単純に拡張すると、ある制度的取り決めや規則が「効率的」であると分類されるために満たされなければならない、同様の条件を定義することが可能になるはずである。将来の発展により、実際にそのような条件を一般的な記述ができるようになる可能性は十分にあると思われる*。

　ほぼ40年が経過したが、ブキャナンが言及した将来の展望はまだ実現していない。しかしながら、多くの進展が見られる[35]。

2.8　結び

　本章の主な目的は、政府の失敗の原因を明らかにすることであった。このような失敗を定義するための三つの基準を紹介した。また、これらの基準はそれぞれ異なることを示した。政府の失敗をパレート効率性という観点から

---

* http://www.econlib.org/library/Buchanan/buchCv4clg.html, 4.19.36
[35] さらなる議論については、Acemoglu (2005) を参照せよ。

定義することは、古典的な市場の失敗の定義と同様、一元的な政治主体が存在する静学的な環境ではほとんど意味をなさない。しかし、複数の主体が政策決定に関与している場合には重要である。また、政府の資源配分の動学モデルにおいても、単純ではない。

Bator（1958）はパレート効率姓で定義される市場の失敗の主な原因は、非専有性、非凸性、公共財であると主張した。ここでの議論から示唆される並列リストは、非コース的立法機関、政策立案者の貧弱な選択、コストのかかるレントシーキング、異時点間投資、政治・政策の連鎖である。

政府の失敗に関するこの議論は、後の具体的な議論の背景として役立つだけでなく、政府の成果に関するより一般的な議論にも役立つ。政府の介入を批判する際には、政府がどのような意味で失敗しているのか、そしてどのような救済策が必要なのかを具体的に示すことが重要である。これを豊かな経済政策モデルで行うことは決して容易ではない。しかし、上に述べたような望ましい条件は、知的構造として有用である。経済学者は市場の失敗に関する厳密な概念を持つことで多大な恩恵を受けており、政府の失敗を同様に強固な知的基盤の上に置くことで利益を得ることができると考える理由は十分にある。

第**3**章

政治家と政治的説明責任

有権者はその明晰さおよび提示された選択肢と入手可能な情報の性質から、我々が期待するのと同程度に合理的かつ責任ある行動をとる。

Key（1966: 7）

問題はいかにして1億8,000万人のアリストテレスが民主制を運営するかではなく、1億8,000万人の一般人からなる政治共同体をいかにして組織し、彼らのニーズに敏感に対応し続けることができるかということである。

Schattschneider（1960: 138）

3.1　はじめに

前章では、政府が公共の利益のために運営される可能性があるかどうかを考える考える際に問題となる事柄を大まかに描いた。本章ではこの議論を推し進めるのに理想的なある特定のモデル、**政治的エージェンシー・モデル**（political agency model）を検討する。具体的には、政治的エージェンシー・モデルの構造を、応用例を中心に見ていく。また、このアプローチに馴染みのない読者にも、このモデルの可能性をある程度理解してもらえるよう、標準的なアプローチを示した。またこのモデルの持つ平明さは、これまで文献で研究されてきた多くの問題を考察するためのパズルの断片を提供するものでもある。

政治的エージェンシー・モデルの核心は市民と政府の間の依頼人（principal）－代理人（agent）関係である。依頼人は、市民／投票者であり、代理人は政治家／官僚である。これは、公共経済学で広く利用されてきた標準的な依頼人・代理人モデルを反転したもので、メカニズム・デザインの問題の核

心となるものである[1]。このアプローチでは、厚生を最大化する政府は適切な社会的決定を下すために利用する、私的に観察された市民の特性を見極めようとする。例えば、標準的な最適所得税問題は各人がそれぞれ自分たちの能力を知っているものと仮定している。つまり個別化された再分配一括課税は、誘因両立的にはならないということである。同様に、公共財を効率的に提供するためには、政府が、市民がその公共財にどのような価値を見出しているかについての十分な情報を持っている必要がある。そこで問題となるのは、公共財の供給に対する最適なメカニズムを設計することである[2]。

　政治的エージェンシー・モデルのアプローチでは、市民は情報優位にある政策立案者に権限を委任するために、インセンティブ問題が生じる。問題は主に二つある。

- **モニタリング**：政策立案者は日和見主義的に行動するかもしれない。日和見主義を最小限に抑えるために、このようなことが起きたかどうかを確認し、それに応じて行動に報酬や罰を与える必要がある。
- **選別**：最も有能な政策立案者および、あるいはその動機が公共の利益と最も合致しそうな政策立案者を選ぶ必要がある。

　第1章で論じたように、選挙はこうした問題を解決するための重要なメカニズムである。本書では、このことを単に仮定する。しかしながら、この仮定は憲法設計に関する多くの重要な問題を提起している。この問題への本格的な取り組みは、情報制約および契約制限という前提条件から始まり、最適な憲法ルールの集合を設計しようとするものである[3]。現代の代表民主制における選挙の重要性がこのようなアプローチから出現するかどうかは定かではない。加えて、政治的エージェンシー・アプローチの仮定の多くは、明らかに恣意的な方法で提供されうるインセンティブ契約を限定している。理論的な純度という点では、メカニズム・デザインに根ざしたアプローチの方が

---

[1] Atkinson and Stiglitz (1980) を参照。

[2] 例えば、Laffont and Maskin (1980) を参照。

[3] この方向への取り組みについては、Laffont (2000) を参照。

より強固な基盤の上にあることは明らかである。しかし、許容されるメカニズムの集合に対する制約を捉えるための理論的枠組みが利用可能である限り、このアプローチは有効である。このアプローチは情報制約に関しては強力ではあるが、制度の選択を形成する上で重要である可能性のある単調性および公平性といった他の考え方をどのように捉えるかは不明である[4]。

　ここでの主要目的は、不完全情報のもとでの代表民主制の定型化されたモデルの特性を分析することにある。そしてありうる制度の中で最良かどうかを問うのではない。ある状況においては、パレート非効率である可能性さえある。しかしながら、かなり単純なモデルを検討することで、民主制を機能させるに何が必要なのか、また、より良く機能させるためにどのような改革が必要なのかについて、何らかの洞察が得られるかもしれない。

　モニタリング（モラル・ハザード）の問題は、古典的な代理人・依頼人問題の中核をなすものである（例えば、Holmstrom 1979 を参照）。この問題において、代理人（エージェント）は依頼人（プリンシパル）の代わりに公に観察可能な利得を得られる仕事をこなす。問題は、利得が発生する行動は依頼人によって観察できないことにある。ゆえに依頼人の問題は、達成した利得に応じて、代理人に与える報酬に対するインセンティブの枠組みを設計することである。代理人・依頼人モデルは様々な問題を考えるための幅広く多様な方法として発展してきた[5]。

　標準的な問題では、代理人は同質である。しかしながら、特定の用途においては、（観察されない行動に加えて）観察されないタイプを考慮に入れた拡張がある（例えば、Laffont and Tirole 1986 を参照）。これは自己選択を実現する契約の一覧を代理人に提供することを意味している。規制の動学についての文献では、代理人によって明らかにされた情報が将来で利用され、それ以前の期間において情報開示が達成されにくくなるという「ラチェット

---

[4] このことは20年間にわたる研究を続けてきたにも関わらず、最も定型化された状況を除いて、資源配分のための市場の魅力について、メカニズム・デザインのアプローチが説得力のある記述ができていない理由を説明しているのかもしれない。

[5] サーベイとして Prendergast (1999) を参照。

効果」の重要性が強調されている[6]。このようなモデルでは、企業は時間の経過とともに固定化される、ある中核的な能力レベルにおいて異なることを仮定している。再選インセンティブと観察タイプが観察できない場合の政治的エージェンシー・モデルの設定では、このような動学的な問題が中心となり、無能な現職は、再選されるために自らのタイプを偽ることをもくろむかもしれない。政治的エージェンシーをモデル化するとき、能力以外の問題も重要となる場合がある。例えば、適切な動機付けのもとで、代理人を選択する問題となる可能性がある[7]。

　本章で、具体的な問題を分析するために組み上げられた様々なエージェンシー・モデルを検討する。この文献の各著者たちは、その目的に応じてかなり特殊なアプローチをとる傾向がある。それでもなお、政治的エージェンシー・モデルの発展は、過去30年にわたって経済学内で発展してきたエージェンシー問題のより一般的な理解に負うところがかなり大きい。

　以前に議論したように、説明責任を果たすことは、選挙の重要な役割の一つである。大まかにいえば、政治家の実績と在任中の行動を結びつけることを意味する。この点について、形式（規則上）と現実（事実上）の説明責任を区別することは重要である[8]。政治家たちが定期的に再選挙を求められるのが、代表民主制という制度の本質である。公式の規則、すなわち任期および選挙行動を規定するルールは、説明責任のルールを構成している。しかしながら、通常、政治家の実績と再選の可能性を直接的に結びつけようとはしない。これは言い換えれば、政治家の行動と有権者の戦略の関数として、均衡状態で何が起こるのかに依存している。後者は実際に説明責任があるかどうかを決める。民主制が十分に機能していない場合、政治家は制裁を受ける

---

[6] 議論については、Laffont and Tirole (1993)を参照。

[7] この種の官僚のモデルについては、Besley and Ghatak (2005)を参照。

[8] 政治科学の文献において、説明責任の便利な定義は、Fearon (1999)で見出すことができる。ファーロンは、代理人Aが依頼人Bに対して説明責任があるとは、(i) AがBのために行動をとることを義務づけられているという理解があり、(ii) Bが何らかの公式な制度、あるいは非公式なルールによって、Aの活動やそのパフォーマンスに対して制裁や報酬を与える権限を与えられている場合である、とした。

ことなく、有権者を不快にさせるような行為を組織的に行うことができる。これは、有権者の情報が乏しかったり、政治家が有権者を威圧したりするためかもしれない。

実質的な説明責任の程度は、政府の民主制体制が十分に機能しているかどうかのかなり優れた指標と考えることができるだろう。説明責任を果たすことによって、政治は有権者の願いに最も応えやすくなるのである。そうした応答性と説明責任は、政治システムにおいて自明の価値としてよく掲げられる。ところが、説明責任と社会厚生の間に必然的な関連性はない。そのような関連性がありうるのは、争点となっている問題のほとんどが共通価値（政治科学の言葉では、誘意性の問題）である場合、つまり有権者が何をなすべきかについて広く合意をしている場合である。第1章で述べたように、腐敗の削減、公共サービスの効率化、可能な限り低コストで税金を徴収することなどがその例である。

正しい政策において有権者の意見の隔たりが大きいと、選挙結果を現職の行動に対応させることは、社会厚生を高めると考える合理的な理由はない。現職が中位投票者に説明責任を負うのであれば、（第2章の2.5.1節で論じたように）たとえそれが規範的な重要性を持たないとしても、政策は有権者の選好に偏ることになる。このことを反映させるために、ここでは主に、有権者が何らかの成果を達成することに共通の利害を持っていると仮定するモデルを用いて、政治システムがそのことを実現することを期待するかどうかを議論する。この問題については、3.6節の結びで再び触れることにする。

分析の全体の枠組みは、法制度の存在と選挙の実施を規定する法体系の存在を前提としている。例えば、現職議員は選挙に負ければ職を辞し、賄賂や脅迫を避けて有権者に公正に接することになっている。同様に、政治家が自らの利益にかなう行動には法的制限があり、政治家の多くが職権を不正に濫用した場合には法的制裁を受ける恐れがある[9]。民主制の失敗の多くは法的なものである。例えば、ジンバブエのロバート・ムガベが大統領を辞めよう

---

[9] とはいえ、実際には政治家に対する起訴はまれである。

としないことが、真の説明責任を不可能にしている。ここでは、十分に機能した法的制度の中での説明責任に焦点をあてる。しかし、正式な制度がどの程度保持されるかが、民主制の機能における重要な違いであることは明らかである。

本章の残りの構成は以下の通りである。次節では、一般的な政治的エージェンシー・モデルの中にある仮定や、一般的なモデル化の問題について論じる。3.3節では多くの問題を説明するために、一般的なエージェンシー・モデルを提示し、米国州知事に関するデータを用いた具体的な実証的応用を議論する。これは、より一般的な実証的関心事に触れる機会を提供する。3.4節では、基準モデルの拡張のいくつかを分析する。3.5節では、文献から得られた具体的な政策的応用例について論じる。3.6節で結びとする。

3.2 政治的エージェンシー・モデルの構成要素

本章で取り上げるエージェンシー・モデルのすべてに共通するのは、現職政治家の行動を形作る上で再選のインセンティブの重要性である。この状況をモデル化するには、動学的な構造が必要であり、最も単純なアプローチは、二期間の設定である。しかしながら、より長い時間軸に注目した論文もあり、3.4.6節と3.4.7節でこのことを紹介する。

エージェンシー・モデルは、プレイヤーが有権者と政治家であるゲームと考えることができる。どの時点においても、1人または複数の政治家が政策を決定する権限を持つ。政治家たちが再選されたのであれば、この権限を維持する。もし再選されなければ、別の政治家に取って代わる。政治家は原則として、有権者の中から選出される。しかしながら、通常、この選出のプロセスはモデル化されていない。最も単純な（そして最も一般的な）設定は、有権者のタイプは同質で、政治家のタイプは異なるというものである。

モデル化において重要な問題は、

- 不確実性の性質
- 現職に留まるための動機

- 政治的説明責任の性質
- 実績投票

以下これらについて、順番に見ていこう。

3.2.1　不確実性の性質

　モデルは、有権者が観察できないものとして何を特定するかによって異なる。多くのモデルで中心となるのは、観測不可能な政治家のタイプで、政治家たちの能力のレベルであると考えられる。例えば、政策の選択に長けた政治家もいれば、誤った選択をする政治家もいる。政治家としてのモチベーションについても、不確実性はあるだろう。政治家の中には正直なものもいれば、そうでないものもいる。義務感が強い政治家もいれば、そうでないものもいる。また、政治家は、権力を持つことのスリルを味わったり、メディアの注目を浴びることが好きか嫌いかによって、公職に就くことで得られる効用に違いがあるかもしれない。

　重要な問題の一つは、政治家が自身のタイプを知っているかどうかということである。能力の場合、政治家が自分自身の能力を完全に知っていて、有権者とともにそれを学んでいると仮定するのは、あまり妥当ではないように思われる。無知な政治家というモデルは、有名な Holmstrom (1999)の個人が「市場」で自分のタイプを明らかにする努力をするという「キャリア・コンサーン・モデル」と似ている。Persson and Tabellini (2000)は、有権者と政治家が対称的に情報を与えられているという、この線に沿った政治的エージェンシー・モデルを発展させた。

　有権者も、最良の政策について十分な情報を持っていない可能性がある。政府は広い範囲の政策助言の様々な源にアクセスすることができ、有権者に任せておくよりもより良い政策決定を行うことができるはずだ、と考えるには十分な理由がある。実際、非対称情報の概念は、Downs (1957)で示されているように、有権者は合理的に無知であるという考え方の中心にある。現実には、シンクタンクや圧力団体、メディアなど、有権者に政策を知らせる手段はある。

　さらなる不確実性の要因となるのは、まさに実施される政策そのものである。重要な例としては、政策が選ばれた後に、しばらくの間不確実でありうる政策選択の質である。イラク戦争〔2003年〕はその好例であり、意思決定の賢明さとその実行能力が明らかになるまでには、ある程度の時間がかかる。例えば地球温暖化対策のように、政策の厚生的帰結は、何年も先まで不確実である場合もある。

　政治家たちが何かしらの政策を採用することに私利私欲がある場合、有権者はある特定の政策から政治家たちがレントを得ているかどうか、判断することは困難である。透明性の欠如によって、有権者が、財政の真の状態がどのようなものかを正確に知ることは困難となることについては、たくさんの文献が存在している。そのため、政治家たちが短期において、特定の政策への支払いを先延ばしするために負債を増やすことが魅力的になるかもしれない。

3.2.2　現職に留まるための動機

　政治家が再選を望むことは政治の鉄則である、と受け入れられているように思われる。しかしながら、再選のインセンティブの原動力は、モデルによって異なる。一つの可能性は、Rogoff (1990)のように、エゴ・レントを単に仮定することである。このレントは、権力による陶酔効果かもしれず、同胞市民の投票によって認められたという自負心であるかもしれない。

　現職を維持することによる利益のもう一つの原動力は、物質的利益という形で現れることもある。このことは、政治が取り巻きに報酬を与える機会や、あるいは腐敗の機会を提供するためかもしれない。あるいは政治家の賃金や役得が魅力的なこともあるだろう。

　再選を望むことは、公共財への関心から生じることもある。例えば現職が、強い政策的選好を持つ場合、明らかである。このような力が最も重要になるのは、政治システムの二極化の度合いが大きい場合であろう。そのような場合、現職は他の政策立案者を後継者にしたいとは考えないだろう。これに関連して、Maskin and Tirole (2004)は政治家たちが在任中に生み出された価値に関心を持つという、政権維持に伴う「レガシー効果」の可能性について

論じている。

この三つのケースでは、現職政治家は再選を手段として、あるいは自分自身のために再選を望むだろう。

3.2.3 政治的説明責任の性質

エージェンシー・モデルは、市長、大統領、知事など、直接選ばれた個々の代表者に適用するのが最も効果的である。このケースでは、現職は一定の責任と、裁量の権限を持つ個人である。よってこれらの責任に関連して、政治的説明責任の所在が定義される。

文脈によっては、このモデルは限定的にしか適用できない。例えば、説明責任を問われる個人が、議会や委員会のような集団の一部であるとしよう。このケースにおいて、結果に対する責任を明確にするという問題が存在する。一般的に、このモデルは、個人の選挙結果から再選決定への対応づけを弱めることが期待される。

ほぼすべての民主的環境において、政党は政治的競争の仕組みにおいて重要な役割を果たしている。政党がどのように政治的説明責任に影響を与えるのかは、必ずしも明らかではない。政党はより長い時間軸を持ち、そのため権力を握る個人はより長い視野を持つようになり、現職による日和見主義的行動が少なくなる可能性がある。もちろん、現職議員の政党への愛着の度合いや、政党が持つ制裁の種類が重要であることは言うまでもない。

政党という観点から考える場合、政治家のタイプをどのように解釈すべきかはあまり明確ではない。例えば、政治家のタイプは党員の集団的な評判や政党メンバーの能力を反映しているのかもしれない。有権者は個々人の特徴というよりもむしろ政党を基礎として、投票を行う可能性がある。この考え方は興味深いものである。しかしながらこれをモデル化するには、政党の内部構造に関するの何らかのモデルが必要であることは明らかである。

3.2.4 実績投票

エージェンシー・モデルにおける重要な考え方は、有権者が現職政治家の在任中の行動に責任を持つということである。このことは、十分な数の有権

者が政策結果について知らされており、誰に投票をするかを決める際にこの情報を利用するという政治過程に対する楽観的な見方を構成する。この問題については、いまだに政治学者によって熱く議論が交わされている。しかしながら、Key (1966)と Fiorina (1981)による多大な貢献によって、有権者は合理的で在職中の候補者たちの記録に基づいて、評価を下すという見方へと、前提が大きくシフトした。

Fiorina (1981)は、実績投票の三つの異なる理論を提示している。まず Downs (1957)と同様に、有権者は実績を利用するのは、そのような情報は入手しやすく、候補者の履歴を精査するよりも費用が掛からないからである。二つ目は、Key (1966)と関連付けられるもので、有権者は結果指向であるというものである。フィオリーナ自身の見解は実績投票の決定をする際に、政党の党派性をよりより重きを置いている。

Fiorina (1981)と Key (1966)は、アメリカ合衆国大統領選挙の状況において、実績投票の証拠が存在すると主張している。彼らの研究は、有権者に適用される合理的選択の標準的な仮定に基づく政治行動のモデルを受容する上の原動力となっている。とはいえ、彼らの仕事は、実績投票の均衡に与える影響を分析できるような政治的エージェンシー・モデルが提供する枠組みを持っていなかった。そのためには、なぜ過去の記録が将来の実績に関する情報を提供するのかについて、何らかの考え方が必要である。政治的エージェンシー・モデルでは、有権者が、過去の行動から学習し、ベイズ・ルールで自分たちの信念をアップデートすると仮定することで、この点を捉えている。このアプローチの重要な意義の一つは、展望投票と実績投票の間には、実は何の違いもないということである。実績投票は合理的であるのは、過去の行動に将来の行動に関する情報が含まれているからに他ならない。

3.2.5 三つの基準モデル

モデルは三つの基準タイプに分かれる。第一世代の政治的エージェンシー・モデルは隠された行動、特に現職の怠慢に焦点を当てたものである。Barro (1973)と Ferejohn (1986)の両者は、主に政府におけるモラル・ハザード問題に焦点を当てている。この枠組みでは、政治家はみな、自分たちのア

ジェンダを追求する手段として政治的地位を利用したいと望む点で共通している。問題は、実績投票に基づく再選メカニズムが現職政治家をどの程度懲らしめることができるかである。基本的な考え方は、有権者は政治家に抑制のインセンティブを与える閾値を選択するというものである。政治家は常に、現在最大限のレントを抽出するか、自制心を働かせて将来レントを享受し続けるかという選択に直面する。モデル化の主な仮定は有権者が現職の行動をどの程度観察できるかということと、観察不可能な自然状態が存在するかどうかということである。このようなモデルでは、政治家のタイプが異なることを避けるために、有権者は常に現職の再選と対立候補の当選について無差別になっている[10]。

　純粋な逆選択モデルでの唯一の問題は、現職の職務にふさわしい政治家を選ぶことである。現職が有権者の評価に影響を与えるためにできることは何もない。重要なのは、有権者がどのような観察を行えば、現職のタイプを見抜くことができるのか、という点である。これは Besley and Prat (2004) の中心となるモデルである。実際、政治家の大半が行動によって、自らのタイプを偽ったり、表明したりする能力を持っている可能性が高いため、こうしたモデルの説得力はかなり限定される。

　最も興味深く、挑戦的なタイプのモデルは、隠れた行動と異質なタイプを同じモデルで組み合わせることから生まれる。この方向での最も初期の取り組みとして、Banks and Sundaram (1993) および Austern-Smith and Banks (1989) がある[11]。彼らは、政治家の能力には差があり、政治家が取る行動は有権者には観察されないものと仮定している。Besley and Coate (1995a)、Coate and Morris (1995)、Fearon (1999)、Rogoff (1999) では、動機が異なる政治家の分析が中心となっている。このようなモデルにおいて生じる重要な問題の一つは、異質なタイプの政治家が、他の政治家と差別化を試みる際に、政策選択をシグナルの手段として利用するというものである。

---

[10] これはかなり厳しい制約である。後述するように、わずかな異質性でも予測に大きな影響をもたらす可能性がある。

[11] Banks and Sundaram (1998) も参照のこと。

可能性として2種類の歪みが考えられる。良い政治家が悪い政治家によって真似されないように、自らの行動を誇張しようとする可能性がある。あるいは、悪い政治家は、再選可能性を高めるために良い政治家と提携しようとするかもしれない。このような一括化行動は政治均衡において最適であるかもしれないし、そうでないかもしれない。

Persson and Tabellini (2000)は二つの意味で、原典である Holmstrom (1999)のキャリア・コンサーン・モデルと整合的な政治的エージェンシー・モデルを発展させている。第一に、公務員も国民も公務員の能力レベルを知らない。第二に、現職が下す決定は、選挙が行われる前に選択される。それらは、選挙後に見返りのある投資という形をとる[12]。これは実績投票に焦点を当てた文献の主旨とは異なっている。古典的なホルムストロムのキャリア・コンサーン・モデルを基づくモデルは Ashworth (2005)および Ashworth and Bueno de Mesquita (2005, 2008)でも開発されている。この種のアプローチは、政治家が自分のタイプを知らないため、シグナリングの問題からも逃れることができる。（例えば、タイプがある種の能力問題であるような）ある種の応用では、これは自然なことかもしれない。しかしながら、選好がタイプの一部であるとき、あまり妥当な仮定ではない。もちろん何が妥当であるかは、問題の適用に大きく依存する。

エージェンシー・モデルの大部分は、再選のインセンティブが、政治家の選択を改善したり、あるいは規律を強化することによって良い方向に働くような状況で機能する。基本的に、このことは政治家に評判を高めるインセンティブを与えることによって機能している[13]。しかしながら、このような評判の形成が逆効果になる状況もある。これは、現職が正しい行動をしても有権者から報われないことを知っているために、正しい行動を躊躇してしま

---

[12] より正確には、Persson and Tabellini (2000)の4.5.1節（および9.1節）のモデルは、現職が第一期でレントを選び、再選されるか否かに関わらず消費すると仮定している。

[13] 政治的エージェンシー・モデルは専門家を雇って意思決定を行わせるモデルと多くの共通点がある。一般的に、エージェントの業績によって報酬を決めることはできず、再任されることが主なインセンティブになると仮定している。例えば、Prendergast and Stole (1996)および Ottaviani and Sorensen (2006)を参照。

う場合に起こる。3.4.3節では、この具体例について論じる。

3.3 基準モデル

本節では、政治的エージェンシーの問題に対する非常に単純なアプローチを展開する[14]。ここで逆選択とモラル・ハザードを一緒にした最も簡単なエージェンシーの枠組みを提供する。エージェンシー・モデルの根底には、一部の政治家が、有権者の希望を叶える能力が高いもしくは叶える意思があるという考え方である。このような世界における政治家の行動を調べる非常に単純なモデルを設定することから始める。次に、様々なモデリングの選択と仮定を検討する。

3.3.1 環境

$t \in \{1, 2\}$ によって表される二期間が存在する。各期において、1人の政治家が選出され、$e_t \in \{0, 1\}$ で表される一つの政治決定を行う。有権者と政治家の利得は現職者によってのみ観察される世界の状態 $s_t \in \{0, 1\}$ に依存する。各状態は等確率で生じる。有権者は、$e_t = s_t$ であれば、Δ の利得を、それ以外は何も得られない。有権者と政治家は共通の割引因子 $\beta < 1$ で将来を割り引く。

合議（congruent）、あるいは不合議（dissonant）の2タイプの政治家が存在し、そのタイプを $i \in \{c, d\}$ で記述する。〔自然によって〕ランダムに選ばれた政治家が合議型である確率を π とする。すべての政治家（合議型、不合議型）は、政治家になると E の利得を得る。この利得はエゴ・レントと現職であることから得られる賃金を足したものと考えることができる。また年金や無料住宅のような役職上の役得にも依存している。また政治家の外部オプションをゼロに正規化する。

合議型の政治家は、常に $e_t = s_t$ を選択するため、いわば有権者の目的を

---

[14] ここで用いるモデルに最も近いのは、Barganza (2000) と Smart and Sturm (2003) である。

正確に分かち合うため、政治家の利得は毎期 $E + \Delta$ となる。不合議型の政治家は、私的な利得（不合議レント）$r \in [0, R]$ を $e_t \neq s_t$ を選ぶことで獲得するが、r は累積密度関数 $G(r)$ であるような分布から独立的に抽出される。r の平均は μ で、$R > \beta(\mu + E)$ を仮定する[15]。時点 t における政治家の行動は、$s \in \{0,1\}$ および $i \in \{c,d\}$ のとき、$e_t(s,i)$ で記述する。

　不合議の解釈はかなり広範にわたる。その中には、能力に限界があり、有権者が望むことを行うにはコストがかかると考える政治家も含まれるかもしれない。また有権者が望むことと正反対を望む利益団体に与する政治家のケースも捉えることができる。政治家が私的な議題（例えばイデオロギー的な傾向）を持ち、追求したいと願っている政治家も含む。政治家の場合は有権者へ「選挙区サービス」を提供するという考えをも捉えることができる。正確な解釈はほとんどの議論にとって重要ではない。

　タイミングは以下の通りである。各期において、自然は有権者に観察できない世界の状態と政治家（政治家が新たに選出されたものと仮定する）を決定する。自然は r_1 を分布 $G(r)$ から抽出する。そして現職の政治家が、自らが望む行動を選択する。有権者は自分たちの利得を観察し、現職を再選するか、または潜在的な政治家のプールから対立候補をランダムに選ぶ。選挙の後、不合議型の政治家は $G(r)$ から抽出された新たな利得 r_2 を受け取る。その後、第二期の行動が行われ、第二期の利得が実現する。その後、ゲームは終了する。

3.3.2　均衡

　このようなモデルを解く際に最もよく使われる均衡概念は、完全ベイズ均衡である。この均衡は、各期間において、有権者が設定した再選ルールに従って、両タイプの政治家が最適な行動をとることを要求するものである。有権者はベイズ・ルールを利用して、自分たちの信念をアップデートする。

　本モデルにおける政治家の均衡行動を計算するのは非常に簡単である。第

---

[15] この仮定は、不合議型政治家が有権者から見て間違った行動を選ぶことがあることを保証する。

二期で、どの政治家も短期的に最適な行動をとる。よって、$e_2(s,c) = s_2$ と $e_2(s,d) = (1-s_2)$ である。その結果、政治行動における興味深いことは、すべて第一期で起こるはずである。

このことを調べるために、二つの重要な表記を導入するのが便利である。まず、不合議型の政治家が第一期に有権者の望む行動をとる確率を λ とする。それゆえに、これは政治的規律の指標となる。合議型の政治家は、有権者が望むことを行うことで再選されるのであれば、常に有権者の望み通りにする[16]。不合議型の政治家は確率 λ で有権者にとって的確なことを行い、有権者がベイズ・ルールを使うとき、Δ の利得を受けとったという条件付きで政治家が合議型であるという信念は、

$$\Pi = \frac{\pi}{\pi + (1-\pi)\lambda} \geq \pi$$

よって、良い行動は、常に（まさに Π で評価された）政治家の評判を向上させる。このことは、有権者が実績評価的、言い換えれば第一期における現職の実績を投票の根拠として利用すると、有権者に Δ をもたらす政治家が再選されるという均衡が常に存在することを意味する。有権者に Δ を生み出せなかった政治家は再選されない。なぜならそのようなエージェントは確実に不合議型で、有権者は第二期にゼロの利得しか得られないからである。

これに基づいて、不合議型の政治家の第一期における最適行動を決定するのは簡単である。ここまでで、不合議型のレント r_1 の価値が明らかになった。これは有権者が望むことをして再選されることによる長期的便益 $\beta(\mu + E)$ と比較されなければならない。したがって、不合議型の政治家が有権者の望む行動を行う確率は、以下の通りになる。

$$\lambda = G(\beta(\mu + E))$$

不合議型のレントの分布の仮定のもとで、$\lambda \in (0,1)$ である。よって以下を得る[17]。

---

[16] 3.4.3 節において、そうではないモデルの変形例を検討する。

[17] 仮に $(1 - \beta(1-\pi))\Delta < \beta E$ ならば、すべての政治家が $e_1(s,i) = (1-s_1)$ の行動に

> **命題1**　合議型の政治家は、常に $e = s$ を設定する。不合議型の政治家
> は、第二期には $e = (1 - s)$ を選択し、第一期には、不合議型であること
> によって得られるレントが十分に小さければ、$e = s$ を選択する。第一
> 期に $e = s$ を選択した政治家はすべて再選する。

　このモデルは、選挙が政治家にどのような動機付けを与えるかを明らかに
し、不合議型の政治家は、合議型の政治家の真似をすることを望むようにな
る。さらに有権者は、政治家に見返りがないことの責任を追及する。同時に、
再選のメカニズムは不完全である。時には、不合議型の政治家が第二期まで
生存する。このことは、政治的説明責任がどのように機能するのかを考える
出発点となる。

3.3.3　モデルの意味
　次に、実証的な検証の議論に入る前に、モデルの規範的・実証的な意味を
考察する。

政府の質
　本モデルは、政府の質の決定要因について考える上で有用である。その際、
政治家の利得から離れ、有権者が望むものを得られるかどうかという観点か
ら政府の質を測定する[18]。このために、両期間における有権者の事前の厚

　　集約され、有権者は Δ を生み出す政治家すべてが不合議型であると信じる均衡も存在
　　する。しかしながら、このような均衡は Cho and Kreps (1987) の直感的基準を適用
　　することで、除外される。したがって、ここでは終始この均衡に注目する。
[18]　政治家の利得を無視するという古くからの伝統があるため、結果が効率的かどうかを
　　評価することができないことを意味する。そのためには、政治家が有権者から、皆が
　　より良くなるような譲渡を受けることができるかどうかを検討しなければならないだ
　　ろう。しかし、このことは、政治家に利得を与えるために、様々な種類の契約を検討
　　すべきかどうかという問題が生じる。厚生計算において政治家の報酬を無視するとい
　　う政治経済学の伝統は奇妙であり、常にすべての市場参加者の利得に注目しているよ
　　うに見える市場の文脈における効率性の分析とは対照的である。

生を考える。第一期では、

$$V_1(\lambda) = [\pi + (1 - \pi)\lambda]\Delta \tag{3.1}$$

である。

一方で、第二期では、

$$V_2(\lambda) = \pi[1 + (1 - \pi)(1 - \lambda)]\Delta \tag{3.2}$$

である。

第一期の厚生は λ（現職の規律）で増加し、第二期の厚生は λ で減少することは明らかである。後者は、第一期の規律が高まると、不合議型の現職がより少なくなることによる。

　割引後の厚生は、

$$W(\lambda) = V_1(\lambda) + \beta V_2(\lambda) \tag{3.3}$$

は、λ で増加する。第二期の厚生の損失はオーダー（位数）$\beta\pi(1 - \pi)$ であるのに対し、第一期の利得はオーダー $(1 - \pi)$ であるためである。有権者が規律違反から利益を得るのは、不合議型の政治家が第二期に合議型の政治家に取って代わられるときだけであるのに対し、一方で第一期に不合議型の政治家が現職である場合は常に、有権者が規律の改善から利益を得る。

　有権者の厚生も π、すなわち政治家のプールの質で増加する。それは両期間において有権者の利得を増加させ、不合議型の政治家の行動の質には影響を及ぼさないことから明らかである。これはより市民的美徳（高質な政治階級）を持つ政体が、有権者にとってはさらに望ましいものという考えを端的に表している。

　本モデルはまた、有権者の厚生と政治家の落選確率は、負の関係があることも予測している。そうすることで、落選確率は λ と π で減少するが、有権者の厚生は、λ と π で増加するような $(1 - \pi)(1 - \lambda)$ と等しくなる。このことは、政治家の落選確率が低いということは有権者が満足しているということであり、有権者が望むことをする政治家だけが再選されるのである。後述するように、これは必ずしも真とは限らない。

現職の優位

Ashworth (2005) で議論されているように、エージェンシー問題は政治における現職優位の理解のために用いることができる。このことを簡単に理解するために、現職者にランダムな人気ショック δ があり、区間 $[-\frac{1}{2\xi}, \frac{1}{2\xi}]$ で一様分布している現職者の評判とともに選挙結果が決定する[19]。よって、現職が再選される確率は、

$$min\left\{\frac{1}{2} + \xi\left[\frac{\pi(1-\pi)(1-\lambda)}{\pi + (1-\pi)\lambda}\right], 1\right\} > \frac{1}{2}$$

である。このような現職優位は、対立候補と現職の間の機会の非対称性から自然なものである。なぜなら、対立候補は有権者に自分との合議性を示す方法がないからである。

多選禁止効果

政治的エージェンシー・モデルは、政治家の行動は自分たちの政治家としてのキャリアが将来どこまで続くかに左右されると予測する。この二期間の設定の中で、政策環境が同じにも関わらず、有権者の厚生と政治家の行動が二期間で異なる理由である。再選出馬が可能な政治家と不可能な政治家を比較すると、モデルは多選禁止（term limit）効果、すなわち**政治家が再選挙に出馬可能か否かのとき、政治家が異なる立ち振る舞いをすることを予測する**。具体的に、不合議型の政治家の規律は第一期で λ であり、第二期では、ゼロである。これは今回の設定においては、非常に顕著であるが、エージェンシー・モデルにおいて最終期間効果の存在は極めて一般的である。

しかしながら第二期の不合議型の政治家の行動が悪化していたとしても、彼らの第一期の行動を基準に政治家を再選するのは良い考えである。ゆえに、第二期のランダムに選ばれた政治家よりも、あらかじめ選ばれた第二期の政治家のグループの方が期待パフォーマンスが高くなる。

---

[19] これは δ で表されるように、対立候補と現職が、評判の差 $(\Pi - \pi)$ を表すショックを経験することと同じである。

　このエージェンシー・モデルからの観察は、政治生命における最終期間効果の実証的検証の動機となっている。例えば、政治学の文献の一分野では、米国議会の下院議員のデータに焦点が当てられている。それは出馬を予定していない代表と、出馬を予定している代表の行動が異なるかどうかを検証することを目的としている。Lott and Bronars (1993)は、1975 年から 1990年までの議会の投票データを分析し、下院議員の任期の最期における投票パターンには有意な変化はないことを明らかにしている。ところが、引退を表明した下院議員が、再選のために出馬しないことが法律で定められている政治家の行動を適切に描写しているとは言い難い。米国議会における潜在的な終盤戦について、McArthur and Marks (1988)による論文がある。彼らは議会のレームダック期における議会の行動を観察している。すなわち、選挙後の議会において、再選されなかった議員は、新議会の宣誓式までに法案の採決を求められることがある。マッカーサーとマークスは、1982 年にレームダックになった議員は復帰議員と比べて、自動車現地調達規定に対して、反対票を投じる傾向が有意に高かったことを観察している。

　米国下院には（まだ）多選禁止がない。ゆえにこの種の研究が、政治家の時間軸における外生的な変動を検出できるかどうかは、議論の余地がある。次節では、米国州知事に関する証拠を見てみよう。ここでは、多選禁止が課されたことは事実であり、多選禁止のある政治家とない政治家の行動を比較できる可能性がある。モデルは二期目への選択バイアスが存在すると予測しているが、時間軸が重要かどうかを検証するためのより説得力のある根拠となる。

米国州知事による実証的証拠

　政治的エージェンシー・モデルは多くの応用例がある。しかし、最も説得力があるものの一つが米国州知事といえる。これには主に二つの理由がある。まず、米国州知事は標準的なエージェンシー・モデル、すなわち、選挙の期日とルールが明確に定義された、単一のエージェントがその行動に対して責任を負うというモデルにほぼ適合している。そして、米国州知事に関するデータは豊富にあり、この状況はモデルの豊かな検証の場となる。政治主体

として重要な例となりうるアメリカの大統領との対比は明らかである。というのも、州知事レベルでは、利用可能なデータがおよそ50倍多いからである。このデータは大雑把なものであるが、理論モデルに生命を吹き込むための有用な手段であることに変わりはない。

　欠点としては、州知事は州議会と協力して政策結果を決定しなければならないため、州知事のケースが明確でないことが挙げられる。したがって、特定の政策課題については、政策プロセスへの投入が限定的なものにとどまる可能性がある。しかし、これを事前に知ることは難しい。州知事の権力に影響を及ぼす制度的ルールも州によって異なる。例えば、特定の予算条項を無効にできる項目拒否権を持つのは、一部の州知事だけである。また州知事たちは、州知事が受け取る報酬の水準も大きく異なり、メディアの監視の度合いも異なる。原理的には、このような州の間の異質性の多くの側面を実証研究に持ち込むことも可能だが、ここでは単純な実証分析に徹することにする。この節の役割は、データのパターンを説明するための方法として、政治的エージェンシー・モデルの枠組みの可能性を説明することにある。

　ここでのデータは、1950年から2000年である。以下の二つについて研究する。(1) 再選可能な州知事の再選確率の決定、(2)（多選禁止により）立候補しないことが政策選択に与える影響の二つである。最初のケースは、州知事が在任中の間、自らの行動に対して有権者によって責任を問われているという証拠を考察する。第二に、出馬することができない州知事が出馬しない州知事と異なる行動をとるように見えるかどうかをまず検証する。

政治的説明責任

　有権者が経済の変化に反応するという考え方は、様々な実証的文脈で広く文書化されている。例えば、文献のレビューについては、Nannestad and Paldam (1994) を参照されたい。米国の州の場合、これは投票結果を州レベルの経済的健全性の一般的指標と関連付けることを意味する。Chubb (1988) は、1940-82年のデータを用いて、州経済のパフォーマンスや他の要因の関数として州選挙の決定要因を考察している。その結果、州の所得水準の変化が選挙結果に影響を与えるという証拠はほとんどないとしている。こ

の結果は、政権が再選されるかどうかは当該州の経済成長率と相関がない、という Adams and Kenny (1986)や Peltzman (1987)が示した結果と一致する[20]。まず、有権者が現職に対して説明責任を果たすかどうかを以下のように検証する。時点 t で、s 州で現職州知事 g が再選されたかどうかを示す指標変数を r_{gst} としよう。これを、線形確率モデルとしてモデル化できるものとする。

$$r_{gst} = \alpha_s + \beta_t + \rho x_{st} + \gamma z_{gt} + \theta \Delta_{st} + \varepsilon_{st}$$

ここで x_{st} は有権者の違いを部分的に代理する州レベルの操作変数のベクトルであり、z_{gt} は州知事の個人特性、Δ_{st} は現職州知事の在任期間中の政策（およびその他の経済）変化である。モデルはまた、州固定効果 α_s および年効果 β_t も含んでいる。

州人口と x_{st} における現職の得票率のラグをコントロールする。現職特有の特性、年齢、学歴、政治的キャリアと非政治的キャリアの両方における経験および政治経験の割合である。ベクトル Δ_{st} には、過去2年間における1人当たりの州税および州支出の伸び、1人当たり（対数）所得の変化を同じ枠の中に含んでいる。これら変数の平均は表3.1にある通りである。

結果については、表3.2にある通りである。州知事のサンプルによって若干異なる二つの結果が得られた。第一に（表3.2の1列目と3列目）、再選の有無にかかわらず、再選に立候補する資格のあるすべての州知事を対象とする。事実上、出馬しない場合は、敗北をしたものとして扱う。二つ目のサンプルは、実際に再選に出馬した州知事のみを対象としている（2列目と4列目）。1列目と2列目において、州知事の個人的属性に対してはコントロールしておらず、これらは3列目と4列目で導入されている。データからの発見の一つは、増税を行った州知事は、すべての推定式において勝利する確率が有意に低いということである。また州内の経済成長率が、州知事の当選確率に関係するという証拠もある（Adams and Kenny 1986 や Peltzman 1987

---

[20] Lowry et al. (1998)は、全米平均に対する州所得の伸びが、州知事選挙における現職の得票率に影響を与えることを発見した。

表3.1　説明責任変数の平均

変数	平均	標準偏差
州知事が選挙に勝利する	0.57	0.50
投票割合（%）	57.51	8.73
1人当たり実質徴税の2年間成長率	7.15	10.28
1人当たり州所得の2年間成長率（%）	14.31	6.36
1人当たり州支出の2年間成長率（%）	6.77	9.56
人口の対数	14.65	1.07
州知事の年齢（年）	52.06	7.95
州知事が弁護士である	0.54	0.50
州知事になる前の仕事の経験の年数	28.61	9.58
政界経験率	0.35	0.24
州知事の教育年数	18.77	3.52

出典：Besley and Case（2003）より。州知事の特性は the Book of States から。
註：データはアメリカ大陸の48州からのみのものである。期間は1950年から2000年までである。

の以前の結果とは異なる）。それに対して、歳出の伸びは再選の可能性とは相関がない。

　全般的に、高齢の州知事は再選確率が低い。州知事就任前の経験年数は、選挙での当選と正の相関があり、これが政治経験年数である場合は特にそうである。前回選挙の得票率は、再選を選択した州知事の再選率と正の相関がある。

　表3.3では、州知事が再選された場合の得票 v_{gst} を、右側の変数が同じ集合の関数として示す。具体的には以下の通りである。

$$v_{gst} = \rho x_{st} + \gamma z_{gt} + \theta \Delta_{st} + \lambda v_{gst-1} + \eta_{st}$$

　これらの結果は、前の表と同様で、すなわち増税を行うと、州知事の得票数は少なくなる、という結果と一致している。まとめると、米国州知事にとって、政策・経済的な関心に基づく実績投票が重要であることを確認できる。

多選禁止効果

　多選禁止（term limit）効果については、過去に多くの論文がある。多選禁止効果を検証する一つの方法は、多選禁止を導入している州における政

表3.2 説明責任

	(1)再選された 州知事	(2)再選された 州知事	(3)再選された 州知事	(4)再選された 州知事
1人当たり実質徴税	−0.704	−0.734	−0.932	−0.873
成長	(2.49)*	(2.29)*	(3.22)**	(2.76)**
1人当たり実質所得	1.808	2.501	1.475	2.350
成長	(3.05)**	(4.73)**	(2.54)*	(4.82)**
1人当たり実質支出	0.132	−0.013	−0.035	−0.258
成長	(0.37)	(0.03)	(0.10)	(0.71)
州人口の対数	−0.001	0.230	0.025	0.241
	(0.00)	(1.43)	(0.15)	(1.53)
前回の選挙における	0.004	0.010	−0.001	0.006
投票シェア	(1.04)	(2.87)**	(0.17)	(2.09)*
州知事の年齢			−0.017	−0.013
			(5.08)**	(2.77)**
州知事の法律家とし			0.021	0.007
ての訓練			(0.38)	(0.13)
州知事になる前の仕			0.018	0.016
事の経験の年数			(5.58)**	(3.95)**
政界経験率			0.636	0.775
			(5.48)**	(6.85)**
教育年数			0.003	0.003
			(0.35)	(0.38)
定数項	−1.983	−3.131	−1.856	−4.186
	(0.90)	(1.31)	(0.87)	(1.76)
観測数	485	381	475	372
決定係数	0.17	0.26	0.31	0.41

註：ロバスト（頑健）なt統計量はカッコ内（* は、5%有意水準、** は、1%有意水準を示す）。データ出所は、表3.1の註で与えられた通りである。

策の永続的な差異を横断的に見ることである。これは、Crain and Tollison (1977, 1993)や Crain and Oakley (1995)による初期研究のアプローチである。Crain and Tollison (1977)は、政治家としての地位が生産的資産であり、政治的成果を生み出すために利用されるのであれば、候補者は、任期が長い州と多選禁止のない州では、任期を務める機会に対して、より多くの報酬を支払うことを望むはずである、という興味深く重要な指摘を行っている。1970年のクロスセクション・データを用いて、対立候補が2年任期で出

表3.3 再選された場合の投票数

	(1)勝者の得票率	(2)勝者の得票率
1人当たり実質徴税成長	−13.288	−11.901
	(2.50)*	(2.18)*
1人当たり実質所得成長	9.452	7.275
	(1.10)	(0.82)
1人当たり実質支出成長	4.945	5.068
	(0.85)	(0.83)
州人口の対数	−0.126	−0.175
	(0.28)	(0.36)
前回の選挙における投票シェア	0.432	0.424
	(4.94)**	(4.84)**
州知事の年齢		−0.110
		(0.66)
州知事の法律家としての訓練		1.592
		(1.18)
州知事就任前の経験年数		−0.010
		(0.07)
政界経験率		2.479
		(0.97)
教育年数		0.147
		(0.44)
定数項	36.291	38.904
	(3.98)**	(3.12)**
観測数	268	261
決定係数	0.18	0.22

註：ロバストな t 統計量はカッコ内（* は，5% 有意水準，** は，1%有意水準を示す）。
　　データ出所は，表3.1 の註で与えられた通りである。

馬する場合、4 年任期で出馬する場合よりも、支出額が少ないことを明らか
にしている。さらに多選禁止制度のある州では、多選禁止制度のない州に比
べて対立候補の支出は少ない。Crain and Oakley (1995)は、州知事の多選
継続を認めている州と、何らかの多選禁止を設けている州では、公的資本の
ストックとフローが異なるかどうかを検証している。彼らは、1980 年代の
データを用い、州の諸制度をコントロールした結果、多選禁止がある州では、
1 人当たりの州政府資本ストック、ストックの変化、ストックの変化率のす

べてが低いことを明らかにした。Bails and Tieslau (2000) は、多選禁止に
よって政策立案者が市民の選好に反応しやすくなり、歳出の伸び率が低下す
ると主張している（ただし有権者は小さな政府を望んでいるという仮定があ
る）。彼らは、1969年から94年までのランダム効果モデルを用いてこれを検
証し、州支出に対する負の係数を確認した。これらの結果はすべて、こうし
た制限が単に省かれた州レベルの特性を代理しているに過ぎないのではない
か、という従来通りの問題を提起している。1人当たりの州所得と州人口は、
多選禁止のある州で有意に低く、多選禁止のある州とない州との間の二つの
重要な違いを挙げることができる（Besley and Case 1995b、表III, p.778）。

　Besley and Case (1995b) は、多選禁止に直面する現職議員の一期目と二
期目の任期差から、多選禁止効果を特定している。州固定効果と年効果をコ
ントロールし、1950年から86年までのアメリカ大陸48州の年次データを用
いて、彼らは様々な政策指標が多選禁止の影響を受けることを発見した。特
に、多選禁止制を導入している州では、二期目に州税と歳出が増加すること
が分かった。また多選禁止のある州では、一期目の州税と歳出が二期目と比
べて低くなるという財政循環を引き起こす傾向がある。

　List and Sturm (2006) は、環境政策における州間変動に同様の方法を適
用した。彼らは、1960年から1999年までのデータを用いて、最終任期の州
知事が環境保護に資源を費やす傾向が有意に高いことを明らかにした。しか
しながら、この多選禁止効果は、環境保護団体に所属する市民の割合が高い
州では弱まる。また、多選禁止効果は、州知事選の勝率によって変化し、勝
率が高ければ高いほど、多選禁止効果は弱まることも示している。

　ここで利用する実証的枠組みは以下の通りである。州 s で、期間 t で選択
可能な政策が存在し、p_{st} と記述する。これは、

$$p_{st} = \alpha_s + \beta_t + \gamma t_{st} + \theta y_{st} + \varepsilon_{st}$$

とモデル化される。ここで α_s は、州固定効果で、β_t は、年ダミー変数であ
る。変数 t_{st} は多選禁止に拘束がある年には1、それ以外では0になる。ゆ
えに多選禁止効果は、γ から推定される。利用する操作変数 y_{st} は、1人当た
り実質所得の対数、州人口の対数、65歳以上の割合、18歳未満の割合、州

表3.4　任期制回帰に使用される変数の平均値

変数	平均	標準偏差
1人当たり実質政府支出（1982年，1000ドル）	1.04	0.50
1人当たり実質政府課税（1982年，1000ドル）	0.49	0.25
1人当たり実質売上税（1982年，1000ドル）	0.31	0.14
1人当たり実質所得（1982年，1000ドル）	0.14	0.14
1人当たり実質法人税（1982年，1000ドル）	0.04	0.03
合議性（ADA）（−100から0）	−22.09	11.42
合議性（COPE）（−100から0）	−25.22	11.96
任期切れのため州知事が再出馬不可能	0.29	0.45
1人当たり州所得の対数	16.63	1.56
州人口の対数	14.83	1.01
65歳人口が人口に占める割合（%）	10.71	1.01
5歳から17歳人口が人口に占める割合（%）	22.41	3.46
州知事が民主党員	0.56	0.50
州の上院議員で民主党が大多数を占めている	0.65	0.48
州議会で民主党が大多数を占めている	0.67	0.47
ねじれ状態の政府	0.38	0.49

出典：Besley and Case (2003)
註：データは1950年から2000年の間で，48大陸州のものである。ネブラスカは2政党システムを持たないため，政治変数から除去されている。

　知事が民主党かどうか、州政府の上下両院で民主党が議席の過半数を占めているか、上下両院と州知事の座を分けて支配しているかどうか、である。この式を解釈するには、多選禁止に直面している州知事全員が制限のない州知事全員と比較されていることに注意する必要がある。

　生データの平均値は、表3.4にある。

　表3.5には、このような形で推計した結果が示されている。最初の列では、1人当たり実質政府支出を見ている。多選禁止のある州知事がいる州では、支出が顕著に大きく、多選禁止効果が見られる。税金総額に関しても同様の弱い効果がある（2列目）。税金は細分化すると、所得税および法人所得税の両方については、有意な効果があることがわかる（4列目および5列目）[21]。

---

[21] いずれの場合も、個人所得税と法人所得税を導入している州を条件とする。つまり、そのような税制を認めている州のみを対象とする。

表3.5 多選禁止効果

	1人当たり実質政府支出 (1982年、ドル)	1人当たり全課税 (1982年、ドル)	1人当たり売上税	1人当たり所得税	1人当たり法人税
州知事が出馬しない	0.034	0.090	0.030	0.116	0.028
	(4.45)**	(1.81)	(0.83)	(3.35)**	(2.76)**
1人当たり実質所得の	−0.244	1.015	1.522	−0.579	−0.142
対数 (1982年、ドル)	(4.53)**	(2.59)**	(5.52)**	(1.80)	(1.91)
州人口の対数	−0.047	−1.570	−0.675	0.184	−0.021
	(0.84)	(3.80)**	(2.05)*	(0.56)	(0.26)
65歳以上が人口に占	−0.851	6.167	9.202	0.155	0.492
める割合	(1.97)*	(2.39)*	(4.63)**	(0.06)	(0.93)
17歳以下が人口に占	−0.571	6.063	3.328	7.241	−0.051
める割合	(1.68)	(2.65)**	(2.20)*	(3.86)**	(0.13)
州知事が民主党員	0.020	0.037	0.033	0.060	−0.000
	(3.36)**	(1.03)	(1.33)	(2.06)*	(0.06)
民主党が上院をコント	0.032	0.299	0.099	0.159	0.021
ロールしている	(3.78)**	(5.26)**	(2.15)*	(3.30)**	(1.46)
民主党が議会をコン	0.004	0.202	0.049	0.103	0.032
トールしている	(0.39)	(3.39)**	(1.08)	(2.19)*	(2.23)*
ねじれ議会	−0.000	−0.103	−0.039	0.030	−0.032
	(0.03)	(2.68)**	(1.47)	(1.00)	(3.72)**
定数項	7.181	13.813	−16.489	4.798	3.462
	(21.78)**	(4.84)**	(6.36)**	(2.30)*	(4.93)*
観測数	2162	2203	2210	1749	1810
決定係数	0.95	0.91	0.88	0.87	0.79

註：ロバストなt統計量は、カッコ内（* は、5% 有意水準、** は、1%有意水準を示す）。データ出所は、表3.4の註で与えられた通りである。データは1950年から1997年までの47州のものである。

多選禁止の一貫した効果は、他の政治変数の有意性がまちまちであることと対照的である。議会と州知事における民主党の支配は、何らかの税金と支出を増加させるという証拠がいくつかある。分割政府の証拠は、課税、特に法人所得への課税の減少であるが、支出への影響はない。このことは、分割政府は州の財政赤字を増加させる傾向があることを示唆する Alt and Lowry (1994)による以前の結果と一致している。

表3.6　合議性と任期

	合議性（ADA）	合議性（COPE）
州知事が出馬しない	1.173	2.383
	(2.63)**	(4.40)**
1人当たり実質所得の対数（1982年，ドル）	−29.049	−22.964
	(7.60)**	(4.90)**
州人口の対数	12.958	4.569
	(2.88)**	(0.84)
65歳以上が人口に占める割合	−92.096	−139.090
	(3.62)**	(4.14)**
17歳以下が人口に占める割合	−32.204	−7.249
	(1.20)	(0.22)
州知事が民主党員	1.651	2.104
	(4.68)**	(4.78)**
民主党が上院をコントロールしている	1.034	−0.818
	(1.93)	(1.18)
民主党が議会をコントールしている	−0.113	0.969
	(0.21)	(1.41)
ねじれ議会	−3.001	−3.499
	(8.19)**	(7.84)**
定数項	343.609	360.278
	(10.23)**	(8.41)**
観測数	1632	1632
決定係数	0.72	0.64

註：ロバストな t 統計量はカッコ内（* は，5％ 有意水準，** は，1％有意水準を示す）。データ出所は，表3.4の註で与えられた通りである。データは1950年から1997年までの47州のものである。

　表3.6は多選禁止の別の側面を見ている。表3.6では、左側の政策変数を利用する代わりに、Berry et al. (1998)によって作成された市民と知事の政策合議度の尺度を利用する。具体的には、t 時点における s 州の知事と市民の ADA スコアと COPE のスコアの差の絶対値を合議度の尺度として用いる。これらは、二つの異なるグループ、民主的行動のための米国人協会（ADA）と米国労働総同盟・産業別組合会議政治教育委員会（COPE）によ

る知事と有権者のイデオロギーの評価である[22]。これらは、100 から 0 の間で評価される（ただし 0 は完全合議である）。実証的結果は驚くべきものである。出馬できない州知事は、出馬できる州知事よりも有意に合議度が高い。これは、有権者がより自分の好みに合った現職を見つけることができる、任期末期の強力な選択効果を示している[23]。

3.4　諸問題への様々な拡張

　本節では、基準モデルの様々な拡張について論じる。議論できる問題の幅を広げると同時に、政治的エージェンシー・モデルの枠組みで利用されてきた文献への多くの貢献を位置づけることができる。

3.4.1　二極化と競争

　この小節では、選挙が説明責任を達成する方法に影響を与える三つの重要なアイデアについて論じる。第一に、投票プロセスにおけるランダム性の意味を考察する。このことは次の 3 通りの解釈が可能である。すなわち、(1)候補者の人気を形成する非政策関連要素、(2)市民がある候補者または他の候補者に対してランダムに投票することをもたらす情報の欠如、(3) 有権者の不合理性である。これは、投票プロセスに「ノイズ」を加え、政治家の責任を追及する投票メカニズムの機能を弱めることになる。

　第二に、有権者と政治家の間の二極化、すなわち政策についての見解が対立することの意味を考える。例えばこれは、イデオロギーや民族性に基づくものであろう。そのため、有権者の意見が対立する党派的な問題と、有権者

---

[22] これらの変数の詳細については、Berry et al. (1998)を参照のこと。

[23] Besley and Case (1995b)の表 2 にあるように、一期限りの州知事から、新任州知事の多選を禁止する知事に切り替えた州もある。Alt et al. (2006)は、二期目のレームダック州知事と再出馬可能な二期目の州知事（一期限りの州を除外する）を比較した結果、Besley and Case (1995b)の結果をより長いサンプルで確認し、Besley and Case (2003)の結果とは対照的であるとしている。これは、一期限りの制限のない州では選択効果が重要であることと整合的である。

の意見が一致する無党派的な（あるいは誘意的な）問題の二つの政策課題を持つ世界を想定する。基準モデルでは、一つの誘意性の問題のみを検討した。ここでは引き続き、誘意性の次元における説明責任について検討する[24]。党派的な問題で二極化があると、有権者は無党派的な問題での成果以外の何らかの理由に基づいて候補者を好きになったり嫌いになったりする。このため、一部の有権者が政治家に対して誘意性の次元で説明責任を問う度合いを弱める。

　このような二極化した世界では、候補者の党派的な立場によって、選挙での強さに当然違いが出てくる。というのも、選挙区の境界線がどちらかの候補者に有利に引かれている場合もあるからである。その優位性の強さは、政治的競争の度合いを考える上で自然な方法である。したがって、三つ目の拡張は、政治的競争が政治的説明責任にどのような影響を与えるかを検討することである。政治が二極化していることが問題であると指摘される。しかし、二極化そのものよりも、二極化と結びついた競争の欠如こそが、誘意性の問題におけるパフォーマンスの質を左右することを示す。

　そこで、上記の基準モデルを拡張し、現職と対立候補が何らかの政党に所属しているものと仮定して、この問題を検討する。政党をAとBとし、各政党は固定的な政策ポジションを代表し、前節で研究した誘意性の問題、以下で無党派問題と称する問題からは、分離可能な政策課題に関連していると仮定する。この分離可能アプローチは、人為的なものであることは明示しておく。以下、複数の政策課題の意味を検討する際には、この点を緩和する。

　ここで有権者が異質な場合を考える。具体的には有権者には、各政党の支持者と、現職議員の責任を問うという党派を超えた一般的争点のみに関心を持って投票する無党派という2種類が存在する。ωを党派的有権者の割合とし、$(1 - \omega)$ を無党派の有権者の割合とする。党派的有権者は、自分たちの選好するイデオロギーが政権に就任することで、いくばくかの効用 $\phi > 0$ が得られるものと仮定する。$\phi = 0$ のときは、上記のモデルとなる。ϕ が低い

---

[24] 実証分析は、Svensson (2005)と同様の精神に基づくものである。

水準に対しては、無党派層が投票決定において優位を占める。しかしながら、ϕ が大きな値に対して、無党派の有権者たちのみが、無党派問題へ投票する。これは、**政治的二極化**が存在する場合であり、本節の残りで研究対象となるケースである。

たとえ二極化があったとしても、二組の党派的有権者の投票の意図が、両者の数が同じである場合、すなわち単純に相殺されるのであれば、説明責任を弱めることを期待する根拠はない。ゆえに、党派的有権者の $\frac{1}{2} + \eta$ は、政党 A を選好すると仮定する。

無党派の有権者の投票において、ノイズが存在すると仮定する。このことを Persson and Tabellini (2000) が多用したような単純な確率的投票モデルの枠組でモデル化する。$[-\frac{1}{2}, \frac{1}{2}]$ 上に一様分布する個人が直面するショック ι と、区間 $[-\frac{1}{2\xi}, \frac{1}{2\xi}]$ 上に一様分布する全体の人気ショック δ が存在する。

現職者のタイプが A であるとしよう。現職者がランダムに選出された対立候補に勝利するための必要十分条件は

$$\omega\eta + (1 - \omega)[\Delta[\Pi - \pi] + \delta > 0$$

であることは明らかである。ここで Π は、現職が合議型である事後確率である。$\Delta[\Pi - \pi]$ 項は、現職の評判優位性であり、η は、自然優位性であり、δ は、人気ショックによる優位性である。

そこで今、現職が合議的行動をとった場合に勝利する確率は

$$\sigma(\theta + \Delta[\Pi - \pi]) = \begin{cases} 1 & \theta + \Delta[\Pi - \pi] > \frac{1}{2\xi} \text{の場合} \\ \frac{1}{2} + \xi[\theta + \Delta[\Pi - \pi]] & \text{その他} \\ 0 & \theta + \Delta[\Pi - \pi] < -\frac{1}{2\xi} \text{の場合} \end{cases} \tag{3.4}$$

である。ただし、$\theta = \frac{\omega}{(1-\omega)}\eta$ である。この方程式は、ノイズ、二極化、競争が説明責任をいかに促すのかを明らかにしている。パラメター θ は、現職と対立候補のどちらが党派的支持者の点で優位にあるのか、また、党派的支持者が母集団にどれだけ存在するかによって左右される、現職支持バイアスを測る尺度として解釈することができる。現職は現職であるために一度当選し

ていることを考えると、平均して、正の θ を持つと予想される。

　基礎的なモデルは、$\xi \to 0, \omega \to 0$ およびまたは、$\eta \to 0$ になるこのモデルの特殊なケースである。もし党派的有権者が十分に多ければ $(\omega \to 1)$、η が正または負によって、$\sigma(\theta + \Delta[\Pi - \pi]) \to 1$ または 0 になるので、有効的な説明責任が存在しない。競争のない状態（高い η）は、十分な二極化の場合（すなわち、θ が $\Delta[\Pi - \pi]$ 以上の場合）のみ重要である。したがって、政治的競争のレベルが低く、選挙による説明責任の度合いに影響を与えるには、十分な二極化が必要である。

　当選確率が 0 と 1 の間に存在する場合を考えよう。その時、政治家が合議型行動を選択するための必要十分条件は、

$$r_1 \le [\sigma(\theta + \Delta[\Pi - \pi]) - \sigma(\theta)]\beta(\mu + E)$$
$$= \xi[\Delta[\Pi - \pi]]\beta(\mu + E)$$

であることは容易にわかる。$\sigma(\theta + \Delta[\Pi - \pi]) - \sigma(\theta)$ の項は、政治家が有権者のために Δ を生み出せた場合、勝利確率における**利得**を表す。ゆえに、不合議型の政治家が合議型行動をとる確率は、

$$\lambda = G\left(\xi\left[\Delta\pi\left[\frac{(1-\pi)(1-\lambda)}{\pi + (1-\pi)\lambda}\right]\right]\beta(\mu + E)\right)$$

によって特徴づけられる。これは、選挙の不確実性が高まる（ξ が低下する）と、不合議型の政治家による規律が低下するということである。これは理にかなっている。すなわち有権者は、たとえ現職が合議的行動を行ったとしても、現職に投票することを信頼をもって約束することができなくなるからである。したがって、投票メカニズムにおけるノイズが大きくなればなるほど、不合議型の政治家が第一期に合議型の行動をとる可能性は低くなる。

　人気ショックが一様であるという仮定は、θ が現職のレントシーキングの決定に影響を与えないことを意味する。これは明らかに特殊である。代わりにショック δ が、（平均）0 周りで対称的な一般分布関数 $H(\delta)$ を持つと仮定する。すると、(3.4) 式を以下のように修正する必要がある。

$$\sigma(\theta + \Delta[\Pi - \pi]) = \begin{cases} 1 & \theta + \Delta[\Pi - \pi] > \frac{1}{2\xi} \text{の場合} \\ H(\theta + \Delta[\Pi - \pi]) & \text{その他} \\ 0 & \theta + \Delta[\Pi - \pi] < -\frac{1}{2\xi} \text{の場合} \end{cases}$$

$$(3.5)$$

これは明らかに、合議的行動の水準が、θ に依存することを意味する。具体的には、

$$\lambda = G(\sigma(\theta + \Delta[\Pi - \pi]) - \sigma(\theta))\beta(\mu + E)$$

である。$h(\delta)$ が単峰性で、$\theta > 0$ の最も自然なケースにおいて、現職が合議的な行動をとるインセンティブが小さくなることを示す。ゆえに、$\theta > 0$ であるならば、

$$\frac{\partial\sigma(\theta + \Delta[\Pi - \pi]) - \sigma(\theta)}{\partial\theta} = h(\theta + \Delta[\Pi - \pi]) - h(\theta) < 0$$

したがって、θ によって測定される現職支持バイアスの増加は、現職が合議的行動を起こすインセンティブを低下させることになる[25]。$0 > \theta + \Delta[\Pi - \pi] > -\frac{1}{2\xi}$ のケースにおいて、θ の効果の比較静学は、逆になる。これは、現職が再選される可能性がほとんどない場合である。しかし、現職は最初に当選していることを考えれば、現職は平均して θ がプラスになると予想される。

ゆえに、以下の命題を得る。

命題2　現職が有利であるとする。すると、現職の優位性が高まると、不合議型の現職の間で第一期の行動の合議性が低下する。これは、無党派の有権者の厚生を減少させる。

以上の分析をまとめると、(1)ノイズ投票が少なく、(2)有権者の偏りが少なく、(3)均等にバランスのとれた政治競争が存在する場合、選挙による説明責任が現職の行動を形成する上でより効果的であると信じる理由を得てい

---

[25] 明らかに、$H(\theta + \Delta[\Pi - \pi]) = H(\theta) = 1$ であり、不合議型の政治家が合議的行動をとるインセンティブがないという限られた場合である。

る[26]。

　この理論的知見は、政治競争と政策成果を関連づける一般的な考え方と呼応するものである。このことは、政治学者によって度々、大雑把に論じられている。例えば、Schattschneider（1960）はその古典的な著書で、「政治事業が競争的でなければ国民は無力である。人々に選択の機会を与えるのは、まさに政治組織の競争である。この機会なくして人民主権は何の価値もない。」と指摘している（Schattschneider 1960: 140）

　この命題に対する示唆に富む実証的な裏付けがある程度存在する。List and Sturm（2006）は、環境政策に対する知事の多選禁止効果が、知事が最初に当選したときの票差に依存することを観察しており、これは θ の指標と考えることができるだろう。Besley and Preston（2007）は、英国の地方自治体のデータを用いて、選挙区割りが一方の政党に有利なパターンをとる地方自治体は、税金と歳出が高く、公的雇用が多い傾向があると論じている。また、Besley and Burgess（2002）は、干ばつや洪水が発生した場合、議会の議席差（2 大政党連合間の議席差）が狭いインドの州ほど、食糧援助への反応が高いことを明らかにしている。

　有権者の質の違いを導入したことで、政府の質について明確に述べることはやや難しくなっている。λ が増加しても、無党派有権者には有利な結果をもたらすことは明らかであるが、説明責任の軽減と、より有利な党派的政策バイアスとを交換することに満足する党派的有権者にとっては、異なる厚生的影響をもたらす。厚生計算を行うには、これらのグループのどちらがよりふさわしいか、という姿勢を取る必要がある。

3.4.2　メディアと政治的説明責任

　政治的エージェンシー・モデルは、政治的説明責任における情報の役割について考えるための自然な手段である。これは有権者が政治家や政策について得られた情報をどのように利用するかに焦点を当てているからである。次

---

[26] これらの結果は、Ashworth and Bueno de Mesquita（2008）によるより一般的なキャリア・コンサーンの設定において得られた結果と類似している。

に、現職が自らの行動を選択する際に、こうした情報に反応することを見てきた。つまり政治的均衡は有権者の持つ情報の影響を受ける可能性が高いということである。本節では、エージェンシー・モデルの観点から、情報構造が政治的説明責任にどのような影響を与えるのかを探る[27]。

実際、有権者にはメディア、シンクタンクや学者のように様々な情報源がある。また、情報は政治的キャンペーンの一部でもある。以下では、これらの具体的な情報源がどのようにモデルに反映されるかについて議論する。

基準モデルでは、有権者が Δ を観察しているので、現職の政策選択の結果はすぐにわかることを仮定した。ところが、これは非常に強い仮定であり、非現実的である。政治的エージェンシー・モデルは、現職の行動が観察されたとしても、政策の質に関する情報は選挙後のみにしか知られないと仮定している。このことは、品質や位置の測定が困難な高速道路の建設や、その結果が出るのがずっと先の未来になるかもしれない戦争などの場合には、当然のことであると考えられる。もちろん、世間には政治家の様々な行動があり、すぐに結果が出るものもあれば、しばらく時間が経ってから明らかになるものもある。

政治家が e を選択したあとに、確率 χ で有権者は Δ を観察することを仮定する。この確率は政治家が合議的か否かに関わらず同じであると仮定する。ゆえに何も観察しないことから得られる情報はない。Δ を観察する可能性に加えて、政治家の政策選択に由来しない現職のタイプに関する他の情報源があると仮定する。具体的には、有権者が政策決定 e を行った後、選挙が行われる前のある時期に、現職のタイプが確率 τ で有権者に知られるようになる。それ以外の基準モデルの構造はすべて維持される。全く情報が開示されない場合、有権者は現職を再選すると仮定する。

第二期においては、何の変化もない。第一期では、不合議型の現職が有権者の望むことを進んで行うための条件を修正する必要がある。もし悪い政治家がこれを行わないのであれば、有権者は確率 $\tau + (1 - \tau)\chi$ で、その政治

---

[27] 関連する分析として、Ferejohn (1999)は政治家が有権者に対して、自らの行動を抑制するような情報構造を選択する可能性を検討している。

家が不合議型であることを観察する。ゆえに政治家は、確率 $(1-\tau)(1-\chi)$ で再選される。しかしながら、政治家が有権者の好む行動を取るのであれば、有権者が政治家のタイプについての直接的な情報を得ない限りは、確率 τ で再選が起こりうる。したがって、これらの再選の便益と、不合議的な行動をとることによって放棄するレントとを比較すると、不合議型の政治家が規律ある行動をとる確率は以下のようになる。

$$\lambda = G((1-\tau)\chi[\beta(\mu + E)])$$

この式から、政策関連情報である χ が増加させれば、第一期の現職行動の質が高まり、ゆえに第一期の有権者の厚生が高まることがわかる。しかし、不合議型の現職が政策以外の理由で発覚する確率を高めると、第一期の規律が低下する。なぜなら、再選されなければ、有権者が好む行動をとることによる利得が少なくなるからである。τ が1に等しい場合のケースに限れば、現職は有権者が第一期に望むことをしても何のメリットもない。

　ここで（χ か τ のいずれかによって測られる）情報量が、有権者の厚生にどのように影響するのかを議論する。有権者の厚生は

$$W(\lambda; \tau, \chi) = \Big\{\pi + (1-\pi)\lambda + \beta\pi[1 + (1-\pi) \\ \times [1 - (1-\tau)[1 - \chi(1-\lambda)]]]\Big\}\Delta$$

であることは容易にわかる。τ と χ はこの式に直接入る一方で（λ によって測られる）現職の行動にも影響を与えることを観察しよう。政治家の選択が改善されるため、τ または χ の増加による直接効果は、正であることは一目瞭然である。

　基準モデルと同様に、λ の増加は有権者の厚生を上昇させる。第二期の厚生への効果の符号が第一期のそれと逆とはいえ、第二期の効果の位数（オーダー）はより小さい。λ は χ で増加するので、政策行動の観測可能性が改善されれば、有権者の厚生が向上することは明らかである。

　しかしながら τ における増加の効果は、曖昧である。なぜなら情報の改善により、第二期における合議型の政治家を選ぶ可能性を高めるため、第二期

における有権者の厚生にプラスに働く。しかしながら、上で見たように、第一期の規律を低下させる（λを低める）代償を支払うことになる。

有権者の厚生に関する式をτについて微分をすると、全体効果は

$$(1-\pi)[[1-\beta\pi(1-\tau)\chi]\frac{\partial\lambda}{\partial\tau}+\beta\pi[1-\chi(1-\lambda)]\lambda]$$

となる。

この式は、πを十分に小さくすると明らかに負になる。言い換えると、現職に関する（政策に基づかない）より詳細な情報は、不合議型の現職の割合が十分に大きいとき、厚生を減少させる。この場合、不合議型の現職が別の現職に取って代わられる可能性が高いために、より良い情報による選択的利益はごく小さくなり、さらに負の規律効果があるため、これは正しいといえる[28]。このことを以下のように要約すると、

> **命題3** 現職が選択する政策に関する情報の改善（すなわちχを高くすること）は、有権者の厚生を高める。政策行動に直接関係しないが、現職のタイプを明らかにする情報を改善すること（τを高くすること）は、有権者の厚生を高める必要はなく、合議型のタイプが潜在的な政治家のプールにおいて十分少ないときには、有権者の厚生を減少させることになる。

これらの結果は、政治における情報の効果に関する主張は慎重に扱うべきであることを示している[29]。次節では、これらの設定を財政に応用することを考える。この観測の根底にあるのは、有権者は極めてインセンティブが不完全な政治家を不十分に規律する、という次善の設定であるという事実で

---

[28] 次節でこの結果の他の応用例を見てみよう。そこでは、これを実現する情報構造が少し異なり、均衡において合議型の現職のみが取りたがる行動が存在する。重要なことは、現職が良いタイプであることを明らかにする何かが起こりうるということである。この点に関して有益な議論を提供してくれたマイケル・スマートに感謝する。

[29] 関連する貢献として、Prat（2005）は、エージェントがとった行動が観察されない可能性のあるモデルを考え、このことがよいことである場合もあることを示している。

ある。

　この結果から、政治行動に関するより良い情報を有権者に提供することの是非を問うべきかどうか、議論の検討の余地がある。総じて説明責任の向上が期待できるかもしれない。しかし、これを明確に裏付する公式な結果は残念ながら存在しない。次章の財政モデルへの具体的な応用は、このことを強調している。

　一般的に考えられるのは、情報改善の効果を評価するためには、規律効果と選択効果の両方を重みづけされるべきという観察である。政治家階級の質が低い場合（ここでは π が低いことに代表される）には、規律への影響が重要である。しかし、選択効果が重要であることを考えると、π の高い政治では、異なる結論が得られるかもしれない。このような問題を考える上で、政治家階級の質の重要性を示唆するモデルであることは確かである。

　本節における考え方は、説明責任を達成する上でのメディアの役割を考える上で、特に関係が深い。Besley and Burgess（2002）と Besley and Prat（2006）はこれらのモデルを使用して、メディアの役割を調べている。Besley and Prat（2006）は、メディアの役割向上が、ここでの単純なモデルにおける χ の増加と非常に類似しているモデルを利用している。彼らはこのモデルを用いて、現職の再選確率に対するメディアの影響について、観測可能な結果を導出している。この結果を確認するために、第一期において現職が敗北する確率が

$$(1 - \pi)[1 - (1 - \tau)[1 - \chi(1 - \lambda)]]$$

であることに注意する。

　まず λ を固定した場合、落選確率は τ と χ の両方において増加することを観察する。したがって、メディア活動の活発化によるこの効果は、政治家の短命化と関連することが予想される。Besley and Prat（2006）で観察したように、λ を通じて作用する効果は、もしメディア活動の活発化が λ を上昇させるのであれば、直接的効果は減衰する（相殺されることさえある）という命題に曖昧さをもたらす。しかしながら、メディア活動の活発化が τ を上昇させるのであれば、（直接効果および λ を通じた効果）の両方は、落選確率

を上昇させることになる。

Besley and Prat（2006）では、メディアによって提供される情報は内生的である。そのためには、メディア部門のモデルと、現職の政治家がメディアを沈黙させようとする試みの影響を考慮する必要がある。そこでは、メディアは可能な限り多くの視聴者を獲得しようとする動機があると仮定している。したがって、視聴者獲得競争は、興味深いニュース獲得と、信頼性の高い評判を確立するようメディアを駆り立てる。簡単化のため、χ の影響に焦点を当て、$\tau = 0$ とする。メディアが存在しない場合、$\chi = 0$ であるとする。この場合、$\lambda = 0$ である。有権者は何の情報も受け取らず、$\tau = 0$ として、すべての政治家を再選する。

メディア産業は、n 個の同質の報道機関から構成されている。メディアは確率 χ で、有権者の利得について検証可能なニュースを受け取り、これを一般に報道できると仮定する（簡単化のため、報道機関はすべて情報を得ているか、得ていないかのいずれかであると仮定する）。報道機関はニュースを捏造せず、また情報に基づいて新しいニュースを報道する報道機関は、何も報道しないメディアよりも多くの聴衆を得るものと仮定する。さらに、ニュースを報道するメディアの視聴者シェアは、ニュースを報道する他のメディアの数に比例して減少する。報道機関にとって最良のケースは、他に先駆けて速報を出すメディアになることである。この世界において、不合議型の現職のみに対してニュースは悪いものの可能性がある。重要な仮定は、ニュースは捏造できないというものである。よって、有権者の行動がニュースによって影響を受ける状況は、ニュースメディアが $e \neq s$ を報道した場合である。

メディア市場は、新聞を印刷するメディアの数で分配された潜在的な視聴者 a から構成されるものとする。メディアが有権者の利得がゼロというニュースを報道しようとする場合、現職政治家はニュースを報道させないためにメディアに贈賄する意思がある、あるいは贈賄可能であると仮定する。取引コストが存在し、メディアへの賄賂のうち $1/v$ しか受け取れないと仮定する。ゲームのタイミングは以下の通りである。（1）メディアは現職に関する検証可能な情報を受け取るか受け取らないか、そして（2）現職はメディ

アががどのような情報を入手したかを知っており、彼らに譲渡の申し出をする、(3)各メディアはその申し出を受け入れるか拒否するかを選ぶ、(4)申し出を受け入れたメディアは情報を抑制し、拒否したメディアは有権者に情報を報告する、(5)有権者は現職を再選するか対立候補に交代させる。

　このゲームの均衡を見つけるにあたり、主要問題は現職がメディア業界を買収することが有益であるか否かである。他のすべての報道機関が沈黙したままであるとある報道機関が考えるならば、現職からの申し出を拒否するインセンティブが高まる。なぜならその支部は有権者に唯一速報を提供し、大半の聴衆を獲得する可能性があるからである。いわば、すべてのメディアが撤退する均衡では、現職はニュースを伝えることができる唯一のメディアであるかのように、各メディアに支払わなければならない。メディア業界全体の潜在的な収入を一定に保ったとしても、メディアの数が増加すればするほど、現職が彼らの沈黙を買うためのコストは高くなる。これが、メディアの多元化がメディアの独立にとって良い、という意味である。

　Besley and Prat (2006)の主要結果をこの設定に当てはめると、メディアが自由であるかどうかは、メディアを沈黙させるコスト$v \times a \times n$[30)]と不合議的な政治家が再選される利益、$\beta(\mu + E)$ との比較にかかっている。ここから明らかなように、メディアが均衡において取り込まれているかどうかを決定する他のパラメターは、メディアの数の他に取引コストと視聴者に関する収入である。nとaの両方は、現職がメディアを沈黙させようとする可能性を低下させる。その代わり、メディアが情報を得る確率は、メディアの取り込みに影響しないが、当然ながら有権者が情報を得る確率は高くなる。

　ベズリー＝プラット・モデルは、メディアが自由に運営されているかどうか、政治家の再選確率（メディアの自由度が高いほど高い）、政府の政策の質（有権者が Δ を受け取る確率によって測られる）という三つの重要な内生変数を関連付ける。このことを実証的に調べるのは難しいが、これら三つの変数の相関関係を見るのは興味深い。政府の質を測るために、腐敗に関する

---

30)　これは、メディアの数×メディアが記事を掲載しないようにするためにメディアに支払わなければならない金額×取引コストの大きさに等しい。

表3.7　印刷の自由，腐敗および政治的生存の間の相関

	印刷の自由	腐敗 (ICRG)	腐敗 (TI)	腐敗 (Kaufmann et al.)	統治期間 (党)	統治期間 (最高経営責任者)
印刷の自由	1.000 187					
腐敗 (ICRG)	**−0.7034** **(0.000)** **91**	1.000 91				
腐敗 (TI)	**−0.6974** **(0.000)** **89**	**0.8261** **(0.000)** **74**	1.000 90			
腐敗 (Kaufmann et al.)	**−0.6750** **(0.000)** **153**	**0.8253** **(0.000)** **91**	**0.9688** **(0.000)** **156**	1.000 90		
統治期間(党)	**−0.2656** **(0.001)** **148**	**0.2990** **(0.008)** **78**	0.1095 (0.3246) 83	-0.0822 (0.357) 148	1.000 156	
統治期間(最高経営責任者)	**−0.3466** **(0.000)** **172**	**0.1963** **(0.062)** **91**	0.1630 (0.127) 89	**0.1407** **(0.086)** **150**	**0.5018** **(0.000)** **148**	1.000 172

出典：Besley and Prat (2006)
　註：p 値はカッコ内で記された通り。3列目は観察数である。太字は10％有意水準である。

クロスセクション・データを利用する。明らかにこれは示唆でしかなく、このようなデータには多くの問題がある。しかしながら、表3.7にあるように、これらの相関関係がエージェンシー・モデルが示すとおりの結果になっていることは、注目に値する。落選確率は出版の自由度が高ければ高くなり、腐敗が高いほど低くなる。腐敗と印刷の自由度は負の相関関係にある。あくまでも示唆にすぎないが、このような基本的な事実をこれほど簡単に説明できるような単純なモデルを他に考えるのは難しい[31]。

---

[31] Besley and Prat (2006)は、Djankov et al. (2003b)のデータを利用して、メディアの自由度がメディア所有の構造に反映される可能性を論じている。彼らは、国営メディアと外国メディアの所有権、所有権の集中度、腐敗レベルとの間に頑健な相関関係があることを発見した。またこれらの変数がエージェンシー・モデルが示唆する重

　Besley and Burgess（2002）もまた、メディアを研究する際に政治的エージェンシー・モデルを用いているが、若干着眼点が異なる。ここでは、ショックに見舞われた特定の脆弱な市民グループに対して政治家が対応するかどうかが問題とされている。ここで彼らが念頭に置いているのは、州政府が干ばつや洪水に対して、食料の配給や公共事業の実施を通じて対応するかどうかを決定しなければならないインドの状況である。政治家は各期に対応策の決定を行わなければならないという二期間モデルを想定している。脆弱な有権者は、選挙で得られる利益とは別に、脆弱な人々と守るために行動する政治家、すなわち対応力のある政治家をを選ぶことに関心がある。Besley and Burgess（2002）は、弱者が地理的に分散した集団であると仮定しており、現職が自分たち弱者の集団を助けたかどうかを知ることができるのは、彼らがショックを受けた場合だけと仮定している。ところが、他の弱者グループがショックを受けた場合、その弱者グループにはショックに気づかないかもしれない。現職がその集団に対応するかどうかは、政治家のタイプを知る上で重要である。メディアはその情報を提供し、現職が対応するインセンティブを高めることができる。したがって、活発なメディアの存在は再選のインセンティブの役割を強化し、したがって政府の反応性を高めることができる。

　Besley and Burgess（2002）は、1958年から92年にかけて、インドの各州における公的食糧分配と食糧生産との関連を調べている。彼らは、国民1人当たりの新聞数が多い州ほど、食糧配給の水準が高く、食糧生産に対する反応性が高い傾向があることを発見した。さらに、洪水に対する災害救助支出の反応性についても同様の証拠を発見している。

　メディアは明らかに、民主主義において提供される情報源の一つに過ぎない。このモデルは選挙キャンペーンを通じて提供されるより良い情報が、規律と選択を改善する厚生をもたらすかどうかを考えるためにも利用できる。ここで発見した結果は、この点ではすべての情報が平等であるとは限らないことを示唆している。

　　要な基礎パラメーターを捉えていると論じている。

　選挙制度が比較的類似している政府の質を横断的に見る場合、情報の提供は政府のパフォーマンスにおける異質性の重要な源泉となり得る[32]。このような考え方を財政の透明性に応用することについては、次章で詳しく述べることにする[33]。エージェンシー・モデルは、このことを考えるための自然な手段である。

3.4.3　政治家の怠慢と腐敗

　Barro（1973）や Ferejohn（1986）の第一世代のモデルでは、エージェンシー問題の焦点は「怠慢な（shirk）」政治家にある。このような「怠慢」には大きく分けて二種類あり、有権者の期待に沿わずあまり努力をしない場合と、私的な目的のために資源を流用することである。後者は純粋に腐敗とすることもできるし、あるいは政治的便宜を図るために取り巻きに報酬を与えることとも解釈可能である。いずれの場合も重要なのは、有権者にとって価値あるものの供給が不足していることである。広い意味で、ここで展開した基準モデルにおける現職の不合議的な行動は、怠慢の一形態と解釈されるかもしれない。この場合、選挙インセンティブの役割は、「良い行動」をより多く促し、怠慢を減少させることである。次に、再選されないという脅威が、有権者が望む結果をどの程度維持できるかを分析する。

　この世界では、再選を目前にしても、忠実な政治家は財を提供し続ける。選挙は、良い政治家の行動を損なうことなく、悪い政治家の行動を改善する。しかし、政治家が有権者の希望に沿った結果を選択する傾向があるため、エージェンシー（代理関係）がより質の低い社会的意思決定につながる可能性を懸念する文献がいくつか出ている。これは、政治家が有権者よりも優れた情報を持っている場合に特に関係してくる。この情報が有権者が最適と考

---

[32] 例えば、Ferraz and Finan（2008）は、ブラジルの選挙結果に対する監査の効果に関する実証結果を解釈するために、エージェンシー・モデルを用いている。彼らは、監査が現職の当選率に有意な影響を与え、約27%低下させることを発見している。

[33] Alt and Dreyer Lassen（2002）と Alt et al.（2002）は、OECD と米国において、財政の透明性が財政政策に影響を与えていると論じている。

えるものに反する場合、対立が生じる。よって再選インセンティブは、政治家が過度に人気のある政策を選択することにつながるかもしれない。

　これらのアイデアを我々の設定に導入し、合議型のタイプの政治家が第一期に有権者の希望に沿わない行動を選択するインセンティブを生み出すようにモデルを少し変更する。そして不合議型の政治家は世界の状況においても、政策選択が$e=1$のときのみレントが付与されると仮定することに関係なく、ある特定の行動を選択するような偏りがあるものとする。$e=0$を選択すれば、どんな状況であっても、レントを得られない。また前節の情報モデルにおける政治家の行動による利得は選挙後しか観察されない（$\chi=0$と等価）と仮定する。引き続き、各状態は等しい確率で発生すると仮定する。

　各タイプの政治家がそれぞれ好みの行動を選択することに変わりはないが、第二期の行動分析は多少変更される。不合議型の政治家は、状態にも関わらず、$e=1$を選ぶが、合議型の政治家は有権者が望む行動を選択し続ける。ゆえに、$e_2(s,d)=1$および$e_2(s,c)=s_2$である。

　第一期に目を転じると、我々は現職政治家の行動を特徴づけることに関心がある。複数の可能性が存在する。しかしここでは、(1)合議型の政治家が第一期で、$e=0$を選択し、確実に再選する。(2)不合議型の政治家も$e=1$を選択することからのレントが（$\beta(E+\mu)$未満のような）低いときに$e=0$を選択し、そうすることで再選する。(3)不合議型の政治家は、レントが$\beta(E+\mu)$以上のときに、$e=1$を選択し、有権者によって落とされる、という状況に着目する。

　このような形の均衡が存在する場合、有権者と政治家が最適化をしていることを確認する必要がある。不合議型の現職が$e=0$を選択する確率は、次のようになる。

$$\lambda=G(\beta(\mu+E))$$

不合議型の現職がこのような行動をとる論理は、まさに基準モデルにおけるものと全く同じである。すなわち$e=1$による第一期のレントと再選による将来利得の比較考量をしている。$e=0$を選んだ現職は、再選されることを示す。ベイズ・ルールにより、第一期で$e=0$を選んだという条件で、現

職が合議型である確率は、

$$\frac{\pi}{\pi + (1 - \pi)\lambda} > \pi$$

であるから、有権者は確実に再選する。最後に、合議型の政治家のインセンティブについて考える必要がある。これまでのところ、政治家が有権者が望むことをする傾向があるという以外、彼らの報酬についてあまり具体的に説明してこなかった。さて政治家は、役職報酬として E を受け取り、有権者の厚生にも直接関心を持つと仮定する。よって、任期中の各期間において、以下のような報酬を受け取る。

$$\Delta(es + (1 - e)(1 - s)) + E$$

この報酬によって政治家はこれまで想定してきたように、（最適に）行動することになる。政治家は実際に在任しているか否かにかかわらず、有権者を気に掛けていると仮定する。したがって有権者の利益のためなら、公職における自分の地位を犠牲にすることも厭わないかもしれない。

$s = 0$ の状態では、合議型の政治家は $e = 0$ を選択すると再選されるためジレンマに直面することはなく、自分の私的利得と有権者の利得は同じように動く。$s = 1$ では、$e = 1$ を選択するか、選挙で落選するかを天秤にかける。そのときの利得は

$$\Delta + \beta\pi\Delta$$

であり、$e = 0$ を選択した場合の期待利得は

$$\beta[E + \Delta]$$

である。

$$\frac{\Delta}{E + \Delta} < \frac{\beta}{1 + \beta\pi}$$

のとき、合議型の現職が第一期において $e = 0$ をつねに選択する均衡が有り得る。

そのための必要条件は、$E > 0$ であることは明らかであり、政治家に就くことによる私的効用が存在する。さらにこの条件は、政治家の地位を維持す

ることによる私的レントが十分に大きいと、常に成立する。またπがゼロに近いほど、この条件は成立しやすい。というのも、合議型の現職は、第二期で不合議型の現職によって置き換えられる可能性が非常に高いことを知っているため、第二期の有権者を守るために、今日不適切な政策を選択してしまうからである。同じ理由で、第一期で常に $e=0$ が選択される均衡も、現職が忍耐強い場合に起こりやすい。第2章の議論と関連づけると、これは政治的連関による（パレート的な意味での）政治の失敗のもう一つの例となる。

　Smart and Sturm (2003)の言葉を借りれば、この均衡では、合議型の現職は「臆病」である．合議型の現職は、有権者にとって不利なことを選んでいるとわかっていながら、その代償として選挙に負けるのであれば、そうする勇気がないのである。ここで重要なのは、不合議型の政治家はある特定の行動に偏ってしまうという事実である。合議型の政治家は、自分が不合議型であると誤解されない限り、その行動を取ることができない[34]。

　この均衡は、政治家が有権者に迎合することがあるという考え方とも関連している。この考え方は、やや異なるが関連するモデルを用いて Morris (2001)と Maskin and Tirole (2004)で展開されている[35]。選挙を挟んで二つの期間がある。各期間において、$\chi \in \{a, b\}$ で示される二つの値のいずれかをとりうる、一つの社会的決定があるとする。そして政治家が2種類存在し、選好が有権者と合議的か、そうではない政治家の2種類である。またこれは有権者には観察されない。有権者には観察されないものとする。現職政治家は世界の真の状態を知っているが、有権者はそのことを知らない。ただし有権者は行動 a が行動 b よりも最適である可能性が高いという事前の信念

---

[34] Leon (2004)は、このような論理を、不合議型の現職が長期プロジェクトを選ぶことに偏っている場合、なぜ政府は開発プロセスにおいて長期プロジェクトを進めることを躊躇するのか、という問題に応用している。

[35] 迎合は Canes-Wrone et al. (2001)でもモデル化されている。彼らは、Maskin and Tirole (2004)とは若干異なる設定をしており、政治家は、動機によって区別されるのではなく、最適な行動を知っているかどうかによって区別される。しかしながら、迎合の定義は同様であり、政治家が選挙結果を恐れて、最適行動に関する情報に従わないということである。

を持っている。良い例は、財政危機を回避するために増税が必要だと考える
政治家である。ところが、有権者の事前信念は、増税はレントシーキングの
機会を増やす可能性が高いというものであり、したがって増税を好意的には
捉えていない。

良い政治家は良い決定を行うことに注意を払う一方で、現職でいることか
ら個人的な見返りも得ている。まさに、決定的なエージェンシー問題を引き
起こすのは後者である。もしその政治家が自分の地位を維持することに十
分な関心があれば、有権者にとって b の行動が最適であるという情報があっ
ても、有権者が最適と考える行動（a の行動）を取るように、良い政治家を
誘導することができる。有権者は今、取られようとしている行動 a を見ても
何も学ばず、それゆえに再選させてしまう。対照的に、再選インセンティブ
が弱い場合、良い政治家は解雇されることがわかっていても、不人気な行動
を選択する。Maskin and Tirole (2004) は、これを「勇敢な均衡」と呼んで
いる。有権者は、このような行動は良い政治家よりも悪い政治家が取る可能
性が高いと考えるので、彼らを落選させるのである。これは、上述したこと
と非常によく類似している。Canes-Wrone et al. (2001) が観察したように、
実際の政治行動には迎合の良い事例が存在している。

ここで論じた多くの結果と同様に、迎合は、取られた行動の最終的な成功
が選挙前に観察されないかどうかに決定的に依存している。情報が任期中に
明らかにされるのであれば、選挙期間中の早い時期に政治的勇気が示される
一方、選挙が近づくと迎合的になる可能性が高くなると予想される。これは、
後述する Rogoff (1990) の政治的均衡予算サイクルと類似した迎合サイクル
を生み出すだろう。

歪みが合議型の政治家の行動に影響を与える場合、対象となる個人を再選
挙することが果たして良いことなのかどうかという疑問が浮上する。定期選
挙は代表民主制の基本的な考え方であるが、定期選挙を必要とする役職には
限界がある。英国では、貴族院は再選の懸念のない個人で構成されている。
多くの行政制度では、選挙で選ばれた裁判官や選挙で選ばれた規制当局を採
用していない。その論拠の一つは、優れた政治家であっても行動を歪めるよ
うに誘導されるからである。Smart and Sturm (2003) は、政治家の臆病さ

が多選禁止を支持する論拠になると主張している。

　ここでは、選挙を挟む場合と挟まない場合の二期間モデルの有権者の厚生を対比して説明しよう[36]。これまで研究してきたように、一般的に選挙を実施する方が最適であるが、もはやその必要はない。現職が「終身」、すなわち選挙がない場合の利得は、

$$\pi(1 + \beta)\Delta$$

である。

　一方で中間選挙がある場合は、

$$\left[\pi(\frac{1}{2} + \beta) + (1 - \pi)(\frac{1 + \lambda}{2} + \pi(1 - \lambda))\right] \Delta$$

である。

　よって

$$(1 - \pi)[\frac{1 + \lambda}{2} + \pi(1 - \lambda)] > \frac{1}{2}\pi$$

ならば、選挙が行われることは最適となる。常にπがゼロに近づくと常にそうなり、πが1に近づく場合は決してそうならない。これは理にかなっている。もし、最初から合議型の政治家が保証されるなら、選挙制度はもはや純粋に歪みの原因でしかない。同様に、政治家が悪いことが確実であれば、選挙を行うことで何らかの規律が達成される。

　この節では、政治的エージェンシーが、不合議型の政治家による達成不足の問題だけではないという点を再確認した。また、良い政治家による選挙の歪みにも対処しなければならないかもしれない。しかし、そのためには、合議型の政治家が公職に就くことで何らかの報酬を得る必要がある。ここで論

---

[36] Maskin and Tirole (2004)は、代表民主制、直接民主制、司法判断というの三つの可能性をモデルで対比している。三番目は、裁判官が再選に直面することがないため、代表民主制とは異なる。上述した単純な設定では、代表民主制は、迎合がある場合、決して最適ではない。迎合がない場合、π（合議的な政治家の確率）が相対的に大きければ、代表民主制は他の二つの可能性に優る。これは、πが大きいということは、（3.4.2節で論じたように）規律よりも選択の方が重要であることを意味するからである。

じたような歪みを誘発する可能性があるため、効率賃金の議論をそのまま政治に適用する必要がないことを本モデルは示唆している。

3.4.4　任期内サイクル

　政治経済学では、選挙が近づくと政治家は異なった行動をとるという考え方が一般的である。エージェンシー・モデルは、このような問題を一般的に考えるためのごく自然な方法を提供するものであり、基準モデルを修正することによって扱える方法を検討することは有用である。これを実現する一つの簡単な方法は、政策選択の質は、有権者がその結果を評価する時間が長ければ長いほど顕著になり、したがって、選挙間近に取られた行動と選挙から離れた行動との間には違いがある、と仮定することである。

　次にモデルを選挙前二期間と選挙後一期間の三期間モデルへと拡張する。これは人工的なものであるが、ここでの主張を説明するのに役立つ。この三つの期間をそれぞれを 1, 2, 3 と呼ぶことにする。不合議型の行動からのレントは、各期毎に引き出され、分布 $G(r)$ からの抽出は独立であると仮定する。さらに有権者の利得は一期間の遅れでしか観察できないと仮定する。したがって第一期の現職の行動による利得は、第二期においてのみ有権者に観察され、第二期の行動からの利得は、選挙が行われた後に第三期においてのみ観察可能である。これにより不合議型の政治家にとって、第一期と第二期で有権者が望むことをするインセンティブが異なることにつながることを示す。λ_1 と λ_2 を、不合議型の政治家が有権者が第一期および第二期のそれぞれで望む行動を取る確率とする。

　有権者は、両期間における行動と、政治家の持つ利得情報を投票決定の条件とする。まず $\chi = 0$ および $\tau = 0$ の場合の 3.4.2 節のモデルのケースに従って、第二期から開始する。よって不合議型の政治家は提示されたレントを何でも受け取るので、有権者は現職が取った行動について何の情報も得られないという $\lambda_2 = 0$ である。

　第一期の行動には、選挙が実施されるまでに現職を評価するための利得情報が得られるという事実が加わる。ゆえに、現職は第一期におけるレントを獲得することと、第三期における総レントを収集するまで待つことによる便

益と比較するとき、政治家が第一期におけるレントを諦める確率は

$$\lambda_1 = G(\beta^2(\mu + E))$$

　上式によれば、基本的に基準モデルと同じであるが、エージェント（政治家）が二期間待つことになり、したがって割引因子は β^2 となる。

　このモデルにより、選挙が近いかどうかで、有権者の利得が異なることが明らかになった。さらにこれは、有権者と現職の合理性と完全に一致している。第一期における有権者の利得は、$(\pi + (1 - \pi)\lambda_1)\Delta$ であり、第二期では $\pi\Delta$ である。このモデルでは、選挙前（第二期）の政府の行動は、期初（第一期）の政府行動よりも非規律的であり、政治的サイクルに関するこれまでの定説と一致しているように見える。

　選挙サイクルの古典的な事例は、マクロ経済学的な政治経済サイクルである。この概念における初期の関心は、Nordhaus (1975) と Hibbs (1977) による貢献がきっかけとなって起こっている。しかし、彼らの主張は、有権者の合理的行動と矛盾するように思われたため、疑問が向けられた。ところが、Rogoff and Siebert (1988) と Rogoff (1990) は、政治家と有権者の両方が合理的であるとするエージェンシー・モデルを用いて、これらの考えを発展させた。

　Rogoff (1990) は、政治的エージェンシー・モデルとして、次のようにモデルを再定式化した。このモデルは無限期間であり、現職の政治家が、公共財、税金、公共投資の水準を選択しなければならない。公共投資の水準はラグを伴って観測可能であるが、税金と公共財はすぐに観測可能である。選挙は一期おきに行われるが、各期において、現職政治家のみが観測できる能力ショックが存在する。現職の能力が高いということは、所与の税収に対してより高い水準の公共財を生産することが可能ということである。任意の期間における能力水準は、t 日と $t - 1$ 日のショックの移動平均である。このショックの値は、有権者には一期間後に知られることになる。そのため、選挙が来ると、「選挙のない年」の能力ショックは観測されるが、選挙のある年の値は観測されない。

　ロゴフは、政治家が課税と歳出に関する有権者の関心を共有していると仮

定している。しかし、彼らは役職に就くことである程度独立した効用を得ている（エゴ・レント）。無能な政治家は、たとえ自発的に職を辞職することが有権者のためになるにしてもそうしないために、エージェンシー問題が引き起こされる。さらに、直近に発生したショックは、その政治家の任期初期に発生したショックよりも不確実性が高い。このため、有能な政治家は、有権者に対して自分が能力が高いことを示す方法を探すことになる。このシグナリングが、均衡予算サイクルを生み出すのである。

　シグナリングの過程は次のように機能する。有能な現職は、無能な現職よりも高水準の公共財供給を選択する方がコストが低いと考える。なぜなら、後者は前者（税金を固定したまま）よりも、与えられた水準の公共財供給を賄うために多くの公共投資をあきらめなければならないためである。したがって、ある水準の公共財供給に対しては、むしろ無能な現職はそのような支出をさらに低い水準で選択し、確実に敗北する。

　このモデルでは、有能な現職が税金と歳出の選挙サイクルに責任を持つ。もし再選が不可能であれば、サイクルは発生しない。さらに、この種のモデルでは、公共財支出や税金の水準が高いほど、選挙の可能性が高まる。Le Borgne and Lockwood（2002）は、政治家が内生的に選択される可能性を検討し、その結果、サイクルの議論は弱まることがわかった。

　政治的景気サイクルの頑健な証拠を見つけるのは極めて困難である。例えば Alesina and Roubini（1992）による調査は、そのようなサイクルがデータにあるかどうかについては、はっきりしていない。しかし、データを見る上でエージェンシーの枠組みを直接利用したものはほとんどない。重要な例外は、スウェーデンのデータでロゴフの選挙サイクル・モデルを検証した Pettersson-Lidbom（2003）である。論文において、選挙の年に歳出が増加し、減税されることが明らかになった。さらに、選挙の年には、再選される政権の方が、再選されない政権よりも歳出が多くなる。選挙後の年に、再選された政府は、新しく選ばれた政府に比べると、歳出は多くなり、税金が低くなることがわかった。再選された政府は、選挙の年に比べて、選挙後の年は歳出が減り、税金が増えるようである。こうした結果はすべて、ロゴフの均衡予算サイクルモデルとほぼ一致している。政治的エージェンシー・モデ

ルは、Shi and Svensson (2006) の経験的テスト（empirical test）でも利用
されている。この研究では、クロスカントリー・データを用いて、選挙前に
歳出が大幅に増加する証拠を発見しており、これはロゴフ・モデルと整合的
である。

3.4.5　政治家と有権者の関係について

　基準モデルでは、唯一誘意性の問題が存在すると仮定している。二極化の
議論では、分離可能な党派性の問題をいくつか紹介した。しかしながら、そ
れらは有権者が直面するエージェンシー問題とは直接的に結びついていな
かった。本節では、エージェンシー問題と相互作用する形で、複数の論点を
導入する。これは、エージェンシー問題に直面したときの政策の優先順位の
歪みについて問うためのものである。

　エージェンシーが政策手段の選択にどのように影響するかを研究した文献
は数多く存在する。Harrington (1993) は、最適な政策に対する有権者の不
確実性の程度が、選挙目的のために政策を操作する政治家のインセンティ
ブを低下させるというエージェンシー・モデルを展開している。有権者に
とって、作られたシグナルがあまり役に立たないからである。Mukand and
Majumdar (2004) は、政治家が再選の危機に直面して政策を実験するインセ
ンティブに注目し、このことがいかに過剰な実験や不十分な実験につながる
かを調査している。より現実的な設定として、Besley and Burgess (2002)
は、メディアは論点の重要性を変化させることができ、インドで不利な立場
にあるグループにより多くの資源が向けられるようにすることができると論
じている。List and Sturm (2006) は、米国の州知事が環境保護団体にどう
対応するかが問題となるモデルを考察している。環境問題の重要性は内因的
なものであり、環境問題が他の問題と比べて選挙でどの程度重要であるかに
影響される。政治的競争が激化すればするほど、行政機関が重要視される問
題に注目が集まる傾向がある。

　ここでは、複数の論点のうち、二つの応用例をもう少し詳しく検討する。
第一に、政治家が特定の有権者グループを対象にできる場合、何が起こるか
を考える。第二に、現職が有権者から見て最も効率的な政策を選択する場合

について考える。

恩顧主義と対象とされる政策

　上述のモデルで、有権者全員は Δ の利得を受け取ると仮定した。すなわち有権者の特定のグループをターゲットにする方法がないということである。その代わりに、同じ大きさの三つの有権者グループ（それぞれが人口の3分の1を占める）があるとする。各グループは、$j \in \{A, B, C\}$ と分類する。現職は、各期 t において各グループ j に対して、$e_t^j \in \{0, 1\}$ を選択するかどうかを決定することができる。世界の状態は三つのグループすべてに共通していると仮定する。不合議型の政治家が $e_t^j = (1 - s_t)$ を選ぶと、提案されたレントの3分の1を得る。ゆえに、政治家は有権者の一部のみを満足させる決定をする。有権者は自分自身の利得 Δ のみを観察し、政治家が自分たちが好む行動をとったかどうかは知っているが、政治家が他の有権者に対して何をしたかについては何も知らないと仮定する。

　この単純な例において、不合議型の現職は大多数の有権者（ここでは二つのグループを対象）が望むことだけをすればよいことになる。ゆえに、現職はいずれかのグループのために政策レントを消費しても、再選を果たすことができる。有権者の大半（ここでは2/3）が望むことを選択する確率は

$$\lambda = G(\frac{3}{2}\beta[\mu + E])$$

となる。これは、対象とされた場合、何らかの規律が生じる確率が高くなることを意味する[37]。現職がランダムに、三つのグループの中の特別扱いする二つを選んだ場合、Δ を生み出す現職が合議型である確率は

$$\frac{\pi}{\pi + \frac{2}{3}(1 - \pi)\lambda}$$

であり、π を超える。

　事前的な（ex ante）観点から見て、対象化が規律を高めるかどうかは、以下に依存する。

---

[37] $\lambda = 1$ も可能である。

$$\frac{2}{3}G\left(\frac{3}{2}\beta[\mu+E]\right) \lessgtr G(\beta[\mu+E])$$

　一様分布 $G(R)$ の場合、これらの確率は等しくなる。

　もし現職が特定の有権者グループを満足させることに多少でも選好的であれば、このモデルは、政治家が再選されるために必要な多数派を形成する際に、常に他の有権者よりも優先してその有権者グループに奉仕するという、一種の恩顧主義的政治を実現する[†]。この場合、不合議型の政治家は（合議型の政治家はそうではないが）再選されるために恩顧主義を利用することになる。

　ここで示した結果は、有権者が、有権者全体に対してはなく、その政治家が自分たちのために何をしてくれたかだけを見るかどうかに決定的に依存している。もし現職が行った意思決定のベクトル全体を観察することができれば、政治家が有権者のどのグループに対しても Δ の利得を生み出せなかった場合、不合型のタイプの政治家と合議型のタイプの政治家の違いを見分けることができるだろう。メディアがそのための手段であると考えるならば、情報提供が政治や政策をどのように変化させるかについて、ここでも可能な役割を提供することになる。しかしながら、このことが、すべての有権者が望むものを手に入れる可能性が高まるのか、低くなるのかは、事前には不明である。

効率的あるいは非効率的な政策間の選択

　政治経済学の恒久的な課題の一つは、現職の政治家が効率的に目的を追求できるかどうかということである。レントシーキングを行う現職政治家がいる場合、有権者は、現職政治家が自分たちの負担を最も少なくする方法で貢物を受け取ることを望む。レントシーキングが効率的であるという考え方は、ベッカー、スティグラー、ペルツマンに連なるシカゴ学派の政治経済学の重要な構成要素である。

[†] 恩顧主義（clientelism）とは、政治的恩顧主義と呼ばれ、財・権力を持つパトロンとの間の一方的な搾取関係を基本とした物質的な報酬をやり取りする関係のこと。

　完全情報の世界では、現職の政治家が非効率的な行動をとる理由はほとんどない。たとえ有権者が政治家の行いを好ましく思っていなくても、政治家が効率的に議題を追求することを望むからである。しかしながら、情報が不完全である政治的エージェンシー・モデルにおいて、Coate and Morris (1995)は、政府が非効率的な方法で政治的便宜を図ることを選択しうる理由を示している。それは、政治家がそのような政治的便宜の供与を好んで行っているという事実を隠したい場合があるからである。

　コートとモリスは第一期の終わりに選挙がある二期間のエージェンシー・モデルを利用している。社会決定の主なものは、プロジェクトを建設するかどうかである。現職もまた、特別利益団体へ資金移転できる技術も持っている。具体的に、道路建設の例を用いて説明しよう。道路建設には四つの重要な前提がある。第一に、それは特別利益団体に利益をもたらす。第二に、有権者に利益がもたらされるか、そうではないかのいずれかである[38]。第三に、政治家は道路が価値があるかどうかについて、有権者よりもよく知っている。第四に、市民は、道路が敷設されても、その道路が価値があるかどうか（少なくとも第一期の選挙前に）を事後的に知ることはない。

　道路建設の決定は第一期で行われ、有権者は道路が建設されたかどうかを観察する。政治家は2種類存在する。良い政治家は、有権者の厚生のみを考えるが、悪い政治家は、特別利益団体の受け取る収入も気にする。有権者は、第二期に良い政治家が就任することに関心を持つ。なぜなら、悪い現職は、その間に特別利益団体に資金移転してしまうからである。

　初期の選挙メカニズムでは，二つのタイプを完全に選別することはできず，第一期では悪い現職が当選する可能性がある．もし悪い現職が当選したならば，有権者は，有権者にとって価値のない道路を建設させるよりも，請負業者に現金を移転させることを望むだろう。しかし、そのような現金の授受は有権者に観察可能であり、現職を再選しないことにつながる。このため、悪

---

[38] このことが、この政策例を、生産補助金と消費税の組み合わせに比べて有権者を確実に害し、したがって有権者の利益には決してなり得ない関税政策のようなものとは区別している。

い現職には、良い現職をまねて自分のタイプを隠蔽するインセンティブが残る。しかしながら、有権者にとっては価値がなくても道路を建設することで、特別な利害関係者への資金移転が隠蔽することになる。

　一括均衡と分離均衡の両方が存在する。分離均衡の場合、悪い現職は、特別な利害関係者への資金移転を行い、確実に再選されることはない。一括均衡では、道路建設を通じて資金移転を行う。これが悪い現職にとって価値があるためには、再選されなければならない。このことは、建設が賢明なアイデアであることを見抜いた良い現職によって建設が決定される可能性が十分に高いと有権者が考えれば、実現するであろう。Coate and Morris (1995) は、これを真にするモデルのパラメーターが存在することを示している[39]。

　このように、政治的エージェンシー・モデルは、非効率的なプロジェクトが、有権者や現職者による合理的な先読み行動と整合的な形で選択される理由を説明することが可能である。このモデルは、民主制が一般的に効率的な結果を生むかどうかという議論に通じるものである（Wittman 1989 を参照）。また、再選メカニズムによって生じる異時点間の歪みの重要性を強調している（Besley and Coate 1998 も参照）。

　上記の結果の重要な特徴は、このような行動を説明するためには、モラル・ハザードと逆選択の両方が必要であるということである。もし現職が悪いタイプであることがわかっていれば、有権者は特別利益団体への移転が効率的に行われることを好むだろう。このような場合、移転を隠蔽することによる選挙利得はないはずである。唯一の問題は、（モラル・ハザード・モデルと同様に）選挙メカニズムが、悪い現職の特別利益団体への利益移転を抑制するために利用できるかどうかということだろう。

　コートとモリスの枠組みをうまく応用したのがSturm (2006)で、彼は環境に有害とみなされる製品に対する貿易制裁を発動するという「グリーン」保護主義のケースに取り組んでいる。彼は有権者がそのような保護が形で正

---

[39] 多くの文献とは異なり、Coate and Morris (1995)は、良い現職が悪い現職から分離しようと、自分の行動を歪めてしまうインセンティブを持つかどうかについても考察している。彼らは、合理的な仮定の下では、起きないことを示した。

当化されるかどうかについての情報をほとんど持っていないという事実によって、最もよく説明されると主張する。そのため、一部の国内企業を優遇するために、政治家がそのような保護に関与する余地を高めてしまう。

コート＝モリス・モデルの主な考えは3.4.3節からの設定を使うことで、理解することができる。合議型の政治家が常に正しい政策を選択するために、$E = 0$ であるとする。不合議型の政治家が、この行動によるレントが高いときには，どのような状態であっても常に $e = 1$（すなわち道路建設）を選択し，レントが低いときには，どのような状態であっても $e = 0$ を選ぶような均衡を探す。$e = 0$ を選ぶ現職は再選され、$e = 1$ を選ぶ現職は落選する。

さて $e = 0$ である確率は、

$$\lambda = G(\beta\mu)$$

であり、もし

$$\frac{\frac{1}{2}\pi}{\frac{1}{2}\pi + (1 - \pi)G(\beta\mu)} > \pi$$

あるいは、$G(\beta\mu) < \frac{1}{2}$ であれば、ベイズ・ルールを利用すると、$e = 0$ を選択する現職は確実に再選されるであろう。

この非効率性は、不合議型の現職が、自分の行動を世界の状態に照合しないことによって生じる。もし状態が $s = 1$ かつ $r < \beta\mu$ ならば、有権者は、現職が第一期に $e = 1$ の行動の見返りに、第一期にレント r を、第二期に μ を維持できるような契約を現職と結ぶことを望む。これにより、（政治家を含み）全員の状況が改善される。情報構造は s と r が有権者に観察不可能であり、したがって契約不能であるため、これを除外する。さらに、代表民主制では見られないような類の契約が必要であることは明らかである。現職は、有権者にとって不利であっても、合議型の現職が取りうる行動を選んでいる。そうすることで、自分の評判を高め、その結果、第二期においてレントを獲得することができるのである。

3.4.6　複数の政治家による二期間任期制

基準モデルは、二期間で終了すると仮定した。本節では、二期目の現職が無限に存在する可能性を考慮に入れたモデルに拡張することで、どのような

点が不自然であるかを検証する。政治家の内生的なプールが存在する場合に、このモデルに何が起こるのかについての洞察を得るためにどのように利用できるかを示す。

　また、このモデルは、二期間モデルの極めて不自然な特徴を排除している。というのは二期間モデルでは、当選した政治家は二期目にはレームダックとなる。有権者は、二期間の時間軸で新しい政治家を選ぶか、現職を再選して任期を全うするかを選択する方が、より不自然でなくなるだろう。直感的には、一期目の政治家はより規律的であるため、有権者は現職を再選するかどうかを決める際に、このような可能性がより選択肢を広げると予想される。

　ここで、時間は無限であるが、政治家の任期は最大二期とし、各期間の任期は一期であるとする。よって $t = 1, \ldots$ と $j \in \{1, 2\}$ を政治家が現在務めている任期とする。潜在的な政治家の無数の候補者が存在する。政治家の任期は一期のみで、その後は候補者の中に戻る。ここで、政治家の行動を時間と任期によって指数化し、$e_t(s, i, j)$ とする。ここでは、これらの戦略が時間に依存しない定常解を扱う。

　合議的な政治家は、任期中の両期間において、常に有権者が好む結果を選択する。すなわち、$j \in \{1, 2\}$ に対して $e(s, c, j) = s$ である。不合議型の政治家の決定は、Δ をもたらす政治家を再選することが有権者にとって最適である限り、基準モデルと全く同じになる。このことを確認するために、有権者にとって新しい政治家でやり直すことの価値を $V^N(\pi)$ とし、現職の政治家が一期目に Δ という利益を生み出したという条件で、現職の政治家が合議型である確率を Π とする。ベイズ・ルールを利用すると、Π は、基準モデルと同じで $\frac{\pi}{\pi + (1-\pi)\lambda}$ と等しい。$\phi(\pi) = \pi + (1 - \pi)\lambda$ は、第一期目の現職が有権者に対する良い行動を生み出す確率である。よって、この戦略のもとでの新たに当選した政治家の価値は、

$$V^N(\pi) = \phi(\pi)[\Delta + \beta\Pi\Delta + \beta^2 V^N(\pi)] + (1 - \phi(\pi))\beta V^N(\pi)$$

である。

　この式は二つの部分からなる。まず、第一期の政治家が有権者の望み通りにする場合である。この場合、現職は一期のみ再選され、その後は新しい政

治家が当選する。第二項は、政治家が第一期の利得を生まない場合で、その場合は候補者のプールからランダムに抽出される。ゆえに、第一期から見た有権者の厚生は、

$$V^N(\pi) = \frac{\Delta}{(1-\beta)} \cdot \frac{\phi(\pi)(1+\beta\Pi)}{[1+\beta\phi(\pi)]} = \frac{\Delta}{(1-\beta)} \cdot \frac{\phi(\pi)+\pi\beta}{[1+\beta\phi(\pi)]}$$

である。

これには良い解釈がある。第一項は全員が合議型の政治家のように振る舞った場合の有権者の厚生の割引価値である。第二項は（これを掛け合わせると）1 より小さくなり、政治生命における選択と規律の両問題のために有権者の厚生が減少することを表している。

この式を用いて、有権者に利得 Δ をもたらした現職を再選することが最適であるかどうかを確認する。このことが真であるための必要十分条件は、

$$\Pi\Delta + \beta V^N(\pi) \geq V^N(\pi)$$

であり、$\Pi \geq \phi(\pi)$ と等しい。または、

$$\pi \geq \left(\frac{\lambda}{(1-\lambda)}\right)^2$$

である。

直観的には、この条件は現職が有権者にとって正しい選択をする条件付き確率が、新たな現職が選択する確率を上回る場合にのみ、再選が価値あるものとなることを意味している。

$\pi < \left(\frac{\lambda}{(1-\lambda)}\right)^2$ の場合、確率 1 の利得 Δ をもたらす政治家を有権者が再選するような均衡は存在しない。というのも、なぜなら、この戦略では不合議型の現職による抑制が効きすぎてしまい、現職を解雇することが常に最適である点まで、選択の重要性が低下してしまうからである[40]。この状況にお

---

[40] 有権者が常に Δ を発生させた政治家を解雇するような均衡は存在しないことは明らかである。その場合、すべての悪い現職は不合議な行動をとることになる。しかし、その場合、Δ の利得を観測すると、（ベイズ・ルールにより）有権者は確率 1 で現職が良いと更新し、したがって再選されることになり、矛盾が生じる。

いて、有権者による混合戦略が存在する。σ を政治家が有権者に対して利得 Δ を生み出したときに、再選される確率とする。そうなると、混合戦略では、有権者は現職を再選するかしないかを無差別にしなければならない。

これが起こるのは、

$$\lambda = G(\sigma\beta(\mu + E)) = \frac{\sqrt{\pi}}{1 + \sqrt{\pi}}$$

の時である。

これは次の命題にまとめられる。

命題 4 合議型の政治家は常に、$e = s$ と設定する。不合議型の政治家は、在職中の第二期目に常に $e = 1 - s$ を設定する。不合議型の政治家の間の第一期の行動は、次の2つのケースに分類される。

(1) もし $\pi \geq (G(\beta(\mu + E))/(1 - G(\beta(\mu + E))))^2$ ならば、不合議型の政治家は第一期に有権者が望むものを確率 $G(\beta(\mu + E))$ で実現し、それによって再選される。

(2) もし $\pi < (G\beta(\mu + E))/(1 - G(\beta(\mu + E)))^2$ の場合、有権者は確率 σ で、Δ を実現する政治家を再選する。確率 σ は、

$$G(\sigma\beta(\mu + E)) = \frac{\sqrt{\pi}}{1 + \sqrt{\pi}}$$

を満たし、不合議型の政治家は確率 $G(\sigma\beta(\mu + E))$ で、有権者が望むものを第一期に実現する。

これらの第一のケースは、基準モデルの行動パターンを再現している。このことは、λ が十分に低いときのみ起こりうる。これは逆説的に見えるかもしれないが、Δ を確認することで、有権者は現職が合議型であると十分に確信するはずであり、そうでなければ有権者はプールに戻って新しい現職を選ぶことを好むという事実を反映している。この条件が満たされる可能性が高いのは、π が高いときである。なぜなら、その場合、Δ は、規律正しく行動する不合議型の現職ではなく、合議型の現職によって生み出された可能性が

高いからである。

第二のケースは、π が非常に低いときに起こる。この場合、有権者は基準モデルの戦略に従った場合、新しい政治家にチャンスを与えることを好む。自分のシグナルをより信頼できるものにするために、不合議型の政治家は有権者が望むものをより少ない時間で選ばなければならない。有権者は、現職が Δ を提供した場合にのみ、ほんのわずかの期間に再選されることで、このインセンティブを作り出す。したがって，最適な投票戦略の一環として，合議型の現職の政治家さえも落選することになる。

政治家の時間軸を変えずにモデルの時間軸を拡張すると、不合議的な現職が有権者の望むことを行う確率が減少する。したがって、規律は悪化し、選択は改善する。

このモデルは、多選禁止効果のサイン（符号）に重要な示唆を与える。有権者は現職が一期目の現職よりも優れている場合にのみ再選されるので、政治家は二期目に一期目よりも平均以上の優れた業績を示さなければならない。このことは、逆選択を伴うエージェンシー・モデルにおける選択効果の威力を明らかにするものである。

本節では、政治家の任期は二期までという前提を維持したまま、逆選択とモラル・ハザードを含む二期間モデルを多期間設定に拡張した。その結果、二期間モデルと定性的に類似した結果が得られた。しかしながら、有権者はいつでも新しい現職を選ぶことが可能であるという事実のために、論理に関してはいくつかの重要な違いがある。このことは、任期の最期を迎える政治家は、ランダムに選ばれた政治家よりも平均的に優れていなければならないことを意味する。

政治家への立候補

任期なしモデルは、政治家のプール選択を内生的なものとする要因を検討するための自然な手段である。これは，政治家として二期間の経験の価値を計算することができる定常状態分析に適しているからである。基準モデルの設定では、極めて不自然な理由により、第一期と第二期で政治家としての価値が異なることになる。ここでは、この問題を非常に単純化し、当選した政

治家は、政治家として働く意思のある者の中から無作為に選ばれた者である
とする。これは、選挙運動、政党の選択、投票など、候補者の選択に影響を
与える多くの制度を抽象化したものである。

　各期ごとの賃金が $w \in [0,\ W^i]$（ただし $i \in [c,d]$）であるような外部に潜
在的な政治家の連続体が存在することを仮定する。この賃金は一様に分布し、
分布の支持は二つの政治家グループで異なると仮定する。候補者が、可能な
政治家のプール全体の中で合議型である確率は γ であると仮定する。

　合議型の政治家にとって、採用は当選を意味する。もし $E \geq w$ ならば、政
治家は第二期に現職のままでいる。なぜなら現職が確実に再選されるため、
もし $E \geq w$ であれば、第一期にも参入するだろう[41]。よって、政治に参入
する意思のある合議型の市民の割合は、E/W^c となる。

　次に、不合議型の市民と、彼らが候補者として立候補するかどうかの決定
に話を戻そう。外部の選択肢を加えることで、上記のモデルが若干修正され
る。というのも、不合議型の政治家の最適な行動は、民間の賃金率に依存す
るからである。

　具体的には

$$e(s,d,1,w) = \begin{cases} s & r_1 \leq \beta([\mu + E] - w)\ \text{の場合} \\ (1-s) & \text{その他} \end{cases}$$

ゆえにより多くの外部機会を持つ政治家は、合議型の行動をとる可能性が
低くなる。これは、政治家としての地位から得られるレントが民間企業に比
べて小さいからである。不合議型の政治家が政治家になるために諦める民間
部門で得られる最大賃金を $\bar{w}$ とする。よって、無作為に選ばれた不合議型の
政治家が政治家になることを望んで合議型の行動をとる確率は、

$$\Lambda(E,\bar{w}) = \int_0^{\bar{w}} G(\beta([\mu + E] - w)) \frac{dw}{\bar{w}}$$

である。不合議型の政治家は $\mu + E \geq w$ の場合、再選されるのであれ
ば、喜んで奉仕する。次に、この仮定が成り立つと仮定した場合の採用に

---

[41] 興味深い二つの可能性は、（民間部門における）在職中の年功序列と、留任が問題にな
りうる場合の再選されないリスクである。

ついて見てみよう。政治家が民間部門にとどまるのであれば、効用の流列 $v(w) = \frac{w}{(1-\beta)}$ を生み出す。民間部門の選択肢が w のとき、政治家になることの価値は、

$$P(E + \mu, w) = E + \left(\int_{\beta[(E+\mu)-w]}^{R} (r + \beta v(w)) dG(r) \right)$$
$$+ G(\beta[E + \mu - w])(\beta(E + \mu) + \beta^2 v(w))$$

である。

政治に参加する不合議型の政治家は、$v(w) \leq P(E + \mu, w)$ であるような政治家である。これを解くと、

$$w \leq (E + \mu) + \psi(E + \mu - w)$$

ただし、

$$\psi(x) = \frac{-\int_0^{\beta x} r dG(r)}{1 + G(\beta x)\beta} < 0 \text{ および } \quad \psi'(x) < 0$$

である。この式の右辺の最後の項は、第一期に良い振る舞いをすることによる μ 以下であるような) 期待逸失レントである。ゆえに不合議型の政治家が選挙に名乗りをあげる賃金の閾値は

$$\bar{w}(E, \mu) \equiv (E + \mu) + \psi(E + \mu - \bar{w}((E, \mu)))$$

で定義される。

この式には解が一意に存在すると仮定する[42]。$\bar{w}(E, \mu) < E + \mu$ は明らかである。よって、上記の仮定と一致し、参入を希望する不合議型の政治家は再選されれば二期目も務めることになる。これにより、政治家を希望する不合議型の政治家の割合は

$$\frac{\bar{w}(E, \mu)}{W^d}$$

---

[42] 複数の均衡が存在する可能性は興味深い。そのメカニズムは次のようなものである。不合議型の政治家がかなりの割合で参入し、合議型の行動を選択する誘惑に駆られにくいために彼らの期待レントが高くなるような高留保賃金オプションが存在する。低留保賃金均衡では、不合議型の政治家が参入し、不合議的な行動を選ぶ可能性が高くなるため、期待されるレントは低くなる。

である。これを用いると、立候補可能者のプールに含まれる合議型の政治家の割合は、

$$\pi(E) = \frac{\gamma}{\gamma + (1-\gamma)[\frac{\bar{w}(E,\mu)}{E} \cdot \frac{W^c}{W^d}]}$$

　これは、不合議型と合議型の政治家の政治に対する相対的リターンと、彼らの相対的な民間部門の選択肢に依存する。不合議型政治家が獲得する（E以上の）追加的なレントは、合議型政治家よりも政治家になることを熱望するようになり、賃金を引き上げることで均衡が是正される。したがって、このモデルは、規律効果に加えて、（Eによって測定される）政治家が獲得するレントを引き上げることで、$\bar{w}(E,\mu) > E$ ならば、政治家志望のプールが改善されることを予測している[43]。この効果の大きさは、$(1-\gamma)/\gamma$ の比率に依存する。したがって、合議型の個人が相対的に少ない場合、効果はより大きくなる。

　単純ではあるが、これはモデルを閉じる方法を、π を外生的なものとして扱うことを必要としないやり方で提供する。とはいえ、モデルは基本的に（γで表されるような）集団の根本的な性格が重要であることを予測している。しかしながら、合議型のおよび不合議型の政治家の公私における相対的報酬 $\bar{w}(E,\mu)/E$ も重要である。

3.4.7　任期が不定なケース

　前のモデルは二期間構造は緩和されたものの、各政治家が二期間しか持たないという仮定は継続している。ある程度表記法を工夫すれば、このモデルは任意の長さの有限期間を考慮するように簡単に拡張することができる。しかし、そのようなモデルには、最終的にどこかの項が最後であることがわかるという特徴がある。本節では、この特徴をなくすようにモデルを拡張し、政治家が既知の最終期日に直面しないモデルを考察する。つまり、政治家が有限期間ではなく、永遠に政治家にとどまることができる場合、どうなるか

---

43) $\frac{\partial \bar{w}(E,\mu)}{\partial E} = 1$ に注意する

を考える[44]。有権者がどの期間においても Δ をもたらすような政治家を再選する場合の不合議型の政治家に対する定常戦略を特徴化する。この均衡では、解任される政治家は無限時間を持つ別の政治家に取って代わられる。このようなモデルは、一個人ではなく、政党のような長命な組織による評判形成を考える上で、より理にかなっているといえるだろう。

　不合議型の政治家は、不合議型の行動に対する見返りが $\hat{r}$ 以下である場合に限り、有権者が望むものを選ぶようなカットオフ・ルール（cut-off rule）を用いる[45]。不合議型の政治家はこのレントが次の期間に得られるであろうレントよりも少なければ、そうする用意がある。このことを特徴づけるために、今日レントを得て、解任される価値と、再選されることによる継続価値を比較する必要がある。

継続価値は以下と等しくなる。

$$W\left(\hat{r}\right) = E + \left[\int_{\hat{r}}^{R} rdG(r) + \beta G(\hat{r})W(\hat{r})\right]$$

これを解くと以下を得られる。

$$W\left(\hat{r}\right) = \frac{E + \int_{\hat{r}}^{R} rdG(r)}{1 - \beta G(\hat{r})}$$

賃金の閾値は、$\hat{r} = \beta W(\hat{r})$ で特徴づけられる。これは次のようになる。

$$\hat{r} = \frac{\beta[E + \int_{\hat{r}}^{R} rdG(r)]}{[1 - \beta G(\hat{r})]}$$

ここで

$$\hat{\lambda} = G(\hat{r})$$

---

44) 本節は、無限期間モデルにおいて定常均衡が存在しないという、より洗練された設定においてこの問題を提起した Smart and Sturm (2003) に触発されている。

45) この単純な設定における解は定常的である。なぜなら政治家の評判が、有権者が望むことを行うインセンティブに影響を与えないからである。一般的に、これは真ではなく、無限時間モデルのこの特徴こそが、この設定における均衡を特徴づけることを難しくしている。

を不合議型の現職が、どの期間においても有権者の望むことをする確率とする。多選禁止がある場合と比較すると、多選禁止の期間の第一期よりも、均衡経路に沿ってより多くの一致があることが明らかである。$\hat{\phi}(\pi) = \pi + (1-\pi)\hat{\lambda}$ を安定均衡経路に沿った一致性の程度とする。

> **命題 5**　政治家が無限期間モデルに直面していると仮定する。そのとき不合議型の政治家は拘束力のある多選禁止 $\hat{\phi}(\pi) > \phi(\pi)$ に直面する第一期よりも規律的になる。

証明

$$\kappa(x) = \frac{\beta[E + \int_x^R r\,dG(r)]}{[1 - \beta G(x)]}$$

を定義する。$\kappa(x) = x$ で最大となる狭義準凸関数であることを確認するのは簡単である。そのためには、

$$\kappa'(x) = (1 - G(x)\beta)^{-1}\beta g(x)[\kappa(x) - x]$$

を見ればよい。さらに、$\kappa(0) = \beta(E + \mu)$ である。よって、$\kappa(\hat{r}) > \kappa(0)$ であり、$\lambda < \hat{\lambda}$ を意味している。　　（証明終わり）

$\square$

　これは理にかなっている。不合議型の政治家は、将来の多くの期間においてレントを得る可能性に直面し、それゆえにより良い行動をとる。不合議型の政治家がより忍耐強くなるにつれて、公職に在任していることから得られる合法的なレントによってのみ支えられて、すべての期間において合議型の行動を取るようになるかもしれない。このことを以下のように命題として記録する。

> **命題 6**　政治家が十分に忍耐強くかつ（または）、公職在任によるレントが十分である（具体的には $\beta E/(1-\beta) > R$）とすると、$\hat{r} > R$ となり、すべての政治家は有権者の望む行動をとることになる。

　したがって十分に忍耐強い政治家、十分に高い正当な公職在任レント、十分に長い時間があれば、政治的エージェンシー問題は完全に解決することが可能である。この経路における有権者の厚生を計算するのは簡単である。まず、合議型の政治家を選ぶことは有権者の欲することを常に行い、それゆえ永遠に再選されるという吸い上げ状態（absorbing state）であることを観察する。

　これによる有権者の価値を

$$V^* = \frac{\Delta}{(1 - \beta)}$$

とする。第二に、Δ を生み出す現職は、合議型である確率が、政治家のプールから無作為に抽出された現職よりも厳密に高いので再選されることを観察する。さて、第ゼロ期における有権者の価値を考えよう。これは、

$$\hat{V}_0 = \hat{\phi}(\pi)\Delta + \beta\pi V^* + (\hat{\phi}(\pi) - \pi)\beta\hat{V}_0 + (1 - \hat{\phi}(\pi))\beta\hat{V}_0$$
$$= \hat{\phi}(\pi)\Delta + \beta\pi V^* + (1 - \pi)\beta\hat{V}_0$$

よって

$$\hat{V}_0 = \frac{\Delta}{(1 - \beta)} \left[\frac{(1 - \beta)\hat{\phi}(\pi) + \pi\beta}{1 - \beta(1 - \pi)} \right]$$

$\hat{\phi}(\pi) \to 1$ により、$\hat{V}_0 \to V^*$ であることに注意する。このことから明らかなように、政治家は地位を保持することの価値が大きいほど、より良い行動を行う。この論理は、政治家に多選禁止を課すことは決して良い考えではないことを示唆している。なぜなら政治家の行動をより悪化させ、定期的に良い政治家が落選してしまうからである。

　このことは、第3.4.6節における $V^N(\pi)$ と $\hat{V}_0$ を比較することによってわかる。

$$\frac{\hat{\phi}(\pi) - \beta(\hat{\phi}(\pi) - \pi)}{1 - \beta(1 - \pi)} < \frac{\phi(\pi) + \pi\beta}{[1 + \beta\phi(\pi)]}$$

であれば、多選禁止は良い考えである。

　不合議型の政治家が常に合議型の行動をとる場合、有権者は多選禁止がない方がより良い状態になるのは明らかである。

　しかし、多選禁止が悪いという結論は一般的ではない。Smart and Sturm (2003)は、3.4.3節で論じたような弱気な均衡のケースに着目している。これは、見たように、合議型の政治家による行動の歪みをもたらす。さらに、E が高いほど、その可能性は高くなる。この場合、多選禁止は、合議型の政治家が再選されないことを知っているので、合議型の行動をするように誘導する方法を提供する。Smart and Sturm (2003)は、このような設定において、二期の多選禁止が最適な制度となる場合があることを示している。

3.4.8　複数のエージェント

　ここまでは、1人のエージェントが政策のあらゆる側面に責任を持つ状況を考えてきた。これは、エージェントの多くが政策プロセスに何らかの投入をするような、多くの政策決定がなされる設定とはかけ離れている。ここで、複数のエージェントを考慮した最も単純な拡張を考えてみる。これらは、立法府で共同で法案を可決する議員であったり、それぞれの議会にエージェントが存在する二院制の立法府の行為と考えることができる。後者は、この設定における三権分立の厚生的帰結について考える方法を提供する。この例は、エージェンシー・モデルを用いてこれらの問題を考える Persson et al. (1997, 2000)の研究の動機となったものである。以下、彼らの仕事について詳しく説明する。

　モデル化の観点からは、複数のエージェントを導入することは、エージェントが政策決定において利害の対立に直面した場合、政策プロセスにおいてエージェント間の外部性を解決しなければならなくなるため、非常に興味深いものになる。例えば、合議型のエージェントと不合議型のエージェントが共に政策立案をする場合、後者に開かれているレント抽出の可能性に影響を与える可能性がある。興味深いのは、政策決定者間のこうした外部性が有権者にとって有利に働くのか不利に働くのか、という問題である。この分析から、複数エージェントの設定はレント抽出の可能性を減らすという考えを裏付けている。しかしながら、このことは、不合議型の現職の第一期の規律を低下させ、有権者にとってトレードオフの関係を生み出す可能性もある。

　$\ell \in \{1, 2\}$ とラベル付けされた2人の政治家がいるとする。各政治家は直

接選出され、同じ有権者の集合に対して説明責任を持つ。$E = 0$ のケースについて取り扱う。これは、政治家を規律するためのエゴ・レントが 2 倍発生するため、政治家が 2 人いることが有益であるという可能性を洗い出すものである。政治家のタイプは、基準モデルとまったく同様に、合議型および不合議型な政治家からなる同じ分布から独立に抽出されたものであり、それぞれが確率 π で合議的である。

　基準モデルと同様に、各期間でなされる政策決定は一つである。これを $e_t \in \{0, 1\}$ と記す。有権者は $e_t = s_t$ であれば Δ を受け取り、そうでなければ 0 を受け取る。政策結果は 2 人のエージェントの行動に依存する。政治家 ℓ の時間 t の行動を $a_t^\ell (\in \{0, 1\})$ とし、その行動は 0 または 1 であるような e_t を選択して投票したものと解釈できる。これらの行動は、各期の有権者によって観察される[46]。政策過程を統制するエージェントが変更する決定をしない限り、変わらない初期政策 $e_0 \in \{0, 1\}$ があると仮定する。

　政策 $e_t \neq s_t$ を選択した政治家が利用可能な固定額のレントを r_t によって記述する。これは行動 $a_t^\ell = (1 - s_t)$ を選択したエージェントの間で等しく共有されるが、結果は $e_t = (1 - s_t)$ の場合に限る。両方の政治家が $a_t^\ell = (1 - s_t)$ を選択する場合、レントは等しく分配される。一人の政治家のみが $a_t^\ell = (1 - s_t)$ を選択し、結果が $e_t = (1 - s_t)$ であった場合、その政治家は完全なレントを獲得する。これを考える最も良い方法は、特別利益団体による賄賂であり、特別利益団体が望むような政策になった場合にのみ支払われる。よってレントは行動ではなく、政策に付随している。

　2 人のエージェントはそれぞれの行動の関数として政策結果を決定する憲法のルールの背後で政策を決定する。このルールは、2 人の政治家の行動と現状維持の政策から次のような新規政策結果への写像として記述できるとする。これは

$$e_t = \Gamma(a_t^1, a_t^2, e_{t-1})$$

と表わされる。この憲法上のルールは、満場一致を満たすと仮定する。すな

---

[46] ゆえにこれは行動を観察することが政策結果を観察することと等価であるというこれまでの節とは異なる。

わち、

$$\Gamma(a_t^1, a_t^2, e_{t-1}) \begin{cases} 1 & a_t^1 = a_t^2 = 1 \text{の場合} \\ 0 & a_t^1 = a_t^2 = 0 \text{の場合} \end{cases}$$

よって、両政策決定者は、政策結果を現状維持から変更することに同意しなければならない。そうでない場合、憲法上のルールは、

$$\Gamma(1, 0, e_{t-1}) = \Gamma(0, 1, e_{t-1}) = e_{t-1}$$

という意味で、現状維持に有利であると仮定する。ゆえに、2人のエージェントが合意できなければ、政策は変更されない。

政治家の間で行われるゲームをモデル化するために、政治家はお互いのタイプを知らないと仮定する。エージェントは非協力的に行動すると仮定すし、ベイズ・ナッシュ均衡を探す。

第二期の政策

第二期において、合議型の政治家は有権者の望むことを行い、不合議型の政治家は $a_t^\ell = (1 - s_2)$ を選択する。不合議型の現職が2人いる場合、政策結果は $e_2 = (1 - s_2)$ である。合議型の現職が2人いれば、結果は $e_2 = s_2$ となり、有権者は第二期に Δ を得る。

不合議型の現職が1人、合議型の現職が1人の場合、結果は状態が現状維持政策に一致するかどうかに依存する。もし $s_2 = e_1$ ならば、合議型の現職は現状維持を保証することができ、$e_2 = s_2 = e_1$ である。その時有権者は Δ を受け取る。現状維持政策が状態、すなわち $(1 - s_2) = e_1$ に一致しない場合、不合議型の政治家は現状を維持し、レントを得ることができる。鍵となる観察は、単一のエージェント・モデルとは異なり、現職のうち1人のみが不合議型であるとき、有権者は Δ を得ることがあるということである。したがって、合議型の現職は、第二期に不合議型の現職に外部性を課すことができ、そのことが有権者に優位に働く。それぞれの状態が等確率であることを考えると、この場合有権者は確率1/2で Δ を得る。

このことから明らかなように、有権者は第一期に合議型の現職を再選することで常に得をする。ゆえに基準モデルと同様に、第一期に合議型であると

いう評判を得た現職は再選される可能性がある。

これを用いて、不合議型の政治家が再選された場合の期待レントを計算することができる。π_2 を他の政治家が合議型である確率とする。そのとき、その政治家は

$$\left[\frac{1}{2} \left(\pi_2 + \frac{(1 - \pi_2)}{2} \right) + \frac{1}{2} \left(\frac{(1 - \pi_2)}{2} \right) \right] \beta\mu = \frac{1}{2} \beta\mu$$

を得る。これを見るために、第一項が $e_1 \neq e_2$ のときの状態を観察する。この場合、不合議型の政治家は合議型の現職といるときには、すべてのレントを獲得し、不合議型の現職といる場合は半分のレントを獲得する。第二項は $e_1 = s_2$ の場合のもので、他の政治家が不合議型ならば、半分のレントを獲得する。

第一期の政策

有権者が次のような再選戦略をとるとする。$a_1^1 = a_1^2$ で、Δ の利得を得た場合、両方の政治家を再選させる。そうでなければ、Δ をもたらす政策に賛成しない政治家を解任する。以下では、これらの戦略はベイズ・ルールと矛盾しないことを示す。

ここでは現職の行動を考える。合議型の政治家は $a_1^\ell = s_1$ を選択する支配戦略を持つ。ゆえに、唯一の興味深い問題は、不合議型の政治家がどのように振る舞うかである。これは、$e_0 = s_1$ であるかどうかに依存する。これらのケースについて、順に考察する。

良い現状維持政策の場合:($e_0 = s_1$ の場合)

このケースでは、不合議型の政治家は、不合議型の政治家と共にいる場合にのみレントを得ることができることを知っており、不合議型の政治家はレントを獲得することを決定するので、期待利得は $\frac{r}{2}(1 - \pi)$ となり、$\frac{1}{2}\beta\mu$ と比較される。ゆえに、このケースでは

$$\bar{\lambda} = G\left(\frac{\beta\mu}{(1 - \pi)} \right)$$

と設定する。

　よって、単一の政治家の場合よりも厳密により多くの規律が存在すること
になる。$\pi \to 1$のように，不合議型の政治家は自分がレントを引き出せない
ことを知っており、第二期にいくらかのレントを獲得することを期待して、
有権者の望むことをする。

悪い現状維持政策の場合:（$e_0 = 1 - s_1$ の場合）

　このケースでは、不合議型の現職の方が短期的なレントを得るチャンスが
大きい。しかしながら、もう一人の現職も不合議型のタイプならば、レント
を分け合うことになる。したがって、この場合、合議型の現職の方が有利で
ある。ゆえに不合議型の行動をとることによる期待レントは、$\frac{r}{2}(1+\pi)$であ
る。これは、以下の規律を生み出す。

$$\underline{\lambda} = G\left(\frac{\beta\mu}{(1+\pi)}\right)$$

となり、1人のエージェントの場合よりも規律が厳しくなる。

　ゆえに、$\pi > 0$ならば、$\bar{\lambda} > \lambda > \underline{\lambda}$である。そして$\pi = 0$ならば、$\bar{\lambda} = \underline{\lambda} = \lambda$、
すなわち政治家全員が不合議型である。この場合、このモデルでは規律への
影響はない。この意味で、後述するPersson et al. (1997, 2000)の分析とは
むしろ異なる問題を提起している。ここでは、合議型の現職政治家と不合議
型の現職政治家が政策プロセスにおいてどのように集合的に互いの外部性を
作り出しているかが全体の問題なのである。

> **命題7**　合議型の政治家は、常に$e = s$と設定する。不合議型の政治家
> は、第二期に$e = (1-s)$を選択し、不合議型であることから得られるレ
> ントが十分に小さい場合には、第一期において$e = s$を選択する。不合
> 議型の政治家は$e_0 = (1-s_1)$よりも、$e_0 = s_1$の時の方が、第一期によ
> り多くの規律を行使する。

　ゆえに、2人のエージェントがいる場合は、負と正の外部性が生み出され
る。$e_0 = s_1$の場合、不合議型のエージェントは第一期にレントを得るため
には、もう一方のエージェントが不合議型であることに依存しなければなら

ず、第一期に不合議型の行動を取ることからの限界便益を減少させる。しかし、$e_0 = (1 - s_1)$ ならば、一方的にレントを得ることができるので、他の政治家が合議型であることを好む。というのもその方がレントの取り分が多くなるからである。これは、不合議型の政治家による不規律を助長する。

厚生への帰結

この2人のエージェントの設定の厚生への帰結を詳細に検討するために、各期の有権者の厚生の式を導出する。第一期における式表現は、

$$\hat{V}_1(\lambda^*) = [\pi^2 + (1 - \pi^2)\lambda^*]\Delta \tag{3.6}$$

で、ただし $\lambda^* = \frac{\bar{\lambda} + \underline{\lambda}}{2}$ である。これは確率 π^2 で良いタイプのエージェントが1人存在し、不合議型のエージェントが確率 λ^* で第一期に規律を行使する場合と全く同じである。第二期の厚生は、

$$\hat{V}_2(\lambda^*) = \pi[1 + (1 - \pi)(1 - \lambda^*)]\Delta \tag{3.7}$$

と等しい。

$$\hat{W}(\lambda^*) = \hat{V}_1(\lambda^*) + \beta \hat{V}_2(\lambda^*)$$

を有権者全体の厚生とする。(3.3) と同様に、（λ^* によって測られた）規律が高まることは、選択が不利になるため第二期の厚生を低下させるが、有権者にとっては良いことである。

この厚生と (3.3) を比較することで、以下を得る。

$$\hat{W}(\lambda^*) - W(\lambda) = [-\pi(1 - \pi) + \pi\lambda - \pi^2\lambda^* + [1 - \beta(1 - \pi)\pi](\lambda^* - \lambda)]\Delta$$

第一項は、第一期において、有権者にとって正しい政策が実行されることを保証するために、2人の合議型の現職が必要であるという事実を表している（一般に、これは2人のエージェント設定のコストである。）ゆえに、2人の意思決定プロセスが有権者の厚生においてより良いものであるための必要条件は、$\lambda^* > \lambda$ であり、不合議型の政治家間の規律を改善することである。

この例からわかるように、2人のエージェントが政策を決定する場合、彼らは政策結果をもたらすために何らかの交渉をする必要がある。この成果が

政治的インセンティブを変化させ、規律を向上させることも低下させることもある。この洞察は、2人のエージェントの間の交渉を考慮し、モラル・ハザードを伴う政治的エージェンシーの枠組みにおける三権分立をモデル化している Persson et al. (1997, 2000) の分析を支えている。しかし、彼らの設定では、すべてのエージェントはレントにしか関心がなく、ここでモデル化された合議型のエージェントに相当するものは存在しない。彼らは、すべての現職者が有権者からレントを得たいと考えており、その行動は不完全にしか観察できないと仮定している。そして、1人の政治家（あるいは一院制）がすべての政策を決定する権限を与えられている場合と、2人の政治家がいる場合を比較する。後者の場合、政策が実施される前に、両者の合意が必要となる。その意味で、彼らの設定は、ここで提案したものと非常によく似ている。

　Persson et al. (1997) は、各期間を任期とする無限期間モデルを構築しており、現職は各期間にどの程度私的に流用し、有権者が評価する公共財にどの程度支出するかを選択できるとしている。各期間において、公共サービス提供の生産性に関する観測不能なショックが与えられ、その後に選挙が行われる。潜在的な同一の対立候補は無限に存在し，そのうちの一人が選挙で現職に対抗するために選ばれる可能性がある。まず，単一支配者のケースを考える。これは Ferejohn (1986) の分析にかなり忠実に従っている。有権者は、公共財支出の限界水準を決め、それ以下では現職を交代させる。

　ここで、どのような政策結果であれ、それを実施する前に合意しなければならない二つの権限者がいるとする。Persson et al. (1997) は、相互合意が主張されない限り、有権者が損をすることを観察している。事実、コモンプール（common pool）問題が発生し、現職両者ともが協調しない形で有権者からレントを得ることになる。相互合意の下で、彼らは一方のプレーヤーがアジェンダ設定権を持つ交渉ゲームを特定化している。そして生産性ショックがなければ、有権者は政策立案者が1人の場合と同様に裕福になり、レントは2人の政治家の間で単に共有されることを示している。

　Persson et al. (1997) は、有権者に厳密な利益をもたらすためには、2人の政治家の間に利益相反を生じさせる必要があることを示している。第一段

階である当局（arithority）が総予算を選択し、第二段階に動く当局が相互間の資源分配を選択すると仮定することによって、このことを実現する. 第一段階のプレイヤーは、第二段階のレント分配ゲームで負けるため、有権者が喜ぶような提案をするインセンティブが強くなる。

生産性ショックがある場合、ショックのレベルを知っている2人の政治主体が存在することで、そのようなショックについてより正しい情報を得ることが可能となる。これは,（Maskin 1999 のような）遂行理論でよく知られている結果と類似しており、一般に複数のエージェントがいくつかの観測不可能な変数について同じ情報を持っている場合、よりよい情報顕示が一般的に可能になることを示唆している。各当局は、均衡の不一致に対する罰則とともに、ショック値を公表するように求められる。また有権者は、より厳密な再選ルールを用いることにより、さらに多くの情報が政治プロセスに入ることで、利益を得ることができる。

Persson et al.（2000）は、議会制と大統領制の違いに注目している。後者は行政が直接選挙で選ばれるのに対し、議会制は行政が立法府に従属する。彼らが検討している重要な問題は、政治的レントと公共財の間の資源配分である。彼らは三つの選挙区からなる議会が存在し、各選挙区が補助金を受けることができるというモデルを構築した。政治的エージェンシー・モデルと同様に、有権者は現職を再選させるために、カットオフ水準を定義する実績投票戦略を用いる。

議会制と大統領制のモデル化での特徴的な違いは、アジェンダ設定力の性質である。議会制はアジェンダ設定力を一元化し、大統領制はそれを多元化する。後者はレント抽出を抑制し、小さな政府を目指す傾向がある[47]）。

エージェンシー・モデルの複数エージェントへの拡張を開発することは、現実主義の方向への有用な一歩である。また、複数エージェントの設定が大いに関係する政治組織を理解する上でも重要な一歩でもある。しかしながら、これらの問題に対する我々の理解は完全なものではなく、これをさらに発展

[47) Testa（2008）は、同様の論理を二院制と一院制の比較に適用し、二院制の方が政治家によるレント抽出を抑制できることを示した。

させることが今後の大きな課題である[48]。

3.5　民主制システムを機能させるには

　政治的説明責任とエージェンシーに関する本研究が、世界がどのように機能しているかをよりよく理解し、特に民主制システムの機能を向上させる方法を理解する上で役立つものである。本節では、このモデルが二つの分野に与える影響について論じる。第一に、Putnam (1993) の影響力のある研究を紹介し、エージェンシー・モデルが市民の美徳と政府の質との間のつながりにどのような影響をもたらすのかについて論じる。第二に、政策領域内での分権化の最適な度合いについての議論に関するモデルの意味について論じる。

3.5.1　市民の美徳と政府の質

　Putnam (1993)は、イタリアの政治に関する自身の有名な本の中で、市民の美徳が民主制の質を左右する重要な価値であると論じている。分析の中心は、市民の美徳の尺度と政府の質との間に観察される相関関係である[49]。パットナムの市民的美徳の尺度は、団体への参加、有権者が恩顧主義的な関

---

[48] Myerson (2000)は、三権分立が機能不全に陥っている場合、次のような興味深い可能性を示唆している。(インフレ率のような) 政府の観測可能な重要な結果が、2人の異なる選出役人の努力と技量に依存しているが、有権者はこの結果に影響を与えるこれらの役人の個々の活動を直接監視することができないとする。また、現在この二つの公職に就いている政治家 A と B は政治的ライバルであり、近い将来に互いに立候補することが予想されるが、A の事務所がより強力であり、観察可能な結果により大きな影響を及ぼすとする。そうなると有権者は、観測された結果は、むしろ政治家 A の手腕や努力の表れであると考えるはずである。このような状況において、政治家 B は、有権者に A を無能に見せるような悪い結果を生み出そうと、自分の権力を逆利用するインセンティブを持つかもしれない。もし有権者が B による秘密裏の妨害工作を予期しているならば、B の妨害工作へのインセンティブはさらに強くなる。なぜなら、有権者は悪い結果から、B が政府を操ることのできる特に有能な人物であり、より高い役職につけばより効果的な指導者になるだろうと合理的に推測できるからである。

[49] パットナムは、政府の質について 12 次元の尺度を用い、主成分分析を行っている。

係ではなく、候補者への選好に基づいて投票する度合い、新聞の読者数である。この本には興味深い議論がたくさんある。しかし、パットナムの考えを政治経済モデルの文脈の中でどのように位置づけるかは、あまり明確ではない。

エージェンシー・アプローチは、これらの考えを支える理論について説得力のある考え方を示してくれる。一般に、市民の美徳は、選挙で選ばれた政治家が合議型のタイプであるがゆえに、有権者が望むことを追求する確率（π）の指標であると見なすことができる。市民の美徳へのコミットメントが高い社会では、政治家階級の質が高く、したがって政府の質も高くなる可能性が高い。π が高いほど私的かつ自発的な行動主義が高まる可能性があるため、パットナムの観察した相関関係を期待できるかもしれない。

パットナムの観察は、モラル・ハザードにのみ焦点を当てた Barro（1973）や Ferejohn（1986）の第一世代の政治的エージェンシー・モデルの出発点であり、それらはパットナムのアイデアを表現できていない。しかしながら、市民意識の高いタイプもあるという考え方は、パットナムの議論の重要なテーマとなっており、本書のより広範な知的関心とも合致している。

また、エージェンシー・モデルは、恩顧主義的な投票が少ないと政府の質が向上するというパットナムの観察とも適合する。このことは、3.4.1 節の分析で、現職に既得権益を持つ有権者が少なければ、説明責任が向上する可能性が高いことを確認している。この場合、不合議型の政治家であっても、より規律ある行動をとる可能性が高くなり、有権者の厚生が向上する。

パットナムの三つ目の相関は、新聞の読者数と政府の質に関するものである。ここでは、3.4.2 節の情報に関する結果を援用すると、有権者の情報を改善することが政治的規律を向上させ、政府の質を高めると推定することができる。

エージェンシー・モデルの文脈で民主制を機能させるということは、規律と選択を改善する効果的な説明責任を見つけることを意味する。パットナムが政府の質と相関させた三つの要因はすべて、公式な政治制度を固定化した説明責任システムとしての政治のパフォーマンスに影響を与える要因であり、それゆえ、なぜ同じ制度がまったく異なる政治的結果をもたらすのかを説明

することができる。政府の質に関するパットナムの考え方は、本章で研究してきたエージェンシー・モデルの考え方に自然になじむものである。

3.5.2　地方分権 対 中央集権

　ある財やサービスを提供する政府の階層を選択する際の重要な問題の一つは、政府がその行動に対してどの程度説明責任を果たせるかどうかである。近年、地方分権的な政策が推進されているが、その背景には、政府を国民に近づけることがより良い統治につながるという考え方がある。政治的エージェンシー・モデルは、こうした問題を考えるのに適した枠組みである。

　分権化の主要な論拠の一つは、市民がより効果的に「発言権」を行使できるというものである。中央集権は、有権者に対して政策や政治家に関するより良い情報を提供することと解釈されることが多い。これは Bardhan and Mookherjee (2000)の研究の成果である。本書における基準モデルは、この問題に一石を投じることができる。3.4.2 節のモデルを利用すると、χ（Δ が知られるようになる確率）が、地方分権の方で高い場合、中央集権と地方分権の間に差が生じることが予想される。これが明らかに当てはまる政策がある。政府の仕事の一つは、落書きの除去であるとしよう。そうすると、有権者は自分の居住地で成功したかどうかを確認することができるが、より大きな管轄区で行われたかどうかについては、よくわからないかもしれない。

　しかしこのモデルは、地方分権が成功するための前提条件が他にもあることを思い出させてくれる。3.4.1 節の分析によれば、分権化された政府がうまく機能しないのは、ある管轄区域において二極化が進み、政治的競争が少なくなると、うまく機能しなくなることを示唆している。これは、民族対立の激しい地域や、ある特定の集団が支配している地域で分権型政府が機能するための現実的な問題である。国家レベルでは、こうしたことが集約されて、現職へのバイアスが地方の現職へのバイアスよりはるかに小さくなるのかもしれない。このような議論からは、地方分権が必ずしも説明責任を向上させ

るかどうかについて、あまり明確ではないことが示されている[50]。

地方分権はまた、政府間の競争を誘発するという点でも重要であろう。特に、有権者が管轄区間で比較の基準を作ることができる場合、選挙メカニズムがより良く機能するかどうかが問題となる。この点については、次章で詳述する。背景にある基本的な考え方は、チームにおけるモラル・ハザードに関する文献 (Holmstrom 1982) に由来する。グループのメンバーたちは、全員に共通する何らかの観測されない変数に結果が依存するタスクを実行するよう求められる。成功させるための努力は、観察可能ではない。そこで、あるメンバーに与えるインセンティブを、他のエージェントが達成した結果に条件付けることが最適となる。これは多くの分野で応用されており、結果を成功させるためのコストが不明な企業を機能させるためには重要である[51]。ヤードスティック競争は、広義には有権者の持つ情報を改善するものと考えることができる。したがって、3.4.2 節の分析は、そのことを考える上で再び意味を持つ。

これらの考え方の実証的なつながりは、地理的に隣接する州を基準として、州の相互依存的な税制設定について考察した Besley and Case (1995a) で定式化されている。彼らは、州境を越えて税率に正の共変動があることを見出している。エージェンシー・モデルと整合して、税率の正の共変動は再選資格のない州知事のいる州には見られない。ヨーロッパ諸国についても、Bordignon et al. (2003) (イタリア)、Revelli (2001) (イギリス)、

---

[50] Bardhan and Mookherjee (2000)は、もう一つの重要な問題は、政府が特別利益団体に取り込まれる傾向であり、これは国レベルと地方レベルで異なる可能性があると論じている。

[51] Besley and Case (1995a)と Salmon (1987)は、この種のメカニズムが、相関する私的情報を背景に、多くの地方自治体や地域政府が同じようなタスクの遂行を求められるような、分権化された政治的競争で価値を持つ可能性があることを指摘した。例えば、同じような地形を持つ自治体では、道路建設のコストが似通うかもしれない。ヤードスティック政治競争の理論は、Besley and Case (1995a), Besley and Smart (2007), Bordignon et al. (2003), Belleflamme and Hindriks (2005) や Bodenstein and Ursprung (2005)で研究されている。これらの考え方については、次章でより詳述する。

Schaltegger and Küttel (2002)（スイス）に同様の共変動の結果が認められる。

　地方分権はまた、資源の流動性によって政治家に課される制約のために重要である可能性もある。Brennan and Buchanan (1980)は、歳入を最大化するリヴァイアサン政府への傾向を考慮すると、政府間の資源獲得競争は、課税権に望ましい制約を課すという考えを示した。規範的な観点からは、この主張は不可解である。なぜなら、課税競争による外部性は歳入徴収の効率を低下させる傾向があり、それゆえ政府間の共謀によって厚生改善の可能性が高まるからである。

　Besley and Smart (2007)は、この議論を政治的エージェンシー・モデルで考察しており、その分析については次章で詳述する。彼らは、課税競争を誘導するという一見すると次善の政策が、政治的均衡に有利な変化をもたらすため、有権者にとって厚生改善につながる可能性があることを指摘している。有権者が手にしうる元々の結果は次善である。なぜなら不合議型の政治家の中には規律を欠いた者もいれば、再選された者もいるからである。したがって、次善の一般理論と同様に、さらなる歪みは厚生を改善する可能性がある。

　Hindriks and Lockwood (2009)は、次章で我々が用いるのと同様の政治的エージェンシー・モデルの枠組みで、中央集権化対地方分権化についてを考察している。彼らは、共通の予算制約のもとで政治家が複数の有権者に対して責任を持つような中央集権化をモデル化している。政治家の能力が異なるモデルでは、明らかに地方分権が支配的であるのに対して、政治家の誠実さが異なる場合には、結果が曖昧になることを示した。

　Myerson (2006)もエージェンシー・モデルにおける地方分権の問題を研究している。彼は、地方分権の価値とは、地方の指導者が国政に進出する前に評判を高めるインセンティブを持つことであると主張する。そして、地方分権は、国政レベルでの政治家選択を改善するため、価値があるとしている。

3.5.3　独裁制 対 民主制
　これまで見てきた構造は、独裁制と民主制における政治的説明責任の基本

的な違いについて考える上で有用な枠組みを提供するものである。独裁国家には誰が政権を担うのかを決定する選挙はないが、現職の政治家は通常、政権を維持するために社会の特定集団の支持に依存している。原理的に、エージェンシー・モデルのある側面は、有権者ではなく、決定的な集団（軍など）が、第一期末に現政権を維持するかどうかを決定しなければならない独裁政治について考える際にも適用できる[52]。また、世界には良い独裁者と悪い独裁者が混在しているという標準的な議論とも一致しているように思われる。しかし、独裁政治の下では、合議型の候補者の参入がより制限されるため、π は小さくなると考えるのは妥当であろう。

　決定権を持つ集団が市民の広範な利益を念頭に置いている場合、このモデルは、民主的な統治体制と非民主的な統治体制における説明責任の間にほとんど差がないことを示唆している。歪みが生じるのは、3.4.5 節で検討したような、独裁的な現職が有権者全体を犠牲にして特定のグループ（政権維持の決め手となるグループ）を標的にするようなモデルであろう。

　また、独裁政治と民主政治では、決定的な集団が現職のタイプについて情報を得ているため、将来のレントが保証されるなら $\pi = 0$ を維持することに関心を持つという違いがあるかもしれない、という点でも異なるかもしれない。また、決定力のある有権者と独裁者の間でどのような契約が可能なのか、これは代表民主制の定型表現で許容されるものよりも広範なものであるかどうかという問題も存在する。

　これらの問題を完全に説明することは、明らかにここでの分析を超えてしまう。しかし、エージェンシー・モデルの基本的な構造は、その違いを考える上で有益なフレームワークとなる。さらに、パットナムの言葉を借りれば、「独裁政治を機能させる」ために何が寄与しているのかを理解することができるだろう。

---

[52] このようなアプローチで独裁政治を研究している例として、Gellego and Pitchik (2004)がある。しかし、彼らの関心は説明責任の問題ではなく、政権交代にある。

3.5.4　誰に対する説明責任か？

　分析を通じて、説明責任は有権者にあると仮定してきた。3.4節の議論では、上記の考え方がこの文脈にのみ適用されると考える特別な理由はないことが示唆された。左派の思想家による代表民主制に対する古典的な批判の一つは、ある種の有権者が組織的に無視されているというものである。多元的な争点のモデルは、この考えを極めて限定的に説明したものである。有権者の一部を無視する重要な根拠の一つは、彼らが政策結果について無知であることである。もし、富裕層や高学歴の人々がより多くの情報を持っているとすれば、エージェンシー・モデルによって、これらのグループが自分たちのニーズを反映した政策選択を行うよう、より多くの政治家を動かす傾向がある理由を合理的に説明できる[53]。

　また、このモデルは、政治家が退職後に報酬を得る可能性について考えるために拡張することもできる。当初のキャリア・コンサーン・モデルの精神に則り、外部オプションは在職中の行動に対して指標化されるかもしれない。この外部オプションが十分に強力で、政治家が有権者のために利得 Δ をもたらすことで報酬を得るのであれば、これは良い行動を強化し、政治家が第二期で Δ を生み出すように誘導する可能性さえある。このような場合、外部オプションは説明責任の達成を補完するものとなる。しかし、政治家が在任中のレントシーキング行動に対して将来的に報酬を受け、不合議型の政治家の規律を低下させるという（あまり好ましくない）世界も想像することができる。これは、不合議型であることと合議型であることのどちらが市場において価値があるかによる。

　Diermeier et al.（2003）による最近の重要な研究は、政治家のキャリアが市場においてどのように評価されるかを調べたものであるが、報酬が在任中の行動に連動しているかどうかについては言及できていない。しかしながら、彼らは全体として正のプレミアムを発見している。エージェンシー・モデル

---

[53] 政治家が有権者のグループに対して事前の政策コミットメントを行うと仮定することで、このような結果を得ている Stromberg（2004）も参照。

は、こうした問題や、政治家という職業の背景にある職業選択について考えることに自然につながる。これらの考え方は第5章でまた紹介する。

3.5.5　政治家に対する給与政策

　ここまでは、再選ルールの意味するところだけを考えてきた。しかし、政治家に与えられる契約には、潜在的に重要な他の面もある。その重要な一例として、給与がある。これはこのモデルにおいて、現職としての利益 E に影響を与えると考えることができる。同様に、無料の宿泊施設、交通手段、晩餐会などの役得もその一部である可能性がある。このことは、政治家に提供される報酬パッケージには最適な処遇の度合いがあるのか、という問いを提起する。

　これから考えようとしている枠組みは、この問題を検討するための理想的な手段を提供するものである[54]。有権者側のモデルでは、E が変化すると、規律および選択効果が生じる。一次効果は、現職の規律を高めることである。これは E が増加する $\lambda = G(\beta[\mu + E])$ を観察すればすぐにわかる。これはむしろ標準的な効率賃金の議論のようなもので、Ferejohn（1986）で見られたものである。しかし、現職が異質であるモデルでは、第二期に現職であるために選別される合議型の現職が相対的に少なくなる傾向がある。Gersbach and Liessem（2008）が観察したように、第二期の給与が高い政治家の年功に応じて給与を設定することで、現職政治家のより良い行動を誘導するケースもある。しかしながら、給与がより高ければ常に政治的規律が向上するという結論は誤りである。このことは、3.4.3 節の分析で、E が十分に高い場合には、合議型の政治家による臆病な行動が可能になることを観察したことからもわかる[55]。

　3.4.6 節における分析は、賃金が政治家のプールの質にも影響を及ぼすこ

---

[54] ここでの議論は Besley（2004）が基づいている。Gersbach（2003, 2004）と Gersbach and Liessem（2008）は、政治生活におけるインセンティブ契約の側面について議論している。

[55] この点は、Smart and Sturm（2003）でも指摘されている。

とを示唆している。そこで導出された E の関数としての合議型の政治家の均衡における割合が、次のようなものであったことを想起してほしい。

$$\pi(E) = \frac{\gamma}{\gamma + (1 - \gamma) \left[\dfrac{\bar{w}(E, \mu)}{E}, \dfrac{W_c}{W_d} \right]}$$

　上式は $\bar{w}(E, \mu) > E$ である限り、E において増加することは明らかである。 これは、不合議型の政治家にとって、政治家に立候補することがより魅力的であるためである。しかし、もし合議型の政治家に公職に就くことによる十分な公益的動機が加わっていたら、この結論は逆転することになるのは興味深いことである。

　もう一つの問題は、政治家の報酬を在任中のパフォーマンスに明確に連動させるインセンティブ契約を設計する可能性である。これは Gersbach (2003, 2004) で検討されている。これは興味深いアイディアであるが、実際にはこのようなスキームを目にすることはないようである。その理由の一つは、特定の測定可能な目標に注意を集中することで、政治家は、成果の測定が困難な社会的に価値のある仕事から努力を遠ざける傾向があるという事実である。

3.5.6　行動的選択モデル 対 合理的選択モデル

　ここで研究しているエージェンシー・モデルは、合理的な政治家と有権者がおり、後者はベイズ・ルールを用いて情報を処理する。政治行動のモデル化において合理性の仮定をどこまで押し進めるべきかについては、政治学の文献でも議論がある。ここでの基準モデルは、有権者が自分にとって良いことをした政治家は再選されるという単純な行動ルールを用いていることと整合的である。この場合、ベイズ・ルールと一致する。したがって、有権者の合理的モデルと常識的行動モデルとの間に、基準の違いはない。

　より一般的に、有権者が任期中に何らかの効用を生み出す政治家を支持するという説明責任の行動モデルの意味を仮定することが興味深い。一般にこの場合、ここで研究されているような「最適な」説明責任は得られないだろう。しかしながら、有権者にとって有利に働くであろう時もある。今後、政

治の行動モデルとここで想定した厳密な合理性の仮定との間にどのような違いがあるのかをより深く理解することは興味深いことである。単純で常識的な行動規則が、どのような場合に大きな政策の歪みにつながるのかを理解することは有益であろう。

3.6　結び

　政治的エージェンシー・モデルは、契約理論や情報経済学の知見を政治的状況に拡張するものである。その主たる関心は、有権者が政治家の行動にどのような責任を持たせるかにある。この章では、政治的エージェンシー・モデルが提供する知見を探るとともに、文献から多くの応用例を取り上げてきた。これにより、読者は現実の状況を説明する上でのモデルの可能性についてある程度理解することができるだろう。モデルはまた、特に多選禁止効果に関して、データにある程度の構造をもたらしている。

　理論的な問題を説明するだけでなく、米国知事に関する実証的な応用例も紹介した。この文脈で注目すべきは、基本的な枠組みがいかにうまく適用されているかということである。州知事は直接選挙で選ばれた最高責任者であり、直接的に説明責任を負う。最高責任者が議会や政党に対して説明責任を負うような状況が不透明であることを考えれば、このモデルの意味を定式化することは非常に困難である。しかしながら、そうすることが、この分野における将来の実証的応用のための大きな課題となる。

　ところが、これらすべてが、第1章の壮大なテーマとどのように関連しているのだろうか。エージェンシー問題は、有権者の利益のための政策（有権者が Δ を得る場合）を、個人の思惑による政策とを定式化することができる。これは、政治経済学の文献における中心的な考え方である。ただし、ほとんどの場合、このアプローチは単純化されている。複数の課題が存在する世界では、合議性を達成することは難しく、定義することさえ難しい。したがって有権者が望むものを提供する民主制は複雑である。前章で述べたように、民主制の成果は、社会的に合意された基準に従って判断される必要がある。

　このことが認識されると、合議性の規範的意義が問題になる。政治家の役

割は、たとえ再選に結びつかなくとも、社会的便益のために不人気な行動を
とることである、ということも十分にあり得る。有権者が一貫性のないこと
を望んでいる場合は特にそうである。有権者の利益に従うだけの政治家は、
社会にとってかえって悪いかもしれない。もちろん、ポピュリズムの危険性
は常に認識されてきたことであり、これはエージェンシーの枠組みにおける
そうした懸念の一例に過ぎない。

　次章では、より具体的な政治的エージェンシーへのアプローチを展開する。
まず、このアプローチを財政問題に適用し、具体的なモデルを構築する。第
二に、規範的な問題をより透明化する形でモデルを構成する。

第4章

政治的エージェンシーと財政問題
（マイケル・スマートとの共著）

> 憲法上の制約を主張するためには、まず、個人レベルであれ集団のレベ
> ルであれ、自由あるいは自発的な選択の行使に対する制限や制約の初歩的
> な論理を導き出す必要がある。
>
> Buchanan (1999: 111)

4.1　はじめに

　財政（public finance）の政治経済学に関する文献は、大きく二つに分類
される。一つは、市民間の様々な利害対立が政治プロセスにおいてどのよう
に作用するかを研究する手段として、中位投票者モデルを用いる文献である。
これは、所得税や公共財の均衡水準に関する洞察を提供するために利用され
てきた。主な課題は、政治プロセスを集計メカニズムとして捉え、根底にあ
る選好から一連の社会的決定を決定することである。

　もう一つの主な伝統は、統治者と被治者（統治される者）の間の利益相反
を認識し、暴虐の政治家の権力を抑制する能力には限界があると認めるこ
とである。これまで述べてきた政治的エージェンシー・モデルや、Brennan
and Buchanan (1980) のリヴァイアサン・モデルは、この伝統に忠実なもの
である。本章では、財政の単純なモデルと政治的エージェンシー・モデルを
用いて、このテーマに関するいくつかの考え方をまとめる[1]。

---

[1] 租税の実証経済学へのアプローチの概略に関しては、Hettich and Winer (2004) を参
　照のこと。

　本章の目的は二つある。第一の目的は、前章のアイデアの多くをより具体的な政策設定において明らかにするため、教科書的に財政問題を取り扱えるようにすることである。第二の目的は、このモデルを用いて、いくつかの実質的な政策的な懸案事項に対処することである。まず、選挙メカニズム以上に、政府への抑制を課すケースがあるかどうかである。そして、財やサービスの公的な供給の代わりに、非政府組織を導入することにメリットがあるかどうかである。

　政治的エージェンシー・モデルは、選挙は（重要ではあるが）政治家の行動を抑制する上で限定的な役割しか果たせない、という見解に厳密な裏付けを与えるものであり、前述の問題解決の出発点として有用である。したがって再選されるのに必要な制約以外に加えることが良いアイデアかどうかを考えることは重要である。

　政府の抑制に関する議論は、本書の核となるテーマをくっきりと浮き彫りにする。もし政府が善意的であれば、財政的な設定における抑制は政策プロセスを歪めることになり、有権者にとって厚生を減少させることになる。したがって、財政抑制を考慮する理由の本質は、政府が不完全であるということでなければならない。抑制がどのように機能するかを正確に説明するためには、必然的に政府がどの程度うまく機能しているかのモデルが必要となる。

　政府の資源配分の不完全性に対する一つの対応策は、政府が提供する代わりに民間組織（非政府組織）に依存することである。こうした問題は、広く議論されている。しかしながら、この問題について考えるために皆が納得のいく枠組みはない。この問題が浮き彫りになった背景の一つに、途上国への援助がある。政治的エージェンシー・アプローチは、政府がサービスを提供する能力をモデル化するものであり、こうした問題を考えるのに理想的である。また、NGO で生じやすい説明責任の問題に正面から取り組むことも重要である。我々は、これを可能にするためのモデルを拡張している。

　ここで展開される分析は、Besley and Smart（2007）で提示された極めて単純なモデルに基づいている。政府は、どれだけの税金をかけ、それをどのように支出するかを選択しなければならない。支出は、有権者にとって価値のある公共財か、一般的に「レント」と呼ばれる個人的な役得のどちらかに

なる。レントは有権者にとって観測不能であると仮定する。原理的には、有
権者は歳出と税金の水準を知れば、レントを決めることができるはずである。
しかし、実際には多くの理由から難しい。ここでは、有権者が好むような公
共支出を行うための「コスト」が観測できないと仮定することによって、こ
の考え方を非常に単純な方法で捉えている。ゆえに税金や歳出水準はレント
抽出を検出する不完全な手段である。

　第3章の趣旨に従えば、政治家のタイプにも、レントシーキングを行う悪
いタイプの政治家と、公共の利益に奉仕する良いタイプの政治家の間には非
常に大きな隔たりがある可能性がある[2]。選挙プロセスの役割は、適切なタ
イプの政治家を選別することと、レントシーキングを行う政治家が当選した
場合にその政治家を律することである。ここで論じるエージェンシー・モデ
ルは、財政の決定、全体的な課税水準、レントと公共支出の支出バランスに
影響を与える選挙インセンティブの役割を研究している。また、政府が公債
を発行して歳入を調達することも許容している。

　モデルには、政策決定のための二期間があり、その間に選挙が行われる。
有権者は観測された政策結果に基づいて推論を行い、その情報をもとにベ
イズ・ルールを用いて評価を更新する。過剰なレントを得て有権者の不興を
買った現職政治家は落選する。

　この設定は、時に驚くべき洞察をもたらす。例えば、政府に対するいくつ
かの制約は、政府が比較的良いである場合にのみ、有権者にとって有益であ
る可能性が高い。なぜならこれらの制約が、有権者の中に良いタイプの政治
家が多数存在する場合に最も価値を発揮する選択の改善によって機能するか
らである。

　本章の重要な発見の多くは、**次善の政治理論**（political theory of the
second best）に基づくものである。これは Fischer and Summers (1989) が
最初に提唱したものである。これは、Lipsey and Lancaster (1956) による
次善の経済理論を忠実に拡張したものである。エージェンシー問題が政治行

---

[2] 良いタイプの政治家は、前章における合議型の政治家と同じであり、悪いタイプの政治
　家は不合議型の政治家と同じものである。

動に歪みを生じさせる場合、良い政府はどのように組織されるべきかという標準的な推論が有効であるという保証はない。良い政府が存在する最良（ファースト・ベスト）の世界では賢明でない施策にも、根拠を得ることができる。政府を制約する手段に関しては、次善の政治理論の例がある。

　本章の構成は以下の通りである。次の4.2節では、基礎的なエージェンシー問題と主な仮定を整理する。4.3節では、エージェンシー・モデルの三つの基本的な種類について説明する。第一は純粋に隠されたタイプ、第二は隠れた行動のみ、第三は両方の特徴を持つものである。4.4節では、再選率のパターンや多選禁止の影響など、モデルからデータへの意味を導き出す。これらの事実は、米国のデータと整合的である。

　4.5節では、このモデルを用いて、政府を抑制するための様々な手段について論じる。これは、公共選択アプローチで中心的な役割を果たしてきたいくつかの考え方の理論的基礎を再検討し、それらが明示的なエージェンシー・モデルにおいてどの程度成り立つのかを確認する。具体的には、政府を抑制するための様々な提案、課税に対する明示的な抑制、課税競争、透明性の向上、そしてヤードステック競争について検討する。政治的エージェンシー問題のミクロ的基礎をモデル化することで、問題は非常に微妙なものになることが示唆される。エージェンシー問題の核心は、規律と選択という二つの主要な効果にある。ここで規律が高まるということは、レント収奪の程度が低下することを意味する。政府が活動する環境を変えれば、これに影響を与えることができる。選択とは、有権者に明かされた情報によって、有権者が悪いタイプの政治家を落選させることを意味する。この二つの間には、基本的なトレードオフがある。いわば規律が強化されれば、誰が悪者なのかがわかりにくくなる。このトレードオフは、政府に対する抑制の効果を評価する上で重要である。

　次に，このモデルを公的債務を含むように拡張する。公的債務が観測可能であれば、モデルとその本質は変わらない。しかし、公的債務の水準を観測することが困難な場合、モデルにはかなり違った側面が生じる。このことについては、4.6節で議論する。4.7節では、NGOがより効率的な公共支出を行うかどうかにこの考え方を適用する。4.8節では、財政能力が観察されな

い場合に、何が起こるかを考察する。4.9節は結びとする。

4.2 モデル

政府と経済構造

二期間が存在し、各期 t において、政府は三つの事、すなわち「価値のある」公共支出の水準 G_t、私的流用される公共支出水準 s_t、および課税水準 x_t を決定しなければならない。任意の期間において、徴収可能な最大の政府租税の水準が存在し、$x_t \in [0, X]$ である。

各期において、公共財を供給する単位当たりコスト θ は自然によって、ランダムに決定される。公共財のコストは、各期において独立同分布（i.i.d）であり、$\theta \in \{L, H\}, H > L$ および $Pr(\theta = H) = q$ である。t 期で実現した値を θ_t で記述する。

これから各期の徴税は政府支出総額に等しくなるように制約されていることを仮定する（政府債務については4.6節で検討する）。各 t 期における政府予算制約は、

$$x_t = \theta_t G_t + s_t$$

である。

代表的な有権者は、政府支出の純費用である公共財から効用を得る。政治家が公共財の G を提供し、総支出量が x のときの有権者の厚生は、$W(G, x) = G - \mu C(x)$ である。ただしここで C は狭義凸の増加関数であり、μ は単純な方法で公的資金の限界費用を簡単な方法で指数化した外生パラメーターである。

政府による最適政策

有権者の厚生のみを考慮する良い政府によって選択されうる課税および支出のパターンを基準に取る。ここでは、公的資源が私的目的に転用されないとする。すなわち $t(= 1, 2)$ において、$s_t = 0$ である。最初に

$$G_\theta^*(\mu) = \arg\max[G - \mu C(\theta G)] \tag{4.1}$$

を定義し、$x_\theta^* = \theta G_\theta^*$ における $W^g(\theta, \mu)$ を最適水準における有権者の厚生

水準とする。最後に、

$$EW^g(\mu) = qW^g(H, \mu) + (1 - q)W^g(L, \mu)$$

とする。$X > x_L^*$ を仮定する。$C'(\cdot)$ が増加するという事実は、$x_L^* > x_H^*$ を意味する。すなわち、公共財のコストが低いほど、政府はより大きくなるのが最適である。$G_\theta^*(\mu)$ と $W^g(\mu)$ は μ で減少することは明らかであり、公共財の供給コストが低いほど、市民はより良い状況になる。

政治家のタイプと意思決定

　ここで、選挙がある場合の二期間エージェンシー・モデルを研究する。それぞれの期において、現職の政治家は課税と政府支出に関する決定を行う。その間に選挙があり、有権者は現職と対立候補のいずれかを選ぶ。費用ショック θ と私的流用されるレントの額 s は、政治家自身のみで観測される。

　政治家は「良い」または「悪い」の二つのタイプがある。それゆえに、政治家のタイプを $i \in \{b, g\}$ でラベル化する。良い（good）タイプの政治家は、各期間において、有権者の厚生を最大化するために、単純に G と x を選択するだけであり、公共支出からの流用には価値を置かない。言い換えると、政治家は前節で概説した最適政策の組み合わせを選択する。

　これとは対照的に、悪い（bad）タイプの政治家は戦略的に行動し、政府から流用したレントの期待割引総額 $s_1 + \beta\sigma s_2$ を最大化するように政策を選択する。ただし $\beta < 1$ は割引因子で、σ は第二期目の再選確率である。再選ルールの決定については後述する。

　第一期目の現職と対立候補のタイプ $i \in \{g, b\}$ は、$Pr(i = g) = \pi$ の同一分布から独立に抽出される。そのとき、現職は第一期の費用ショック θ_1 を観察し、公共財の供給量 G_1 とレントの流用量 s_1 を選択する。そして有権者は 第一期末の選挙前に G_1 と政府支出 x_1 を観察する。しかしながら、現職および対立候補のタイプ、単位コスト θ_1、およびレントの流用量の水準 s_1 は観察されない。第二期では、θ_2 を与えられた現職の政治家は G_2、x_2、および s_2 を再選択する。以後の選挙はない状況のため、新たに選出された対立候補も、第二期では「死に体（レームダック）」となる。したがって有権者は選挙に投票す

る際、観察された実績に基づいて現職のタイプについて推論を行い、対立候補のタイプに関する事前の信念と比較しなければならない。

このモデルにおける興味深い論点は、第一期における現職の行動および当選の決定要因に関するものである。二期間設定において、第二期で考慮するインセンティブ問題は存在しない。

Brennan and Buchanan (1980) の政府行動のリヴァイアサン・モデルは、$\pi = 0$、すなわち政治家すべてが悪いタイプであると知られているこのモデルの特別なケースと考えることができる。彼らのモデルでも、このモデルと同様に、政治家へのレントと有権者が評価する支出という2種類の公共支出が存在する。Brennan and Buchanan (1980) は、与えられた税収から一定の割合でこれらが生み出されると仮定している。しかしながら、このモデルでは、現職は税収をこれらの目的にどのように配分するかを選択することができる。

4.3 政治家のタイプに関する三つのシナリオ

このモデルは、政治的エージェンシー問題を研究するための三つのシナリオを展開するために用いることができる。第一に、現職はレントの量をコントロールできず、悪いタイプの政治家はレントを収奪し、良いタイプの政治家はレントを収奪しないと仮定する。この場合、有権者にとっての唯一の問題は、現職を選択することにある。第二のケースは、モラル・ハザードの問題を研究する。すべての政治家は悪いタイプであり、再選はレント収奪を制限するための見返りである。第三のケースは、逆選択とモラル・ハザードの複合効果を研究する。悪いタイプの現職政治家が再選を果たすために良いタイプの現職政治家を真似する可能性を研究する。これは短期的にはレントシーキングを抑制する長所があるが、長期的には選択を抑制する短所がある。

逆選択とモラル・ハザードを考慮したモデルは、本格的な公共選択モデルと良い政府モデルとの間の橋渡しをするものである。したがって良い結果を妨げる唯一のものは、誰が良く振る舞うかを有権者が識別できないことである（選択の問題）。

4.3.1 純粋な逆選択

まず純粋な逆選択から始める。政治家は自身が得られるレントの量に影響を与えられる能力を持たないケースによって定義される。良いタイプの政治家は有権者が望む結果をもたらすが、悪いタイプの政治家はあらかじめ決められた金額を引き出す。G は一般に知られている水準 $\bar{G}$ で固定されていると仮定する。このモデルはまったく現実的ではないが、この後の議論や分析に役立つ選択問題の議論を始めるのに一役買うだろう。

異なるタイプの政治家が選択する公共支出の水準が、そのタイプを完全に明らかにしているとすれば、純粋な逆選択は興味深いものではない。よって悪いタイプの政治家は $s = (H - L)\bar{G}$ に等しいレントを抽出することを仮定する[3]。明らかに、これは極めて特殊な仮定である。しかしながら、2 状態モデルにおいて、有権者が政策結果を目の当たりにした後、現職が良いタイプか悪いタイプかわからない状態が一つ存在するのというのが、最も単純な方法である。公共支出が $H\bar{G}$ であることを観察した場合、H の費用ショックを受け取ったのか受けた現職が良いタイプの現職なのか、L の費用ショックを受けた現職が悪いタイプの現職なのかがわからないのである。

ここでベイズ・ルールに従って、有権者によって使われる投票ルールを計算することが可能である。G が $\bar{G}$ で固定されているので、投票は課税の水準にのみ依存する。所与の仮定のもとで、$x \in \{L\bar{G}, H\bar{G}, (2H - L)\bar{G}\}$ であり、これらの課税水準二つは現職のタイプを完全に明らかにする。$L\bar{G}$ を選択する現職は良いタイプの政治家であり、$(2H - L)\bar{G}$ を選択するのは悪いタイプの政治家であると推測される。重要な問題は、$H\bar{G}$ を見たときに、有権者はどんな推論をしているのかということである。ベイズ・ルールを使って、政治家が良いタイプである確率は、$H\bar{G}$ を見たという条件付きで次のようになる。

---

[3] 以下見るように、この水準のレントは、レントと公共支出を内生的に選択できるモデルにおいても重要である。

$$\frac{q\pi}{q\pi + (1-q)(1-\pi)}$$

　現職を再選するかどうかを決めるために、有権者はこの確率と無作為に選ばれた対立候補が良いタイプである確率 π との比較をする。

　$q > \frac{1}{2}$ ならば、これは π よりも大きいことをチェックするのは容易い。そのとき、再選挙は良いアイデアとなる。つまり状態は H である可能性がそうでない場合よりも高く、現職は再選される。$q < \frac{1}{2}$ ならば、良いタイプの現職の中には落選する者もいるかもしれないが、$H\bar{G}$ を選ぶ現職を落選させることは常に良いアイデアとなる。これを命題1として以下に要約する。

命題1　純粋な逆選択の下においては、以下の二つの可能性がある。

(1) $q \geq \frac{1}{2}$ ならば、政治家は税金を $L\bar{G}$ または $H\bar{G}$ に設定するならば、再選される。この場合、良いタイプの政治家全員と悪いタイプの政治家の一部が再選する。

(2) $q < \frac{1}{2}$ ならば、政治家は税金を $L\bar{G}$ に設定するときのみであり、悪いタイプの政治家全員は、一部の良いタイプの政治家のとともに落選する。

　この結果のいくつかの特徴は注目に値するものである。第一に、有権者の行動は、母集団における政治家の分布には依存せず、純粋に、良いタイプの政治家と悪いタイプの政治家が混同される尤度、具体的には、尤度比 $\frac{q}{1-q}$ に依存する。また、このモデルは、政治家が高い税率を課すと有権者が落選させやすくなることを明らかにしており、これは世間の知恵と実証的証拠の両方と整合的である。この点については、以下で詳しく述べる。

　逆選択の下では、有権者は、より質の高い現職プール（より高い π）と、投票決定の条件となる世界の真の状態に関するより多くの情報を持つことで便益を得ることは明らかである。純粋な逆選択モデルからは、いくつかの驚くべき洞察が得られる。しかしながら、現職が有権者の認識を左右するような真の選択はできないという考えは強すぎる。そこで、この考えを緩和したモ

デルを検討する。

4.3.2　純粋なモラル・ハザード

　前章で述べたように、純粋なモラル・ハザードのケースは、Barro（1973）と Ferejohn（1986）の「第一世代」の政治的エージェンシー・モデルの主題であった。このケースを、ここで紹介する枠組みによってどのように研究できるかを示したい。

　ここで、政治家すべてのタイプが悪いタイプであり、有権者の厚生は二次的な関心事として、主に自分たちのレント抽出に関心を持っているとしよう。G と s の両方が選ぶことができ、G と x だけが観察可能であるとする。有権者は現職のタイプについて推測する必要はない。投票の役割は純粋に、あるレベルの規律を達成することであり、有権者が望むもの（この文脈では、レントシーキングの低下）に近いものを実現した政治家に報いることである。そこで、現職の第一期の政策が選択される前に、投票者がインセンティブに基づく再選ルールを発表し、それを約束することができるゲームを考える。有権者が用いる再選ルールを関数 $\sigma(G, x)$ で表すことにする。固定された G に対して、現職のレント抽出問題は、$s_1 + \beta\sigma(G, \theta G + s_1)s_2$ を最大化するために、第一期と第二期におけるレントの流用額 (s_1, s_2) を選択するものである。

　第二期において、レントシーキングを抑制するための再選インセンティブはなく、すべての政治家は $s_2 = X$ を選択する。第一期では、現職はレントシーキングを減らすことによって報酬を得ることができる。有権者の推論は以下の通りである：現職はいつでも X を引き出すことができ、再選を見送ることができるため、そうしないようなインセンティブを提供しなければならない。現職の関心はレントだけであるため、現職は X が得られるすべてのパッケージの間で無差別になる。よって、以下を満たすようなレントの閾値の水準 $\hat{s}(\sigma)$ を考える。

$$\hat{s}(\sigma) + \sigma\beta X = X$$

　「許容される」レントの水準がこれを満たす限り、現職は $\hat{s}(\sigma)$ を選び、確

率 σ で再選される。しかしながら、インセンティブ制約を満たす第一期のレントシーキングの水準は、σ において、減少するために、有権者にとっては $\sigma = 1$ に設定するのが最良である。ゆえに依頼人・代理人理論の用語で言えば、$s_1 \geq (1 - \beta)X$ という条件は、各費用水準 $\theta \in \{L, H\}$ について、現職が有権者の望む水準の公共支出を行うことを保証するために満たされなければならない必要な「参加制約」であると考えることができる[4]。

　純粋なモラル・ハザード・モデルは、Besley and Case (1995b) が発見したような政治家選択における多選禁止効果と整合的である。しかしながら、現実には任期を延長できる対立候補と死に体（レームダック）になる現職のどちらかを選ぶことを考えると、このモデルでは有権者が死に体（レームダック）の現職を好む理由を説明できない。

　モデルは、政治家が再選のインセンティブに直面するとき、レントの取り分が βX によって低くなることを予測している。政治家が忍耐強ければ強いほど、有権者に対するレント改善はより大きいものとなる。公共支出の水準は第二期よりも第一期に高くなり、課税水準は第二期において X であり、第一期においてその水準は X よりも小さくなる。

　θ に関する情報が不完全なものであっても、G の選択を通じて均衡で有権者に明らかにされる。政治家はもともと θ を重要視していないため、彼らが抽出可能なレントの量に影響はない。

　また、このモデルでは、有権者は第二期にどの政治家を選ぶかについて無差別である。このモデルには、有権者がある政治家を他の政治家よりも純粋に好むようなタイプは存在しない。なぜならこのモデルは、政治家階級について、政治家たちはすべて自分たちだけのために働いている、という最も悲観的な仮定をしているからである。

　最後に、純粋なモラル・ハザード・モデルであっても、Brennan and Buchanan (1980) のリヴァイアサン・モデルと比較して、選挙競争の展望についてはより楽観的である。将来の地位を約束することで、レントシーキン

---

[4] 本節では、有権者と現職の混合戦略メカニズムを無視する。

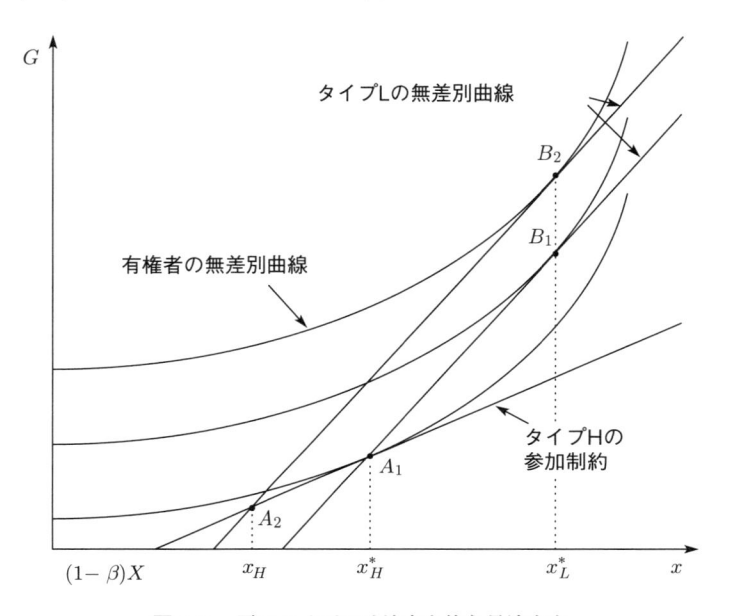

図4.1　悪いタイプの政治家を伴う最適支出

グを抑制することができる。

　次に有権者が再選の代わりに現職に要求する支出と課税水準 (G_θ, x_θ) を決定したい。これは「メカニズム・デザイン」の問題であり、本章のほとんどの内容には関係のない技術的な問題を含んでいる。したがって、ここではこの問題の非公式な議論を行い、より完全な議論については本章の補遺において行うこととする。

　まず費用水準が高い場合を考える。現職は以下の参加制約を満たす中から財政政策 (G_H, x_H) を提供する意思があるものとしよう。

$$s_H \equiv x_H - H G_H = (1 - \beta)X$$

　もし費用水準が有権者に知られていれば、問題は単にこの制約の下での有権者の厚生 $G_H - \mu C(x_H)$ を最大化することになる。最善の選択は図4.1にあるように、課税水準が x_H^* で、傾きが $1/H$ のタイプ H の参加制約との接点 A_1 として描かれている（有権者の厚生は図の「北西」の方向で増加して

いる一方で、政治家のレントは「南東」の方向で増加している)。

図4.1もまた、この結果の難しさを示している。すなわち真の費用が有権者によって観測されないのであれば、費用 $\theta = L$ に直面する現職は高費用の財政パッケージ (G_H, x_H) の実施することを阻止し、真の費用の差 $(H - L)G_H$ と等しい追加的なレントを獲得しなければならない。言い換えれば、財政政策は低費用タイプに対するインセンティブ制約も配慮しなければならない。

$$s_L \geq (1 - \beta)X + (H - L)G_H$$

図4.1において、タイプ L に対する無差別曲線は傾き $1/L$ の急な直線である。仮に H に対する最良の支出点 A_1 が選択されたとすると、L に対する最良の政策は、B_1 とラベルづけされた接点であり、関連する支出水準 x_L^* である。L の現職は A_1 と B_1 の間で無差別であるが、後者の方が有権者に非常に高い厚生をもたらす。

しかし、有権者はこの結果よりも厳密により良い結果を得ることができる。H に対する参加制約に沿って、A_2 とラベル付けした点まで支出を少し減らすことを考える。G_H は小さくなってしまっているので、L が得るレントの水準も小さくなる。L に対するインセンティブ制約が緩和され、有権者はタイプ L からより高い支出を主張することができるため、より高い厚生が得られる(B_2 とラベル付けされた点)[5]。

したがって、このモデルは、エージェンシー問題がなぜ小さな政府をもたらすかを示唆している。たとえすべての政治家が悪いタイプになるインセンティブを持っていることがわかっていても、政府支出を制限することで、政治家が、「費用の水増し」によって抽出可能なレントに制限が課される。本章の付録で示したこの問題の公式解は、最適な支出水準に関する他の多くの洞察をもたらす。具体的には、

---

[5] 有権者の厚生が G に対して準線形であるため、均衡の課税水準はレント抽出の均衡水準にも関わらず、同じである。

> **命題2**　有権者が選好する誘因両立的な支出水準 x_H がより小さくなるのは、
>
> (1)　L がより小さくなる時
> (2)　費用についての有権者の信念がより楽観的であるとき（q がより低いとき）
>
> である。

　したがってこの命題は、やや直観に反するものの、真の費用の削減が政府支出の「削減」を誘発することを述べている。そのため、実際のところ政府サービスの費用削減は、さらなる政府支出への制限につながる。したがって政府サービスのコストの削減は、悪いタイプの政治家によって引き起こされる潜在的なエージェンシー問題を悪化させるので、実際には政府支出をさらに制限することになるかもしれない。

4.3.3　モラル・ハザードと逆選択の複合

　第3章と同様、選挙には二つの役割がある。つまり (i) 逆選択の場合のように良いタイプの政治家を選ぶこと、(ii) モラル・ハザードの場合のようにレントシーキングを抑制するためのインセンティブを与えること、である。モデルは、現職の政治家と代表的な有権者との間の不完全情報ゲームを定義する。このゲームの完全ベイズ均衡の性質を求める。通常、このゲームは後ろ向き帰納法の一種を適用することで非常に簡単に解ける。第二期において、現職の政治家は選挙規律を受ける可能性がなくなる。したがって、（悪いタイプの政治家が最大限のレントを取る）$i = b$ の場合は、$s_2 = X$ となり、$i = g$ の場合は $s_2 = 0$ となる。

　第二期の戦略が、対立候補と現職で同一であることを考えると、有権者の逐次合理的な投票ルールは現職者が良いタイプである事後確率が対立候補が良いタイプである事前確率 π を上回れば、現職者を再選することである。投票者の事後信念は、第一期の現職の均衡戦略に依存する。良いタイプは当期

の有権者の厚生にのみ関心を持つので、確率 q で (G_H^*, x_H^*) を、確率 $1-q$ で (G_L^*, x_L^*) を選択する。このことから完全ベイズ均衡では、有権者の事後の信念は、他のどのような情報集合 (G, x) でも、良いタイプに確率 0 を割り当てることがわかる。表記を簡略化するため、事後信念を第一期の支出のみの関数 $Pr(g|x)$ として記述する[6]。

ここで、均衡経路に沿って正の確率で観察される三つの支出レベル (x_L^*, x_H^*, X) のうちの一つと関連する、悪いタイプの現職が取りうる三つの戦略に注目する。まず、b は $s_1 = 0$ または $s_1 = X$ を選択するかもしれない。ところが、将来のレントが割り引かれる（$\beta < 1$）ために、後者の戦略は、前者の戦略を支配する[7]。どの均衡でも、

$$Pr(g|x_L^*) = 1$$

であり、有権者は第一期の支出が x_L^* であるとき、常に再選する。x_H^* を観察することを条件とする信念はより複雑である。低い真のコストに直面する悪いタイプの政治家は最大レントを取る代わりに、公共財を G_H^* 単位生産し、$\hat{s}(\mu) \equiv (H - L)G_H^*(\mu)$ を私的レント消費に振り向ける x_H^* を支出することを選ぶかもしれない。この戦略はタイプ (b, L) にタイプ (g, H) と一括になることを可能にし、再選確率を正にするのであれば、そうすることが望ましい。したがって、ここで

$$\lambda = Pr(x = x_H^* | \theta = L, i = b)$$

を、タイプ (b, L) がこの意味で、制約を行使する確率とする。そして σ を有権者が x_H^* を観察したときの再選確率であるとしよう。支出 x_H^* が良いタイ

---

[6] 有権者の信念は、均衡に達していない節（ノード）では、ベイズ・ルールによって制限されない。良いタイプの行動は、選好に関する仮定によって固定されているために、$\theta \in \{L, H\}$ に対して、$(G, x) \neq (G_\theta^*, x_\theta^*)$ であれば、$Pr(g|x) = 0$ という最小限の制限を均衡外の信念に課す。このような情報集合であれば、有権者は第二期に対立候補を選ぶであろう。

[7] 真のコストに関係なく、$s_1 = 0$ は再選される場合、悪いタイプに利得 βX をもたらし、そうでない場合はゼロになる。一方 $s_1 = X$ は、再選される場合 $(1 + \beta)X$ を支払い、そうでない場合は X を支払う。

プの政治家によって生み出される事後確率は

$$Pr(g|x_H) = \frac{\pi q}{\pi q + (1-\pi)(1-q)\lambda}$$

である。

有権者の最適反応は、$Pr(g|x_H) \geq \pi$ あるいは同様に、$\lambda \leq q/(1-q)$ のとき
のみ、正の確率（$\sigma > 0$）で再選されることである。不等式が狭義であれば、
$\sigma = 1$ である。さらにタイプ (b, L) は、$\hat{s}(\mu) + \beta\sigma X \geq X$ の場合に限り、最
大レントを流用する代わりに、制約を選好する。この不等式が狭義であると
き、$\lambda = 1$ である。

　これらの所見をまとめると、三つの均衡構成が考えられる。第一に、タイ
プ (b, L) は $s_1 = \hat{s}(\mu)$ を選択するため、タイプ (g, H) と区別がつかず、均衡
は**一括**（pooling）になる可能性がある。第二に、タイプ (b, L) が $s_1 = X$ を
選択し、事後に明らかになることから、均衡は**分離**（separating）になる可
能性がある。第三に、均衡は**混成**（hybrid）になる可能性であり、この場合
タイプ (b, L) は、$s_1 = \hat{s}(\mu)$ と $s_1 = X$ で厳密な混合戦略を採用するので、厳
密に1より小さい正の確率で明らかになる。次の結果は、考えられる設定を
完全に特徴づけるものである。

命題3　均衡はパラメターのすべての値に対して存在し、一般に一意で
ある。

(1)　$\lambda = \sigma = 1$ である一括均衡が存在するための必要十分条件は、

$$q \geq \frac{1}{2} \text{ および } \hat{s}(\mu) \geq (1-\beta)X$$

(2)　$\lambda = q/(1-q)$ および $\sigma = (X - \hat{s}(\mu))/(\beta X)$ であるような、混成均
衡が存在するための必要十分条件は、

$$q < \frac{1}{2} \text{ および } \hat{s}(\mu) \geq (1-\beta)X$$

(3)　$\lambda = 0$ および $\sigma = 1$ である分離均衡が存在するための必要十分条件は、

$$\hat{s}(\mu) \leq (1-\beta)X$$

である。

命題の厳密な証明に関しては、Besley and Smart (2007) を参照されたい。ゆえに、3種類の可能な均衡が存在する。分離均衡では、悪いタイプの政治家は最大限のレントを取り、確実に発覚し、対立候補によって取って代わられる。したがってこの均衡の結果は、有権者が費用ショックを直接観察可能な場合に得られる結果と等価となる。一括均衡及び混成均衡では、現職は最大のレントよりも少ないレントしか取れず、そのタイプは低確率で明らかになる[8]。後者は $\hat{s}(\mu)$ が高く、現職が将来を大きく割り引いて，第一期で獲得したレントを高く評価する場合に起こりやすい。

この結果は、逆選択モデルやモラル・ハザード・モデルの特徴を持っている。逆選択モデルのように、悪いタイプの現職が再選される可能性がある。一括均衡と分離均衡では、良いタイプの現職が落選する可能性はなく、x_H^* を選択した現職は常に再選されることが最適である。モラル・ハザード・モデルに従い，現職は再選されるために内生的にレントシーキングを抑制する。しかしながら、不完全であり、費用ショックが H である場合には抑制はない。これは（純粋なモラル・ハザード・モデルとは異なり）潜在的な政治家のプールに良いタイプの政治家が存在するため、有権者は悪いタイプの現職者と対立候補の間で無差別ではないために生じる。また、このモデルは、抑制的に行動したとしても、費用ショック H に直面したとき、悪いタイプの現職は純粋なモラル・ハザードの場合よりも高いレントを選択することを予測している[9]。

---

[8] 一括均衡では、レントが「正当な」公共支出額と正の関係があると仮定されるリヴァイアサン・モデルで想定される結果と似ている。

[9] 費用ショック L を持つ悪いタイプの現職にとって、レントの水準はより高くはならないかもしれないが、それは純粋なモラル・ハザード・モデルのもとで、高コストの財政政策がどれだけ歪められるのかによる。

4.4 公共支出と選挙効果

本節では、命題3で説明された均衡が持つ、実証的かつ規範的な意味を明らかにする。

まず、規範的な意味合いから説明する。最初に、選択効果とインセンティブ効果がどのように組み合わさって有権者の厚生を決定しているかを見る。政治均衡に示唆されるエージェンシー・コストによって規定される、経済への政府介入のケースをモデルがどのように予測するかについても見ていく。また、有権者が良いタイプの政治家を少人数しか利用できないことの意味と、それが悪いタイプの政治家のみしか利用できないことよりも悪いことになりうるのかどうかについても考察する。

実証的な意味合いとしては、まず、モデルが税金、支出、政治家の交代をどのように結びつけているかを見ていく。次に、エージェンシー・モデルが財政サイクルの存在についてどのような予測をしているかを見る。

4.4.1 均衡における有権者の厚生

選挙過程がこのモデルにおける政治的意思決定にどのような影響を及ぼすのかを理解するために、均衡における有権者の期待厚生を計算するのは有用である。分析への基準として、毎期政治家が確実に落選すると仮定する。タイプ g の政治家が現職の場合、有権者の期待厚生は $EW^g(\mu) = qW^g(H,\mu) + (1-q)W^g(L,\mu)$ であり、「死に体」の悪いタイプの政治家が最大のレントを流用するために、タイプ b の現職の場合、単に $W^b(\mu) = -\mu C(X)$ である。表記を簡単にするため、この場合の条件なしの各期毎の期待厚生を $W^0(\mu) = \pi EW^g(\mu) + (1-\pi)W^b(\mu)$ とする。このことから、再選の可能性がない場合の期待厚生の現在価値は $(1+\beta)W^0(\mu)$ であることがわかる。

命題3において記述された均衡における均衡厚生は、以下のように書くことができる。

$$EW(\lambda, \sigma, \mu) = (1+\beta)W^0(\mu) + (1-\pi)(1-q)\lambda\Delta(\mu) + \beta(\pi_2 - \pi)\Sigma(\mu) \quad (4.2)$$

ここで、

$$\Delta(\mu) = W^g(H, \mu) - W^b(\mu) \quad (4.3)$$

$$\Sigma(\mu) = EW^g(\mu) - W^b(\mu) \quad (4.4)$$

および

$$\pi_2 - \pi = \pi(1-\pi)[q\sigma + (1-q)(1-\sigma\lambda)] \quad (4.5)$$

である。

　(4.2) 式は、最後の二つの項は再選の可能性がない場合における厚生からの乖離を表すので、単純に解釈できる。$\Delta(\mu)$ の項は再選の可能性によって引き起こされる規律効果、つまり悪いタイプの現職は、レントシーキングを抑制するという効果を表し、$\Sigma(\mu)$ の項は選択であり、選挙は悪いタイプの政治家が淘汰されることによって第二期の政策の質が向上するという事実を表している。各効果を掛け合わせることにより、関連事象が発生し、選挙の利益が享受される確率が算出される。確率 $(1-\pi)(1-q)\lambda$ で、第一期の悪いタイプの現職は、公共財 G_H^* を生産し、X の代わりに、レント $\hat{s}(\mu)$ を流用することを選択し、「規律」による厚生利得を得る。つまり、表現 $\pi_2 - \pi$ は第二期の現職が良いタイプであるという確信の増加を意味している[10]。

　まとめると、現職の再選の可能性は、在職中の政治家の平均的な質を向上すること（「選択効果」）と質の低い現職に将来的なインセンティブを提供すること（「規律効果」）の両方からによって、有権者の厚生を高めることができる。財政制度における変化の影響を知るために、選択における効果とインセンティブへの影響を理解しなければならない。そのためには（λ と σ によって表される）均衡における政治行動がどのような影響を受けるのかを理解する必要がある。

---

[10] これは第 3 章における $\Pi - \pi$ の表現と同様である。

(4.2) 式を λ について微分すると、以下が得られる[11]。

$$\frac{\partial EW(\lambda, \sigma, \mu)}{\partial \lambda} = (1-q)(1-\pi)[\Delta(\mu) - \beta\pi\sigma\Sigma(\mu)] \qquad (4.6)$$

この式の符号は、規律効果 $\Delta(\mu)$ と選択効果 $\Sigma(\mu)$ の大きさに依存する。$\Delta(\mu) > \beta\pi\Sigma(\mu)$ の場合、λ が高い（より規律的な）ことは、有権者にとって良いことである。

(4.2) 式はまた、政府におけるエージェンシー・コストの本質的な特徴づけを行っている。これは、標準的な公共経済学モデルで研究されているものよりも保守的な、政府が経済に介入する基準を与える。比較のポイントとして、政府が全く無介入の極端なケースを取り、$G = x = 0$ とする。以下、4.5 節では、政府を完全に閉鎖するのではなく、より巧妙に抑制する可能性を検討する。

純粋に良い政府の観点に立てば、政府の介入の下での最適な市民厚生という観点から介入のケースを見ることになる。この場合 $(1+\beta)EW^g(\mu) > 0$ の時のみ、政府には価値がある。良い政府の世界で運営を行う厚生経済学者は、政府のこのケースを推奨するだろう。

エージェンシー・モデルはこれがとても楽観的すぎることを示唆している。とはいえ、具体的なエージェンシー・コストを特定することで、政府のより保守的なケースをさらに的確に表現することができる。説明のため、実行中の均衡が $\sigma = 1$ と $\lambda = 0$ となるように分離されているとする。ゆえに政治的均衡における厚生は、

$$(1+\beta)EW^g(\mu) - [EW^g(\mu) - W^b(\mu)](1-\pi)[1 + \beta(1-\pi)] \qquad (4.7)$$

---

11) このヒューリスティックな議論を解釈するには、若干の注意が必要である。これまで見てきたように、λ は均衡の結果である。λ を大きくするためには、X を小さくし、β を大きくし、μ を小さくし、H を大きくし、L を小さくする必要がある。これらのパラメーターの変化はまた、有権者の厚生に影響を与える。例えば、λ が X を低下させることによって上昇する場合、X を低下させることによるプールしている悪いタイプの現職を再選することのマイナス効果も緩和されるため、規律的であることが良いという条件は、$\Delta(\mu) > \beta\pi\Sigma(\mu)$ よりも弱くなる。

（1 − π に比例する）この式の第二項は、政府を運営するためのエージェンシー・コストを表している。このコストが高くなればなるほど、良いタイプの政治家と悪いタイプの政治家の差が大きくなる。このことは、政治経済学的アプローチが、政府のケースについてあまり悲観的でない理由を正確に示している。この基準 $(1 + \beta)EW^g(\mu) > 0$ は極めて楽観的である。

上記の表現はこの文脈における公共選択による厚生経済学批判に正確な根拠を与えるものである[12]。この考え方は、政策過程の不完全性が政府の介入をいかに困難にするのかを論じた Acemoglu and Verdier (2000) の分析を彷彿させるものであり、（ここでは、レントシーキングをする政治家や不完全情報による）政府の失敗は、政府の肯定的なケースに対してと天秤にかけるべきであるという考え方は理にかなっている。これは、まず政府が G に支出するケースを可能にする市場の失敗という観点から考えることができる。

(4.7) 式は、ここで提示したモデルが、純粋な公共選択の考え方と標準的な良い政府の考え方の中間に位置すると考えることができることを示している。π が 1 に近づくと、良いタイプの政治家のみしか存在せず、エージェンシー・コストは 0 になり、政府の標準的な厚生経済基準になる。π がゼロに近づくにつれて、式は $(1 + \beta)W^b(\mu) = -(1 + \beta)\mu C(X) < 0$ に近づき、政府を持つ価値はなくなる。ゆえに、政府が機能するか否かは、エージェンシー・コストの大きさと、政府が良い政府モデルか公共選択モデルのどちらに近い形で運営されるかに依存している。

4.4.2 良いタイプの政治家は、有権者にとって必ずしも良い政治家なのだろうか?

4.3.2 節と 4.3.3 節におけるモデルを比較するとき、少数の良いタイプの政治家がいる場合の結果と、政治家がすべて悪いタイプの場合の結果を対比することは興味深い。この場合、すべての政治家が悪いタイプであった方が、実際には物事が良くなる可能性があることがわかるだろう。このため、純粋

---

[12] 公共選択批判のモデルに関しては、Besley and Coate (2003) を参照のこと。

なモラル・ハザードの場合と、良いタイプの政治家がある程度存在する場合の厚生を対比する。

どちらのケースでも、悪いタイプの政治家全員は、第二期のレントを最大限に引き出そうとする。しかしながら、良いタイプの政治家が見つかる可能性があるのなら、良いタイプの政治家が存在する方が有権者にとって良いことは明らかである。まず第一期を考える。純粋なモラル・ハザードの下での、悪いタイプの政治家は、第一期において確実にレント $(1-\beta)X$ を取る。モラル・ハザードと逆選択を組み合わせたモデルの均衡が、$\lambda = 0$ および $\sigma = 0$ となるように分離しているとする。そのとき、悪いタイプの現職がいれば、第一期のレントは X であり、良いタイプの現職であれば 0 となる。これで、純粋なモラル・ハザードのケースの方が良いことが容易にわかる。

純粋なモラル・ハザード下における有権者の厚生は、

$$q\left[\frac{x_H}{H} - \mu C(x_H)\right] + (1-q)W_L^g - \frac{\hat{s}}{H} - (1-q)\frac{H-L}{HL}x_H + \beta EW^b$$

である。ただし $\psi = q/H + (1-q)/L$ である。モラル・ハザードと逆選択のもとでの有権者の厚生は（(4.7) 式を書き直すと）、分離均衡の場合において

$$(1+\beta)W^b(\mu) + \pi(1+\beta(2-\pi))[EW^g(\mu) - W^b(\mu)]$$

である。十分に小さな π に対して、純粋なモラル・ハザードの下よりも、厚生はより高くなることは容易にわかる。π が 1 に近づくにことによって、モラル・ハザードと逆選択の両方がある場合の方が、明らかに厚生は高くなる[13]。

---

[13] 一括均衡のケースにおいて、上記の表現は、

$$(1+\beta)W^b(\mu) + \pi(1+\beta+\beta(1-\pi)q)[EW^g(\mu) - W^b(\mu)] + (1-\pi)(1-q)[W^g(H,\mu) - W^b(\mu)]$$

となる。

つまり π が十分に小さい場合、$W^g(H,\mu)$ は、$EW^g(\mu)$ よりも小さく、$\psi(1-\beta)X$ は、一括均衡の条件により小さいので、純粋なモラル・ハザードの下での厚生が高くなる可能性が非常に高い。したがって、一括均衡と比較する場合も、基本的には同じ論理が適用される。

　これは逆説的に見えるかもしれない。しかしながら、少し考えればその理由は明らかである。母集団に良いタイプの政治家がいれば、悪いタイプの政治家が再選を目指す際に、その政治家が基準となる。命題3は、そうするための十分なレントが悪いタイプに利用可能である場合、良いタイプの真似をすることは価値があることを示唆している。そうでなければ、彼らは X を選ぶことを好むだろう。ゆえに、良いタイプは悪いタイプに影響を与える外部性を生み出す。しかし、良いタイプの人数がそれほど多くなければ、投票者の利得に与える影響は無視できる。したがって良いタイプが母集団にごくわずかしかいない場合、有権者はより不利になる。

　別の見方をすれば、有権者のコミットメント能力ということになる。純粋なモラル・ハザードの場合、有権者は（事後で）現職に投票するか、ランダムに選ばれた対立候補への投票は無差別である。したがって、有権者は、現職がレント収奪を減らすための最善のインセンティブを生み出すような、現職が満たすべき基準を選ぶことができる。しかしながら、有権者は、モラル・ハザードのもとで使用される投票ルールにコミットしたいにもかかわらず、現職が良いタイプである可能性がある場合には、この投票ルールにコミットすることができない。

　この結果は、純粋なモラル・ハザード・モデルは、良いタイプの政治家を含むようにモデルを少し変化させただけでは、むしろ脆弱であることを示唆している。この場合インセンティブを支える厳密な無差別ルールが、有権者のコミットを可能にしているからである。いったんこの無差別が崩れると、最適な投票戦略には実際に制約が生じ、事態を悪化させる可能性がある。

4.4.3　政治家の落選確率

　第3章で論じたように、政治的エージェンシー・モデルの特徴の一つは、政治家の落選確率と政府の政策をどのように結びつけているかにある。ここで研究されている特定の経済的関心としては、税金、公共支出、投票行動の間のつながりを指す。このモデルは、増税が再選のチャンスに不利に働くという経験則に基づく予測を裏付け、公共支出と政治家の落選の関連性を調べることもできる。

　命題3を用いると、このモデルは無作為に選ばれた第一期の政治家の議席維持率は次のようになると予測する。

$$f(\lambda, \sigma) = 1 - [\pi q(1 - \sigma) + (1 - \pi)(q + (1 - q)(1 - \lambda\sigma))]$$

　λ と σ において、議席維持率が増加することを検証するのは容易である。

　実証的に興味深い問題は、落選確率がどのように λ と σ とどのように関係しているかということではなく、これら均衡戦略が観測可能ではないからである。その代わりに、データは x と G に関する観測と、それらが政治家の再選の可能性にどのように関係するのかという形で得られる。これら実証的な意味を明らかにするのはやや複雑である。というのも、再選確率は課税総額と有用な公共支出の実施額の二つの変数に依存しているからである。

　命題3が示唆する結果を要約すると、

$$\sigma(x_L^*, G_L^*) = 1, \sigma(x_H^*, G_H^*) \in [0, 1], \text{および } \sigma(X, 0) = 0 \qquad (4.8)$$

である。

　より価値のある公共支出を行う政治家は、再選の可能性にとって常に有利に働く。より高い公共支出は常に優秀な現職によってもたらされるので、これはむしろ自明である。しかしながら実際には、このことを検証するためには、支出項目を G 成分と s 成分に分離することが必要であるが、容易なことではない。

　ゆえに、より興味深い実証的予測は、総支出と再選の可能性を関連づけるものである。(4.8)式から明らかなように、$x_H^* < x_L^*$ であるため、$\sigma(x_H^*, G_H^*) < 1$ であれば、課税と再選の間の関係には潜在的な非単調性が存在している。良いタイプの政治家が悪いタイプの政治家と区別されるのは、公共財を提供するコストが低いとき（$\theta = L$）だからである。支出が少ない状態は、悪いタイプの政治家がレントをいくばくか抽出し、良いタイプの政治家を装っていることと矛盾しない。

　一括均衡あるいは分離均衡でも、議席維持確率は、低支出水準に対して一定であり、現職は $x = x_L^*$ または x_H^* のとき、確実に再選される。しかしながら、x_L^* 以上の課税水準では、現職は落選してしまう。

　混成均衡では、$\sigma(x_H^*, G_H^*) = (S - \hat{s}(\mu))/(\beta S) < 1$ である。この場合、非単調性が存在し、高課税を選択する現職は確実に落選するが、中間の範囲（x_L^* を選んだ個人）は、低課税（x_H^*）を選択する政治家よりも、多く議席を維持する。

　このモデルは第3章で議論した米国州知事の実証的結果に対してより直接的に裏付けるものである。そこで税制と歳出のパターンおよび、それらが再選の機会を高め、多選禁止の影響を受ける対象となることを調べた。税金の関数としての再選に関する結果は、このモデルと一致している。

4.4.4　公共支出サイクル

　政治的エージェンシー・モデルは、政治家が再選を目指すか否かによって公共支出サイクルが左右されることを予測する。今回のモデルでは、このことは第一期と第二期の課税決定の比較のみに現れる。このことをモデルで研究するのは簡単である。再選できる現職と再選できない現職の比較することで、選挙サイクルの符号が曖昧であることを示す。選挙サイクルの符号は規律効果と選択効果のバランスに依存する。

　まず第二期（多選禁止あり）と第一期（多選禁止なし）の現職の租税政策の違いについて考えてみる。分離均衡において、第一期の期待支出は、

$$Ex_1 = \pi(qx_H^* + (1-q)x_L^*) + (1-\pi)X$$

であり、第二期の期待課税は、

$$Ex_2 = (\pi + (1-\pi)\pi)(qx_H^* + (1-q)x_L^*) + (1-\pi)^2 X$$

である。この二つを比較すると、以下となる。

$$Ex_1 - Ex_2 = (1-\pi)\pi(X - (qx_H^* + (1-q)x_L^*)) > 0$$

選択の効果は、悪いタイプの現職の数を減らすことであり、その結果、第一期目と第二期目の間の平均課税水準が下がる。

　次に一括均衡の場合に何が起こるかを見てみよう。命題3の結果を用いると、第一期の期待課税は、

$$Ex_1 = \pi(qx_H^* + (1-q)x_L^*) + (1-\pi)[(1-q)x_H^* + qX]$$

であり、第二期の期待課税は、

$$Ex_2 = \pi[1 + (1 - \pi)q](qx_H^* + (1 - q)x_L^*) + (1 - \pi)(1 - q\pi)X$$

である。x_H^* が十分に小さい場合 (ただし一括均衡の条件が引き続き成り立つと仮定する)、第一期の期待課税が第二期の期待課税以下にすることが可能である[14]。実際、悪いタイプの政治家が第一期において規律を行使することによる利得が大きいからである。これは、Besley and Case (1995b) の結果と第3章で発表した実証結果、すなわち多選禁止に直面する知事は、より多くの支出と課税を行いうる、という結果と一致する[15]。

　選挙の課税サイクルの符号が未決定であり、それゆえ実証的な問題であるにも関わらず、その存在は問題ではない。政治主体が再選されるかどうかによって行動が異なるというのが、エージェンシー・モデルの中心である。

4.5　政府を抑制する

　有権者の厚生を高めるために政府を抑制する方法を提唱することは、財政に対する公共選択アプローチの定番の処方箋である。政策分野でも、授業でも、大きな影響力を持っている。一言で言えば、有権者は 現職政治家の課税や支出傾向をコントロールすることができないため、選挙だけでなく、政府をさらに抑制する制度や憲法上のルールを策定することが有益である、という考え方である。

　本節では、これらの議論をここで開発した枠組みで探ってみる。我々の政治経済モデルがミクロ的な基礎を持つことを利用し、政治プロセスの働きに影響を及ぼす様々なパラメーターが政策結果にどのような影響をもたらすのかを見ていく。

　一般的な教訓として、インセンティブは、インセンティブ・メカニズムの

---

[14] x_H^* が x_L^* に近づくと、選択効果が支配的になるため、第一期の期待課税は第二期の期待課税よりも高くなることを示すのは容易である。

[15] 文字通り、この実証結果は米国の州では、均衡は $\hat{s}(\mu) > (1 - \beta)X$ を意味するは分離均衡ではないことを示唆している。

中核が（極めて不完全な）選挙メカニズムであるという次善の枠組みで考えるべきであるということが挙げられる。選挙制度が規律の改善や政治家選択の改善を達成する力を持たない場合、公共選択アプローチの経済学者が提唱する選挙外の抑制が唯一の抑制源となり、その意味を理解するのは極めて容易である。もう一方の極端な例では、有権者が望む結果を完全に決定するのに十分な制度がある場合、さらなる追加的な制約は何の価値もない。この分析では、選挙インセンティブが現職を規律し、選択する不完全な能力をある程度有している中間領域で行われる。この場合、追加的な抑制は、次善の文脈でとらえなければならず、より微妙な効果をもたらす可能性がある。

　政府への抑制に関する議論を二つに分ける。まず、課税と支出に制限を課す直接的な抑制を考える。次に、政治をよりよく機能させるために役立つかもしれない、さらに間接的な抑制を考える。ここでは特に課税のコストを増加させる方策を検討する。実際には、こうした措置は様々な形態で行われている。その一つは、課税ベースと税率に制限を導入することである。米国では、直接民主制、すなわち市民のイニシアチブを導入することが多い。また、税制競争の激化も、公的資金の限界費用を高める手段でもある[16]。第二の間接的手段は、有権者が入手可能な情報量を増やすことによって機能する。これには主に二つの可能性がある。すなわち予算の透明性の向上と、政治家のヤードスティック指標を増やすことである。

　政府の規模を抑制する措置は、実際には重要である。例えば、米国の多くの州では、課税と支出に関する制限を可決している。これらは大きく分けて三つに分類される。(i) 収入や支出の伸びを、例えば人口成長率に連動させる、(ii) 有権者がすべての新税を承認することを義務付ける、(iii) 増税を承認するために議会の5分の3から4分の3までの賛成を必要とする超党派案

---

[16] 租税競争の経済学については、Wilson (1999)に膨大な文献がサーベイされている。主な焦点は、財やサービスの流動性の増大が、政府による税金の設定に与える影響である。この文献によれば、税金の競争的決定を認めると、税金が労働などの移動不可能な生産要素に偏り、資本のような移動可能な生産要素から税金を偏らせる外部性が生じる。このような政府間の競争による負の外部性は、公的資金の限界費用を増加させる。

件、である。指数化された制限を持つ州は24あり、そのうちの13州は、超党派の投票による無効を認めている。このうち五つの州では、州知事が非常事態を宣言した場合、単純多数決を要求している。指数化された制限を持つ州の半数は、州支出の伸びを過去一定期間の平均的な個人所得の伸び率に制限している。他の五つの州では、州収入の一定割合を上限としており、他の四つの州は、人口増加率とインフレ率を指数化したものを上限にしている。他の三つの州は、絶対的な歳出増加率に制限している。資本プロジェクトへの支出は、連邦政府が出資するプロジェクトと同様、除外されている。制限の半数は憲法で定められており、残りは法律で定められている[17]。税と歳出の制限のほとんどは1970年代に導入されたもので、政府に対する一般的な幻滅と、歳出が大多数の有権者が好むものとはかけ離れているという見方を反映したものであると多くの人は信じている。制度的な細部は複雑であるが、このような規則の本質は、政治家が享受する裁量を縮小することである。

税金や支出の制限の多くは、市民のイニシアチブを通じて行使される市民の力の結果である。後者は、市民が直接投票に法案を提出することができる憲法上の規則である。現在、米国では23の州は、市民が議案を提出し、その議案が投票されるイニシアチブの過程が認められている。税制や歳出に関するイニシアチブは、その大部分を占めている[18]。おそらく最もよく知られている例は、1978年にカリフォルニア州で可決された提案13号であり、これは現在の住民に対する固定資産税の増税を制限したものである。

Denzau et al. (1981) が提案したイニシアチブの理論的アプローチは、イニシアチブが市民の忠実な奉仕者として行動しない政治家に対する規律装置であるという考えを明らかに前提にしている。したがってイニシアチブは、そのような行動をチェックするには選挙プロセスが不十分であるという見解に由来する。この考え方には、多くの実証分析がある。Zax (1989) は、

---

[17] 223頁の (i) における制限の歴史と内容に関する有益な概要は、Rueben (2000)を参照のこと。

[18] イニシアチブに関する既存の理論的な扱いについては、Gerber (1996)と Besley and Coate (2001)を参照のこと。

1980 年の 50 州のクロスセクション分析において、イニシアチブへのアクセスが 1 人当たりの州支出にどのような影響を与えるかを調査している。イニシアチブは小さな政府を促進するという考えに反して、法による直接のイニシアチブを許可している州では、州の支出が有意に高いことを発見した[19]。Farnham（1990）は、735 のコミュニティのデータを用いて、コミュニティの支出の対数を従属変数として、市民のイニシアチブと住民投票のクロスセクション効果を推定した。その結果イニシアチブへのアクセスが重要であるという証拠はほぼないことがわかった。Matsusaka（1995）は、1960 年から 1990 年までの 30 年間に 5 年間隔で標本化した州のパネルについて、（アラスカを除く）49 州の政府支出・歳入を多くのコントロール変数に回帰している。その主な発見は、イニシアチブへのアクセスが支出に与える強いマイナス効果である。また、この効果は、イニシアチブを実施するための署名要件が低い場合に、その効果が最も強いという証拠も得られている[20]。これは、国家が大きすぎるために生じるエージェンシー問題を軽減するためにイニシアチブの役割があるのではないかという考えと調和している。

　これらの結果は、Knight（2000）や Rueben（2000）の実証的証拠と一致している。ナイトとルーベンは、税と歳出の制限が政府支出を削減する傾向があることを示し、市民によるイニシアチブの存在は、そのような制限の潜在的な内生性を制御するための道具として使用されている。

　米国に関する研究とは別に、スイスにおける直接民主制の結果についての拡張的な研究がある。Feld and Kirchgässner（2000）は、直接民主制の州の越境変化を利用し、その効果を明らかにした優れた研究の全体像を提示している。彼らは、米国の研究結果と同様に、直接民主制の導入が進んでいる連邦州では、公共支出や公的債務が少ないという研究結果が多いと論じている。

---

[19] もちろん、これは逆因果を示唆するものであり、歳出が多い州は市民イニシアチブを導入している傾向がある。

[20] イニシアチブの発議には、それを支持する有権者の最低限数必要である。閾値が低いとは、この最小数が低いため、イニシアチブを投票にかけることが容易になる状況である。

しかしながら、上記の証拠とは異なり、直接民主制は、政治家に直接的な制限を加えるために用いられているわけではない。有権者が政策課題に関する情報供給を増加させることによって、そのメカニズムが機能すると主張している。したがって、イニシアチブの役割に関する彼らの解釈は、後述する有権者への情報提供の議論とより整合的である。

　しかし、制約によって支出が減少することを発見しても、厚生的な結論を導出することはできない。このような制限の効果は、レントシーキングを減らすというよりも、有権者が好む公共支出を排除してしまうかもしれない。実際、すべての政治家が良いタイプであれば、このような結果になるに違いない。したがって、良いタイプの政治家がバランスよく就任する可能性が、このような制限に価値かあるかどうかを決定する重要な要因となるだろう。

4.5.1　政府規模への直接的抑制

　政府が憲法によって政府の規模を制限し、政府が課税できる最大税額 X を引き下げたとする。これには、悪いタイプの政治家が搾取できるレントを減少させるという直接的な利点があり、（この制限が良いタイプの政治家の行動を歪めないと仮定した場合）有権者の厚生を改善する結果をもたらす。ゆえに、有権者に対する直接的な結果は望ましいものである。よって**良いタイプの政治家の行動を変えず、政治的均衡を変化させない租税の制限は、有権者にとって厚生を改善するものである**[21]。

　しかしながら、この影響を十分に理解するためには、政治的均衡にどのような形で影響を及ぼすのかを理解する必要もある。これは規律効果と選択効果のバランスに依存している。命題3は、なぜ X を下げると現職の一括均衡へのインセンティブが高まり、その結果政治的均衡が情報量が少なくなるのかを明らかにしている。このことは、選択が規律よりも重要でない場合、課税への制限が魅力的であることを示唆している。(4.6) 式に言及する

---

[21]　ここでは、良いタイプの政治家の行動を変えないために、最大支出水準 X が十分に高いままである場合のみを考える。

と、$\beta\pi\Sigma(\mu) < \Delta(\mu)$ のときに起こる[22]。ゆえに、利己的な政治家の優位に立つとき、すなわち π が小さい場合には、課税への制限はより望ましいものとなる可能性が高い。このことは、税制制限の価値に関する伝統的な公共選択的な見方と一致する。

ゆえに以下の命題を得る。

> **命題4**　(Besley and Smart 2007)：(X で測られた) 政府の規模に制限が課されるとしよう。その時、$\pi < \hat{\pi}$ であれば、有権者の厚生を増加するような $\hat{\pi}$ が存在する。

π の値が高い場合、政治的均衡が一括均衡とシフトするのであれば、逆に選択の重要性が支配的になる可能性があるからである。

4.5.2　政府に対する間接的抑制

次に、政府を抑制する他の方法について議論する。まず、より非効率的な方法で税金を徴収することは、有権者にとって良いことであるという議論を検討することから始める。この議論は様々な形で行われてきた。例えば、Becker and Mulligan (2003)は、税制の効率性を変えることで、政治的影響力に割かれる資源がどのように変化するかを考察している。もし、税制の死荷重費用が大きくなることで、納税者への直接的なコストを相殺する以上の影響力活動が削減されるならば、それは社会的な観点からも良いことである。Krusell and Rios-Rull (1996)は、所得課税は消費課税に比べて魅力的であり、たとえ後者の方が死荷重が少ない場合でも、均衡における移転活動のレベルが低くなるためであると論じている。

財政の限界費用を上げるには、利用可能な税税源を憲法で制限することが有効である。例えば、米国の多くの州は、伝統的に法人税や個人所得税を認

---

[22] (4.6) 式の議論においても指摘したように、この条件は厳密ではない。X の変化は、$W^b(\mu) = -\mu C(X)$ を通じて、$\Sigma(\mu)$ と $\Delta(\mu)$ にも影響を及ぼす。

めていなかった。また、市民主導で施行される特定の税金に対する具体的な
制限によってもたらされる可能性もある。租税競争は、政府による増税を困
難にし、政府の負担を軽減する方法としても考えられている。これは、例え
ば、Brennan and Buchanan (1980)によって提唱された。最後に、徴税技
術の技術進歩に由来するものも考えられる[23]。

租税コストの増大

　モデルにおける公共財の限界費用 μ が増加した場合の影響について考える。
我々の関心は、これが有権者の厚生の向上につながる場合である。一括均衡
または混成均衡におけるレントの転用は μ において減少することは明らかで
ある[24]。善意の政府による支出水準を下げることで、税制の非効率性を高
め、利己的な官僚が発覚を恐れずに行える無駄遣いの量を制限する。しかし
ながら、**政治的均衡が変わらないまま（μ の増加によって表される）税制の
非効率性が高まると、たとえ悪いタイプの政治家によるレントの流用が減
少しても、有権者の厚生が減少する**のである。この結果は、税制の非効率性
を高めることで、悪いタイプの現職によるレント収奪が減少する（こともあ
る）という事実にもかかわらず、成立する。これは命題3におけるいずれの
均衡においても、有権者に利益をもたらさない。

　均衡が分離している場合、いずれにせよレントシーキングは最大であり、
有権者は効率性を「奪われる」ことを好むだろう。一括均衡や混成均衡のよ
うに、税制の非効率性がレントシーキングの減少につながる場合で観察して
みよう。

$$\pi EW^g(\mu) + (1 - \pi)\{q + (1 - q)(1 - \lambda)\}W^b(\mu) + (1 - q)\lambda W^g(H, \mu)$$

　政治的均衡が変化しない場合、この式は μ とともに減少する。この論理を
理解する鍵は、悪いタイプの現職が良いタイプの現職の真似をする場合を考
えることである。レント抽出が減少するが、有権者の厚生水準は、良いタイ

---

[23] Peltzman (1980)は徴税能力における技術の差は歴史的にも開発途上国と先進国を比
較する上でも重要であると主張している。

[24] $\hat{s}(\mu) = (H - L)G_H^*(\mu)$ は μ において減少していることが観察される。

プの現職が、高い費用ショック $W^g(H, \mu)$ に直面した時と同じであり、μ とともに減少するので、有権者の厚生自体はレントの抽出量に依存しない。

上記の議論における重要な仮定は、政治的均衡が変わらないということである。命題3をもう一度考えてみると、税制における非効率性が高まると、一括均衡あるいは混成均衡から分離均衡への移行する可能性があることがわかる。具体的には、$\hat{s}(\underline{\mu}) = (1 - \beta)X$ から $\underline{\mu}$ を定義することで、すべての $\mu > \underline{\mu}$ に対して、良いタイプの現職と悪いタイプの現職が分離することになる。このことは、一括もしくは混成均衡のケースの場合、均衡レントが政府の規模と比例するために起こる。税制における非効率性が高まることで、政府の規模が小さくなると、レント抽出の可能性が制限されるため、悪いタイプの現職が「破産して」最大のレントを抽出する可能性が高まる。この例では、すべての均衡情報（θ および政治家のタイプ）については，均衡で明らかになる。ゆえに $\underline{\mu}$ 以上に μ を増加させる徴税費用の増加の厚生効果を確認するためには、完全情報による厚生と $\mu < \underline{\mu}$ の均衡における均衡の厚生を比較する必要がある。

直観的には、分離均衡への移行が有権者の厚生に与える影響は、規律が低下することによる短期的コストと、悪いタイプの政治家が自らのタイプを明らかにして落選することによって生じる長期的利益との間のトレードオフである。(4.2) 式から二つのケースにおける厚生を計算することによって、選択効果が規律効果を上回っていることが示され、その結果 $\beta \pi \Sigma(\mu) \geq \Delta(\mu)$ の場合のみ、分離均衡の方が厚生が高くなることがわかる。

Besley and Smart (2007)は租税の非効率性の厚生効果に関して、以下の結果を導出している。

命題5 （Besley and Smart 2007）：（μ の増加によって表される）税制の非効率性を高めると、すべての $\pi < \pi^*$ について、有権者の効用を確実に減少させるような $\pi^* > 0$ が存在する。$\pi \geq \pi^*$ の場合、税制の非効率性の増加は、混成均衡または一括均衡から分離均衡へのシフトを促せば、有権者の厚生は増加する可能性がある。

　この結果は、税制の非効率性の増大が有権者の厚生を高めることができるのは、有権者が悪いタイプの現職を見抜く能力の増大につながる場合だけであることを示している。この結果は、いくつかの逆説的な意味がある。第一に、公的資金のコストの十分大きな増加は、均衡厚生を確かに増加させるかもしれないが、その変化が第一期の無駄遣いが増加する場合に限られる。投票者の厚生が向上するのは，母集団πに占める良いタイプの割合が十分に高いときである。言い換えれれば、資金の限界費用を上げることは、政治過程が善意ある政府の枠組みに近い場合にのみ、有権者の厚生を高めることができる。

有権者への情報提供

　次に、有権者により良い情報を提供することによって政府を抑制する方法について議論する。

財政の透明性 (fiscal transparency)

　透明性 (transparency) は、良い統治の母であり、とても米国的なものである。しかしながら、政府の透明性に関する新たな文献において、透明な政府の本質が一体何なのかについて、極めて曖昧であることが多い。実は、これに関する議論には長い歴史がある。例えば、米国の初代副大統領であり第二代大統領であるジョン・アダムスは、「支配者の性格や行動を知る権利と欲望を持つ人々の間に一般的な知識がなければ、自由は保たれない」と主張した[25]。

　実際には、政府が国民に政府の仕組みや社会的決定の基礎を観察させる方法は、各国において千差万別である。また、メディアや独立した監視機関のような、政策や政治家の質に関する効果的な批評や情報源となる民間機関がどの程度発達しているかについても、各国の政治形態は異なっている。ほと

---

[25] John Adams: 'A Dissertation on the Canon and Feudal Law' *Oxford Dictionary of Political Quotations*: Oxford University Press.

んどの先進国では、マスメディアの台頭により、大半の政府の財政決定が監視の目にさらされるようになったことは疑う余地はない。しかし、メディアが閉鎖的で抑圧されたままの国は、世界中に数多く残っている。

　本章の関心を踏まえ、我々が最も興味があるのは、財政プロセスにおいて透明性がどのように作用するかということである。財政の設定における透明性の定義として広く引用されているのは、Kopits and Craig (1998)が提唱する「財政の透明性とは、政府の構造や機能、財政政策の意図、公共部門の会計および予測について、国民に広く開かれたものである」というものである。この定義は非常に広範であり、あらゆる財政制度に適用される。

　ところが、透明性を特定の枠組みやモデルで定義する場合、どの変数を変化させるかについて、さらなる正確さが要求されることが多い。財政の分野では、政府が利用する会計処理に大きな関心が持たれている。このことは、財政赤字に関する多くの議論において前面に出てくる。特に国民は、政府の報告手続きから、政府がとっている真の財政スタンスを観察することが可能である。これが、Milesi-Ferretti (2004), Alt et al. (2002)による貢献の着目点である。後者は、透明性の向上が財政赤字にどのような影響を与えるかという問題を、理論的・実証的な観点から取り上げている。両論文とも、その基礎となるモデルは政治的エージェンシー・モデルである。ところが我々のアプローチとは異なり、彼らは政府が税か債務かという異時点間の資金調達の決定を下す必要のあるモデルを用いている。4.6 節で公的債務を含むモデルを開発する。その後、透明性の問題を再検討する。

　これに関連して、Shi and Svensson (2006)は、透明性を人口に占める情報通の有権者の割合を反映するものとしてモデル化している。そこでは透明性が高ければ高いほど、再選挙のインセンティブが高まり、無能な現職が落選する可能性が高くなることを示している。Ferejohn (1999)は、透明性と政府規模の関係を研究している。彼は、透明性が高まれば、有権者はより多くの税収を政府に任せることを望むようになる、と論じている。

　第3章において、エージェンシー・モデルにおいてより多くの情報が良いか悪いかは、その情報がどのようにモデル化されているのかに決定的に依存していることを示した。本章のモデルは透明性の少なくとも三つの側面が重

要であることををを示している。

- 候補者の過去の記録に関する情報は、その候補者の根本的なタイプに関する情報を明らかにし、有権者が候補者を事前に選択することを可能にし、πの増加をもたらす。
- 財政の成果に関する情報とは、sを詳しく観察すること、あるいはより一般的な設定では、課税と支出に関するより詳細な情報のことである。
- θ（公共支出のコスト）についての情報

　唯一明らかなのは、透明性がπを上昇させるケースである。これは公的な監視機能の改善と考えることができ、有権者の利益のために尽力する政治家が選出される可能性を高める。これが厚生を改善する理由は明らかで、均衡戦略は変更されず、有権者は常に「良い」タイプの政治家が当選することから利益を得る。

　これまで述べてきた規律効果と選択効果の分析から、たとえ有権者がsやθに関するより良い情報を提供されたとしても、有権者の厚生がさらに上昇する保証はないことが確認された。これは、現職の規律が変化することの重要性が、選択の変化よりも高いか低いかによって決まる。このことをモデル化するために、現職がs_1を選択した後で、第一期の選挙が行われる前に、有権者は公共サービスの真の費用θを知る可能性があるとする。具体的には、θの真の値は確率ξで明らかになる。そうでなければ、有権者はシグナルを受け取らない。よって命題3の結果は修正される。悪いタイプの政治家が良いタイプの政治家とともに一括化されることによる利得は、$\hat{s}(\mu) + (1-\xi)\beta X$であり、一方で政治家が自分のタイプを明らかにすることを選ぶときの利得はXである。一括化は、$\hat{s}(\mu) > (1-(1-\xi)\beta)X$の場合のみ価値があり、これは有益なシグナルがない場合よりも厳しい条件である（命題3を参照）。さらにξが1に近づくにつれ、一括均衡が最適になる可能性は低くなる。実際、$\xi = 1$ならば、第一期の均衡は、分離均衡しかありえない[26]。

---

[26] 代わりに、ある確率でs_1が正であるかどうかの情報が選挙前に明らかになると仮定しても、同様の議論が可能である。

ゆえにより良い情報は、規律を減じ、第一期のレントシーキングを増加させる傾向がある。しかしながら同時に、悪いタイプの現職が再選されない可能性が高いため、選択が改善される。第一期目の現職と第二期目の現職のエージェンシー費用の間のトレードオフを評価することによって、政治均衡のこのような変化に価値があるかどうかを評価することができる。$q > 1/2$ を仮定すると、比較対象は一括均衡（$\lambda = 1$）と分離均衡（$\lambda = 0$）のみである。(4.2) 式から厚生を評価すると、分離均衡および一括均衡の厚生の差は次のようになる。

$$(1 - \pi)(1 - q)(\beta\pi\Sigma(\mu) - \Delta(\mu))$$

以下の結果は Besley and Smart (2007) によるものである。

> **命題6**　$q > 1/2$ を仮定し、有権者が公共財の供給コストについての情報シグナルを受け取っているとする。このシグナルが、有権者の厚生を改善するのは、選挙による選択効果が規律効果を上回る場合、すなわち $\beta\pi\Sigma(\mu) \geq \Delta(\mu)$ のときのみである。

　上式はこのトレードオフの決定要因を明らかにしている。選択効果が大きければ大きいほど、現職のプールはより良好であり（π が1に近づく）、割引の水準が低くなる[27]。

　この結果は第3章の 3.4.2 節の知見に基づくものである。政治的エージェンシー・モデルにおいて、有権者にとって、より多くの情報が望ましいとは限らない。このことは、エージェンシー関係における情報の価値に関する広範な理論的な文献と関連している。Holmstrom (1979) の標準的な完備契約理論モデルでは、情報が多い方が良い。Dewatripont et al. (1999) は、インセンティブが暗黙裡に存在するキャリア・コンサーン・モデルにおいて、エージェントの動機付けには、より粗い情報の方が有効な場合があることを示している。これは、インセンティブが不完全な場合、そうでなければ厚生

---

[27] これはまた、$W^g(L, \mu)$ が高いほど、q および $W^g(H, \mu)$ が低いほど当てはまる。

を改善する変化（より多くの情報）が、直接的な厚生効果を打ち消してしま
う以上に、均衡行動に悪影響を及ぼす可能性があるという、ある種の次善の
推論を反映している。ここでのモデルでは、再選されないという脅しが、有
権者が現職者を律することができる唯一のメカニズムであるため、インセン
ティブは不完備である。

ヤードスティック競争（yardstick competition）

　前の小節では、情報提供の直接的効果について検討した。しかしながら、
現職に関する情報を生成する間接的な手段も存在する。この重要な事例の一
つが、政府間ヤードスティック競争[†]が重要な意味を持ちうる分権化した政
府に当てはまる。

　この考え方は、Salmon (1987)によって初めて政府の文脈で議論され、
Besley and Case (1995a) によってその実証的関連性が確立された[28]。ま
た、ヤードスティック競争の理論は、Bodenstein and Ursprung (2005)、Bor-
dignon et al. (2003)、Belleflamme and Hindriks (2005)、 Sand-Zantman
(2004)でも研究されている。ますます多くの国々で、公共支出機能が地方
自治体や機関に分権化される傾向が強まっている。地方分権の動機の一つは、
意思決定者間でパフォーマンスの比較を行い、効率的な公共サービス提供の
インセンティブを高めたいという願望である。もし、費用ショックに正の相
関関係があれば、情報の外部性が生じる。しかし、純粋な透明性モデルとは
異なり、これを研究するためには、情報を生み出す均衡行動のモデル、すな

[†] ヤードスティック競争とは、公益事業に対するインセンティブ規制として発展してき
　たものである。すなわち、公益事業の規制にあたりその費用構造や経営状況にする情
　報を十分に持っていない政府が、他の類似企業や地域独占企業の場合には他地域の企
　業など、同じような経営環境にある企業のコスト水準や経営実績をものさし(ヤードス
　ティック) として規制価格の水準を定めて、対象となる企業の内部効率を高める目的に
　よる類似産業の間接的な競争のことである。

[28] イギリスについては、Revelli (2001)を、スイスについては、Schaltegger and Küttel
　(2001)を参照のこと。

わち、選挙区における均衡モデルが必要となる。また、このようなヤードスティック競争が厚生改善につながるかどうかは、政府における規律と選択効果のバランスにどのような影響を与えるかにもよる。

ヤードスティック競争を比較するモデルに拡張するため、今、「域内」および「域外」というラベルをつけた二つの同じ選挙区があると仮定する。ただし「域外」選挙区に適用される変数は、プライム記号（$'$）で示される。二つの選挙区における現職と有権者との間のゲームの対称均衡に主眼を置くために、費用ショックの結合確率分布 $Pr(\theta, \theta')$ は、以下のように対称的であるとする。

$$
\begin{aligned}
Pr(H, H) = Pr(L, L) = \frac{\rho}{2} \\
Pr(H, L) = Pr(L, H) = \frac{1 - \rho}{2}
\end{aligned}
\tag{4.9}
$$

さらに、二つの選挙区の費用ショックが正の相関を持つように、$\rho > 1/2$ の場合を取り扱う。分析を単純化するために、$\hat{s}(\mu) > (1-\beta)X$ を仮定し、分離均衡が存在しないようにする。周辺確率分布関数が、$q = Pr(\theta = H) = 1/2$ であるので、命題3からヤードスティック競争のないのゲームの一意の均衡は一括均衡であることが導かれる。ここで π の値によって、ヤードスティック競争では混成均衡および一括均衡の両方が可能であることを示す。

域外公務員と域内公務員のパフォーマンスが観測可能である場合、有権者は二つの選挙区における「相対的な」パフォーマンスに基づいて、現職を再選するかどうかを決定することができる。有権者は、域内と域外の両地域における税設定を投票行動に条件づけることになる。したがって域内と域外で観測される支出水準がそれぞれ x と x' であるとき、域内選挙区で再選される確率を $\sigma(x, x')$ であるとしよう。両地域で支出水準が高い場合、再選は正の確率で起こるが、域内支出水準が高く、域外支出水準が低い場合、再選確率がゼロになるとき、有権者の戦略にはヤードスティック競争が含まれるとする。つまり、ヤードスティック競争を伴う再選ルールは、ある $\sigma > 0$ と

$\sigma(x_H, x_L) = 0$ に対して、$\sigma(x_H, x_H) = \sigma$ である[29]。

　前回と同様、タイプ (b, L) が $s_1 = \hat{s}(\mu)$ を選択する確率を λ とする。域内現職および域外の現職によって採用された戦略が対称的（$\lambda = \lambda'$）であるような均衡を探すので、域内政治家のタイプに依存した域内支出および域外支出の周辺確率分布関数 $Pr(x, x'|i)$ は、以下のように計算することができる。

$$Pr(x_H, x_H|g) = \pi\frac{\rho}{2} + (1 - \pi)\lambda\frac{1 - \rho}{2}$$
$$Pr(x_H, x_H|b) = \pi\lambda\frac{1 - \rho}{2} + (1 - \pi)\lambda^2\frac{\rho}{2}$$

$$(4.10)$$

（各確率において二つの項があるが、これは $x' = x_H$ が、高コストに直面している域外の良いタイプの政治家によって生み出されたかもしれないし、低コストに直面する域外の悪いタイプの政治家によって生み出されたかもしれないからである）。よって有権者の現職に関する事後的信念は、ベイズの法則から次のように計算できる。

$$Pr(g|x_H, x_H) = \frac{\pi}{\pi + (1 - \pi)\ell(\lambda, \rho, \pi)}$$

ただしここで $\ell(\lambda, \rho, \pi) = Pr(x_H, x_H|b)/Pr(x_H, x_H|g)$ は、(x_H, x_H) は良いタイプの現職ではなく、悪いタイプの現職によって生成された尤度比である。この後の結果の論理を理解する鍵となるのは、$\ell(\cdot)$ は π の減少関数であり、現職の最初の評判が悪ければ悪いほど、(x_H, x_H) が悪いタイプの現職によって生成された可能性が高くなるという事実である。これは低い π では、(x_H, x_H) は費用 H の域外の良いタイプの現職よりも、費用 L の域外の悪いタイプの現職によって生み出される可能性が高いからである。しかしながら費用に正の相関があれば、域内の費用は L である可能性は高くなり、ゆえに域内の現職は悪いタイプである可能性も高くなる。

　ヤードスティック競争による均衡が存在するための必要十分条件は、$Pr(g|x_H, x_L) < \pi$ であり、そのため域内支出が高く、域外支出が低いと

---

[29] もちろん、4.3 節の単一モデルにあるように、すべての x' に対して均衡では $\sigma(x_L, x') = 1$ である。

きに有権者は現職を落選させることを望む。さらに $\lambda = 1$ において $Pr(g|x_H, x_H) > \pi$ であれば、均衡は一括均衡となり、そうでなければ混成均衡になる。いくつかの面倒な処理の後、これらの条件は以下の結果で与えられる単純なものとなる。

命題7　（Besley and Smart 2007）：$\hat{s}(\mu) > (1 - \beta)X$ を仮定する。そうすると、有権者は均衡においてヤードスティック競争を利用する。$\pi \geq 1/2$ の場合にのみ、一括均衡が存在する。また $\pi < 1/2$ の場合にのみ、混成均衡が存在する。

　この命題を解釈するために、ヤードスティック比較がない場合、均衡は、状態が $\theta = L$ のとき、悪いタイプの現職が x_H を選択し、一括均衡をもたらすことを想起しよう。この基準と比較すると、ヤードスティック競争の場合は、三つの点で乖離している。第一に、域外の現職が良いタイプで低コストを引き当てた場合、域内の悪いタイプの現職は x_H を選択しても、再選されない可能性がある。第二に、コストが高く、域外の政治家が最大のレントを選択した場合、域内の良いタイプの現職は留任する。このような有権者の戦略の変化は、ヤードスティック競争による情報優位を明らかに反映している。第三に、域外現職の初期の評判が悪い場合、現職にとって一括均衡が最適でなくなる可能性がある。このことは、有権者による他の管轄区域の現職の質に対する評価に依存するので、尤度比 $\ell(\lambda, \rho, \pi)$ は、π において減少していることに注意する。よって、あまり良い評判ではない域外の現職に直面すると、(x_H, x_H) の結果が域内の良いタイプの現職によって生み出される可能性は相対的に低くなり、ゆえに有権者は x_H を選ぶ現職を再選することになる。この均衡では、悪いタイプの現職が、結果 x_H のシグナリング価値を高めるために、$\hat{s}$ を選択する確率を低下させる。評判が芳しくない域外の現職は域内の悪いタイプの現職に評判の外部性を課し、良いタイプの現職と一括化するインセンティブを低下させる。加えて、ヤードスティック競争のこの側面は、レントシーキングを増加させる。

　ヤードスティック比較によって得られる情報の改善は、インセンティブや政治家の選択に対して相殺効果を持つため、有権者の厚生に対する正味の影響は不明である。次の結果は政治家の評判はこのことを理解するために重要であることを示している。

> **命題8**　（Besley and Smart 2007）：$\hat{s}(\mu) > (1 - \beta)X$ とする。そうすると、$\pi < \bar{\pi}_a$ であれば、有権者の厚生がヤードスティック比較が可能な場合の方が、そうでない場合よりも低くなり、$\pi > \bar{\pi}_b$ であればその逆が成り立つようなパラメター $0 < \bar{\pi}_a < \bar{\pi}_b < 1/2$ が存在する。

　この結果は、悪いタイプの政治家は就任当初に評判を高める努力をあまりしないため、財政環境についてよく知らされている有権者の方が、均衡において悪い結果になる可能性があることを強調している。この洞察は上述の結果を説明している。（π が低いような）ある状況下では、有権者は域内の選挙において、他の選挙区の財政パフォーマンスを無視することを約束できれば、より良い結果が得られるだろう。

　政治家の評判が悪いものである場合、ヤードスティック競争は厚生を低下させる。というのも、落選した政治家のほとんどが同じタイプの現職に取って代わられるため、情報の改善による利点がほとんどなく、レントが増加するからである。

4.5.3　要約

　まとめると、ここで学んだ以下の教訓が、この後の内容を理解する上での要諦となる。

- 世界の状態に関する情報を改善するために、厚生を改善する必要はない。選択効果と規律効果は、逆方向に作用することがあるからである。
- 政治的エージェンシーが機能する環境の特徴を変化させることは、直接的効果と間接的効果をもたらし、後者は政治的均衡の変化を通じて働く。この直接効果と間接効果による厚生的帰結は、異なる方向に作用するこ

とがある。

これらの命題をまとめると、財政規律の経済的論理を理解する上で、ミクロ的な根拠に基づく政治のモデルがいかに重要であるかが明らかになる。

4.6　債務と赤字

これまでは、政府が財政支出を租税によってのみ確保することができる場合に焦点をあててきた。本節では、公的債務を考慮して、モデルを拡張する。その理由の一つは、債務が政府の重要な手段であるため、財政の動学モデルで考慮すべきであるからである。ところが、財政の政治経済学では、債務が特に重要な役割を果たしている。政治経済学の文献の中心的なテーマは、公的債務が社会的観点から最適に選択される可能性は低いということである。

これには主に、二つの議論がある。

- **債務の戦略的利用**：これは Tabellini and Alesina（1990）と Persson and Svensson（1989）によって、精力的に議論されてきたことである。彼らは、現職が財政赤字を選択するのは、将来の現職の行動を制約するためかもしれないと指摘している。こうした考え方の最も一般的な応用例は、レーガン政権時代の多額の連邦財政赤字であり、これが将来の民主党現職議員の支出パターンに制約を与えることになった。この議論は、財政赤字が過大になりがちなのは、政府の予算制約に将来的な圧力をかけることでしか効果が得られないからである。
- **財政錯覚**：債務のその他の主な懸念は、税率を上げるよりも財政手段が可視化しにくいという可能性から生じている。この議論の一面は、公的債務を取り巻く複雑な会計上の慣例に関係している。もう一つの可能性は、政治家が最終的に規律が要求されるようになるまで、わざと赤字を隠蔽する方法を見つけ出し、やり過ごすというものである。過剰債務財政に関する財政錯覚説の最も著名な提唱者は Buchanan and Wagner（1977）で、「複雑で間接的な支払い構造は、財政錯覚を引き起こし、単

純な支払い構造の下で観察されるよりも高いレベルの公的支出を体系的に生み出」し (ibid:129)、「財政史の出来事が、公的借入への無制限のアクセスが過剰な公的支出を生み出す傾向にあるという仮説を強く支持」していると主張する（ibid:142）。

前者は明らかに重要で興味深い指摘ではあるが、ここで研究している政治的エージェンシー関係とは直接に影響しない。なぜなら、ここで研究するモデルの第一期の現職は、再選されない限り、第二期の財政政策から何の効用も得られないからである。財政錯覚の物語は、現代の政治経済学の文献では、しばし疑いの目で見られている（例えば、Alesina and Perrotti (1995)を参照）。その理由は、有権者の非合理性に起因すると思われる体系的なバイアスが存在するためである。財政錯覚の議論は、有権者が財政的判断の根拠とする情報の観点から解釈することができる。

本節では、次の二つの点を検討する。第一に、政治的均衡が規律効果と選択効果のバランスをとる世界において、公的債務をモデルに加えると洞察がどのように変わるかを検討する。第二に、このアプローチを用いて、財政赤字の大きさに制限を設ける必要性を検討する。

債務は悪いタイプの政治家のインセンティブに劇的な影響をもたらす。もし彼らが債務発行に対する（非経済的な）外的な制約に直面しないならば、第一期および第二期の税収を掠め取り、自分たちのために流用する。このことは、第一期において良いタイプの政治家として行動するインセンティブを劇的に低下させる。このことは、債務という手段に対する標準的な公共選択の疑念を裏付けるものである。

財政と政府赤字

まず、政府債務を組み込んだ二期間モデルの単純な拡張の概要から始める。現職は、θ_1 を観察した後、有権者に観察可能な債務 D を第一期に発行し、第二期に $R(D)$ の政府債務を支払うとする。ここで $D \geq 0$ に対して、$R(D) \geq D$ であり、$D < 0$ に対して $R(D) < D$ である。$R(\cdot)$ は、増加狭義

凸であると仮定する[30]。さらに $\beta R'(0) = 1$ を仮定する。ゆえに（後述するように）善意の政府にとっての債務の役割は、公共財の提供コストに対するショックを考慮し、期間間の課税を平準化することである。

債務が存在する場合、二期間における政府の予算制約式は

$$x_1 = \theta_1 G_1 + s_1 - D$$

および

$$x_2 = \theta_2 G_2 + s_2 + R(D)$$

である。最適財政政策は、後ろ向き帰納法によって再度解くことができる。第二期では、

$$G^*_{\theta_2} = \arg\max\{G - \mu C(\theta_2 G + R(D))\}$$

これは、以下を意味する。

$$1 = \theta_2 \mu C'(\theta_2 G^*_{\theta_2} + R(D))$$

ゆえに第二期の税金は4.2節と同様に、x^*_θ となり、支出は $x^*_\theta/\theta - R(D)/\theta$ となる。よって、債務は第二期の貴重な公共支出に充てられる資源を減少させるが、第二期の課税水準には影響しない。したがって期待される第二期の厚生は、$EW^g(\mu) - \psi R(D)$ に等しくなる。ただしこれまでのように、$\psi = q/H + (1-q)/L$ である。

第一期の最適政策を決定するのは容易である。公共支出の水準は、以下を解くことにより導出される。

$$G^*_{\theta_1} = \arg\max\{G - \mu C(\theta_1 G - D)\}$$

上記のように、第一期の課税水準は、x^*_θ に等しく、支出は $G^*_\theta = x^*_\theta/\theta + D/\theta$ であるという原則を確認する。つまり、債務の発生は純粋に公共支出を増やすためである。

---

30) 凸であることで、債務水準の内点解が保証される。$D > 0$ の場合、投資家が認識する債務不履行の可能性を端的に捉える。$D < 0$ の場合は、質の高い投資機会が無限に弾力的に供給されないことを表している。

　最適な債務水準は、租税を一定のまま、二期にまたがる公共支出の費用を平準化するのに利用される。内点解では、最適な債務水準 $D(\theta_1)$ は、

$$\frac{1}{\theta_1} = \beta\psi R'(D(\theta_1))$$

を満たす。$\beta R'(0) = 1$ なので、モデルは政府は費用が高い（$D_H^* < 0$）の時、財政黒字になり、費用が低い場合（$D_L^* > 0$）の時、財政赤字になることを予測する。これは Barro (1979) の課税平準化の考え方を直接応用したものである。$D = 0$ の場合と比較すると、政府は公共部門のサイズが大きい場合には、財政赤字になり、小さい場合には財政黒字となる。

債務の政治

　次に、債務が政治均衡に及ぼす影響を明らかにする。第一期において発生しうる最高水準の債務を $\bar{D}$ とする。憲法による債務制限が不在の場合、$R(\bar{D}) = X$ となる。しかし以下ではより厳しい制限も検討する。第一期で破産を決意した悪いタイプの政治家は、$X + \bar{D}$ に等しいレントを取ることになる。同時に、費用ショック H を持つ良いタイプの現職を真似ることによって得られるレントの額は第一期および第二期のいずれにおいても、債務がない場合よりも低くなる。これは悪いタイプの政治家が、明日獲得できるレントから債務を返済しなければならないからであり、課税平準化の議論から、公共支出は債務がない場合(すなわち $D_H^* < 0$)よりも今日減少することが示唆されるしたがって抑制的な財政支出を望む条件は以下のようになる。

$$(H - L)\frac{[x_H^* + D_H^*]}{H} + \beta[X - R(D_H^*)] \geq X + \bar{D} \tag{4.11}$$

　命題3における $\hat{s}(\mu) \geq (1 - \beta)X$ とこの不等式を比較すると、現職の規律に対する条件を満たすのが難しいことがわかる。したがって、次のようになる。

命題9　政府が債務と課税の両方を通じて財源を調達できるとする。そうすると、公債は現職の規律を減少させる。より具体的には、(4.11) 式

が成立する場合、$\lambda = \sigma = 1$ を伴う一括均衡が存在する。そうでなければ、分離均衡になる。

債務が規律を低下させるという事実は、市民が財政赤字に制限を課すことを望むという観測を動機づける。政治的均衡が一括均衡であれば、政治的均衡を変えない相対的に弱めの債務制限 $(\bar{D} > D_L^*)$ は、有権者の厚生を改善しなければならない。この場合、L の状態における良いタイプの現職と悪いタイプの現職の均衡行動は変わらない。しかしながら悪いタイプの現職が H の状態なしで得る長期的な損害を減少させる。政治的均衡が分離均衡するのであれば、どの状態でも悪いタイプの現職の行動が抑制される一方で、良いタイプの現職の行動もまた変化しない。いずれの場合も、政治的規律が改善され、良いタイプの現職を選出する政治的プロセスの能力は変化しない。

よって、以下を得る。

命題10 政治的均衡を変化させない $\bar{D}$ の赤字の大きさに上限を設けると、有権者の厚生が上昇する。

債務上限が政治的均衡を変化させるほど十分に厳しい場合、一括均衡へのインセンティブを高める方向へと向かう。分離均衡から一括均衡への切り替えは、政治的均衡において生み出された情報を減じ、選択があまり重要ではない（低い π）場合に、最も価値がある。よって、債務を減少するという考えは、政府を抑制することが二つの意味で重要であるという伝統的な公共選択的な見方によりよく適合する。第一に、悪い政府を抑制することである。第二に、その結果生じる政治行動の変化は、悪い政府の可能性が高い場合、正の効果をもたらす。

これは、戦略的債務モデルや財政錯覚の考え方とは異なる、公的債務による歪みに着目したものである。重要な考え方は、債務によって悪いタイプの政治家は現在の納税者からだけでなく、将来の納税者からもレントを引き出すことができるということである。したがって、政策の質は政治的日和見主

義の影響を受けやすくなる。政治家が抱える借金の額をきっちりと制限しなければ、規律違反がより大きな問題となる恐れがある。

　この結果は、規律装置としての選挙の限界、つまり財政抑制の潜在的な役割も指摘している。財政抑制に関するこれまでの結果とは異なり、選択効果とインセンティブ効果のバランスに基づくものではない。我々が検討した範囲（$\bar{D} \geq D_L^*$）では、政治的均衡は、債務制限がない場合と同じであり、純粋な規律効果がある。このレベル以下の債務制限が望ましいかどうかは、良いタイプの政治家の行動を歪めることおよび／または政治均衡の変化が望ましいかどうかによる。

4.7　政府 対 非政府組織（NGO）

　これまでのモデルでは、政府が公共財供給を実現する唯一の手段であると仮定してきた。しかし、ここで研究したようなエージェンシー問題は、公共財供給の責任を非政府組織（NGO）に委託する取り組みの主要な原動力となっている。実際、開発途上国における国家に対する悲観論は、このような形で分散される援助援助額が増加していることを物語っている。

　NGO 対政府援助という構図への関心は、開発途上国の文脈に限定されるものではない。各国間の構造的な違いの一つは、国家によるサービス提供ではなく、民間によるサービス提供の程度に関するものである。さらに、その境界線がどこにあるのかについても、数多くの議論がある。例えば、ジョージ・W・ブッシュは、サービス提供に「信仰に基づく」団体を活用するという遠大な提案を発表した。

　その議論の中で、NGO が提供するサービスの質に対してどのような説明責任を負うのかが、切実な問題となっている。（民主的な）政府とは異なり、NGO が支援する受益者グループに対する直接の説明責任はない。より効果的な援助提供における NGO の役割を理解するためには、これが問題であるかどうかを理解する必要がある。極端な言い方をすれば、NGO は政府が直面するようなインセンティブ問題とは無縁であると考えることもできる。実際、ある分野で NGO を説明するのに利用されてきた楽観的な考え方は、こ

のような特性を永続させている。しかし、その愚かさに気づくためには、政府におけるインセンティブの問題を無視することで起こりうる問題を思い出すだけでよい。

ここでは、公平な競争の条件のアプローチを採用する。NGO は政府と同様にエージェントである。ここでは、均衡現象としての彼らの行動の側面を探っていく。しかしその一方で、世界には良識ある NGO が存在する可能性を認めることにする。しかしながら他方には、NGO を特定する上での選択問題がある。

このような考え方を、以下の事例で動機付ける。ある外部機関が、公共支出の増額を決定し、その方法は政府に資源を提供する方法か、非政府組織を経由する方法があるとする。このとき外部機関は、これらの資源が市民によって評価される公共財になることを重視する。

我々が考えているような環境において、NGO が政府によって実施される成果を改善する方法は二つある。第一に、政府に提示される契約よりも完全な契約を NGO と結ぶことが可能かもしれない。なぜなら、政府は主に選挙を通じて国民に説明責任を負っているからである。NGO は原則的に、他のあらゆる説明責任のメカニズムに従うことができる。このことは、レントシーキングの減少というより規律的な形で現れるはずである。

第二に、NGO で働く個々の構成員がより良い供給源から引き出されるなら、結果は改善される可能性がある。考えられるサービス提供者の中でNGO がユニークなのは、単に利己的な個人によって職員が構成されているのではないという考え方である。NGO で働くことは、民間企業で働くこととは違う。このことは、NGO がサービスを提供する場合、受益者の利益を最大化する「良いタイプ」のエージェントである可能性が高いという点で、政府よりも潜在的に有利である。欠点としては、政府とは異なり、NGO はサービスを提供する人々に対して説明責任を負っていないことも指摘されている。NGO のリーダーには選挙がない。このことは、NGO が支出業務を請け負うことによる選択性の向上と、選挙メカニズムがないことによる説明責任の減少とがトレードオフの関係にある可能性が浮上してくる。

まず、NGO が政府と同程度の説明責任に直面する場合について検討する。

具体的には、NGO はその仕事を適切に行わなければ解雇されうるが、それ以外の制裁はない。NGO の説明責任のメカニズムは、インセンティブを生み出す手段としての選挙と非常によく似ている。

4.7.1　モデルの枠組み

　公共支出水準 G に関心がある外部組織が、ある国に「援助」を行っているとする。援助の水準を T とする。二期という状況は維持し、情報構造は上記のままである。援助提供者による決定は、NGO もしくは政府に援助を渡すかである。

　2 種類の NGO が存在することを仮定することで、政府モデルとの並列構造を維持する。良いタイプの NGO は、すべての援助資源を公共財に使用するが、悪いタイプの NGO は私的に資源を消費する。また政府と NGO が、公共財を生産するための技術に完全な対称性があると仮定する。ゆえに、政府、NGO のそれぞれは、公共財の供給において同じ構造の費用ショックに直面する。ここで簡単化のために、$q > 1/2$ のケースに焦点を当てる。これにより、命題 3 における混成均衡を除外し、一括あるいは分離均衡に焦点を当てることができる。

　NGO と民主的な政府の間の違いは、NGO は直接、自分たちが奉仕する人々に対して説明責任がないということである。我々が考慮する主なインセンティブは、援助提供者の代わりに、公共財を提供する権利を保持することである。よって、援助機関は事前にインセンティブ案を約束することはできない。援助機関は、NGO を維持するかしないかを事後に決定しなければならない。

　援助機関が選択できる潜在的な NGO の供給源があると仮定する。ランダムに選んだ NGO が良い確率は v である。仮に援助提供者が NGO を選ぶことに決めたとすると、NGO ／援助提供者ゲームのタイミングは以下のようになる。

(1)　自然はランダムに NGO を選び、公共財供給のコスト θ を選ぶ。
(2)　NGO は、援助 T のうち、どれだけを公共財に使い、どれだけを自分た

ちのために使うかを決める。

(3) そして援助機関は、ランダムに選出された別の NGO に対して、その NGO を引き留めるかかどうかを決める。

(4) 第二期の θ の値が実現する。

(5) 既存 NGO は T を受け取り、その資源を公共財あるいは自分たちのための支出に使うかどうかを決定する。

これは、政府と市民の間で行われるゲームに非常に似ている。ここで NGO の均衡政策の選択を考える。

良いタイプの NGO は、公共財に T/θ を支出する。悪い政府のケースのように、悪いタイプの NGO は良いタイプの NGO の模倣をし、公共財を提供する「特権」を保持しようとすることができる。$\theta = L$ の状態では、悪いタイプの NGO は、以下を選択することによって良いタイプの NGO の真似をすることができる。

$$G = \frac{T}{H}$$

そしてレント $\left(\frac{H-L}{H}\right) T$ を徴収する。ゆえに、抑制が最適であるための条件（NGO が維持されると仮定する）は、以下の通りである。

$$\left(\frac{H - L}{H}\right) T + \beta T > T \text{ または } \beta > \frac{L}{H}$$

状態が $\theta = L$ のとき、悪いタイプの NGO が、$G = T/H$ を選ぶ確率を λ_n とし、公共財の観察された水準が T/H であるときに、NGO が維持される確率を σ_n とする。ここで、NGO の均衡行動を記述する以下の命題が得られる[31]。

命題 11 $q > 1/2$ であるとする。そうすると、均衡はすべての値に対して存在し、一般的に一意である。二つのケースが存在し、

---

[31] 政府のモデルと同様に、良いタイプの NGO が生み出せないようなことをする NGO は悪いタイプであると仮定する。

> (1) $\lambda_n = \sigma_n = 1$ である一括均衡が存在するための必要十分条件は、
>
> $$\beta \geq \frac{L}{H}$$
>
> である。
>
> (2) $\lambda_n = 0$ と $\sigma_n = 1$ である分離均衡が存在するための必要十分条件は、
>
> $$\beta < \frac{L}{H}$$
>
> である。

　推論は、まさしく政府の説明責任の場合と同じである。命題11は悪いタイプのNGOが十分に我慢強いことを仮定すると、良いタイプのNGOを真似する均衡が存在しうることを示している。第一期の視点から見た、供給される公共財の期待割引水準は、それぞれの均衡について簡単に計算できる。一括均衡におけるそれは、

$$T\left[v\psi(1+\beta) + (1-v)\left(\left(\frac{(1-q)}{H}\right) + qv\psi\beta\right)\right]$$

ただし、前と同様に $\psi = q/H + (1-q)/L$ である。分離均衡におけるそれは、

$$T[v\psi(1+\beta) + (1-v)v\psi\beta]$$

である。事前的な観点からは、あるケースで生産される公共財が他のケースより多いかどうかは明らかではない。一括均衡のもとでは、

$$\frac{1}{H} > v\psi\beta$$

の場合にあてはまる。$\frac{1}{H} < \psi$ なので、β と v が十分に小さいときのみ成り立つ。直観的には、（他の条件が同じで）我慢強くなければ、より良い規律から得られる利益が短期的に生じるため、一括均衡が望ましいのは明らかである。また、NGOが悪いタイプの可能性が高ければ、一括均衡が望ましいのも明らかである。

この分析は、NGO の役割を理解する上で、選択効果と規律効果のバラン
スも重要であることを示している。したがって、このモデルは、NGO の役
割を知るために我々が望んでいた公平な競争条件を実現している。次に援助
提供者が代わりに政府に援助を提供したらどうなるのかを考えてみよう。

4.7.2 政府への援助

NGO への資金提供の代替案は、政府に直接援助を行うことである。この
ように、援助支援者が、T の追加資源を政府に提供することを選ぶとしよう。
これは分析に関係しないため、$\mu = 1$ とする。援助水準は市民有権者は観測
可能であり、彼らはそれを投票行動の条件とすることができると仮定する。

$$G_\theta^*(T) = \arg\max G - C(\theta G - T)$$

を援助が T のとき、良い政治家によって選択された公共財の水準とする。
政府が市民の利益のために行動するならば、この援助は、まさに誠実な
NGO が援助を行う同じ量である T/θ の公共支出の増加をもたらす。ゆえに、
$\partial G^*/\partial T = 1/\theta$ である。上記の分析を修正すると、悪いタイプの政治家が良
いタイプの政治家を真似ることができる閾値のレント水準は次のようになる。

$$\hat{s}(T) \equiv (H - L)G_H^*(T)$$

したがって援助資源へのアクセスは、実現可能で再選に矛盾しないレント
抽出のレベルを高める。よって命題3の結果は以下のように修正される[32]。

> **命題12** 均衡はすべての値に対して存在し、一般的に一意である。二つ
> の場合が存在する。
> (1) $\lambda = \sigma = 1$ のときの、一括均衡が存在する必要十分条件は、
> $$\hat{s}(T) \geq (1 - \beta)(X + T)$$
> (2) $\lambda = 0$ と $\sigma = 1$ のとき、分離均衡が存在する必要十分条件は、
> $$\hat{s}(T) < (1 - \beta)(X + T)$$

[32) 混成均衡を除外するため、$q > 1/2$ を仮定している。

$\hat{s}(T) + \beta(X + T) > X + T$ の場合、悪いタイプの政治家は良いタイプの政治家の真似をする。

この結果は、援助金が政府のインセンティブを変化させ、特に現職の人々の規律を悪化させる可能性があるという、よく言われる主張を裏付けるものである。援助は $\beta < \frac{L}{H}$ の場合、政府の一括均衡へのインセンティブを壊してしまう[33]。よって、突然多額の援助を受けた政府は、選挙で罰せられる可能性があるにもかかわらず、実際にこのチャンスを逃さないだろう。このような配慮は、政府を通じて援助プログラムを実行するか否かを選択する際に、明らかに重要である。

次に、それぞれの均衡のもとでの、政府の公共財支出の増分を計算することができる。一括均衡のもとでは、

$$T\left[\pi\psi(1 + \beta) + (1 - \pi)\left(\left(\frac{(1 - q)}{H}\right) + q\pi\psi\beta\right)\right]$$

であり、一方で分離均衡のもとでは、

$$T[\pi\psi(1 + \beta) + (1 - \pi)\pi\psi\beta]$$

である。

どちらの利得も、ν を π に置き換えた以外は、NGO のケースで求めたものと同じであることに注意する。

4.7.3　NGO と政府の比較

最初の観察は政府と NGO による追加的な公共財支払いに対する期待値を比較することから得られる。ここで、以下の命題を得る。

命題13　外部機関が、公共支出を促進するため、政府もしくは NGO への補助金を与えたいと考えている。また、NGO と政府が両者ともに一括均衡あるいは分離均衡の場合、$v > \pi$ の場合に限り、有権者の厚生が

---

[33] これはまさに悪いタイプの NGO が分離均衡を選択する条件である。

> 高くなるのは、NGO に移転が行われたときである。

この結果は、NGO と政府のインセンティブが同じであれば、NGO を経由した援助が望ましいかどうかは、純粋に選択上の優位性があるかどうかに帰着することを意味している[34]。言い換えれば、NGO による供給に対する選好は、NGO が市民全体の利益のためにプログラムを運営する可能性の高い労働者の供給源にアクセスできると考えることから生じている。

重要な仮定は、NGO と政府が同じ均衡戦略を行うということである。しかしながら、命題 11 と命題 12 を比較すると、そうなる理由がないことは明らかである。もしそうでないなら、命題 13 の結果を修正する必要がある。税金と支援金の両方を扱っていることを考えると、悪い政府の方が一括均衡になるインセンティブが大きいことは明らかである。政府の「一括均衡」の条件は以下のように書くことができる。

$$\hat{s}(0) + T\left(1 - \frac{L}{H}\right) > (1 - \beta)(X + T)$$

ゆえに、NGO が一括均衡になる場合には、政府の一括均衡へのインセンティブが強化される。政府が一括均衡で、NGO が分離均衡の場合[35]、そのとき一括均衡になることに価値があるのであれば、NGO の供給の方が良いことになる。すなわち、

$$(\pi - v)\psi(1 + \beta + \beta q(1 - \pi - v)) + (1 - q)(1 - \pi)/H > (1 - q)(1 - v)v\psi\beta$$

政府と NGO の質が同じならば、この条件は以下のようになる。

$$\frac{1}{H} > \pi\psi\beta$$

---

[34] これは、Besley and Ghatak（2001）が、公共財を伴う不完備契約の枠組みにおいて、NGO が政府よりも対象集団の厚生を重視する場合にのみ、NGO の供給が政府の供給よりも望ましいことを示したのと同じである。

[35] これは $\hat{s}(0) > (1 - \beta)X$ のときのみ起こる。いわば援助がなければ、政府は一括均衡になる。

政府と NGO の質が非常に低ければ、そのとき政府供給の方が優れている。NGO の質が政府よりも高い場合、質の違いが大きくなく、政府の質が低い場合、政府による提供はまだ改善の余地がある。

まとめると、我々のモデルは公共財の供給において NGO が政府よりも優れている可能性が高いのはどのような場合なのかについて、三つの重要な予測を立てている。すなわち、

- もし NGO と政府が同じ均衡戦略をとるのであれば、NGO はより公益に意欲的な個人によってスタッフが構成される必要がある（より良い選択）。
- もし NGO が分離均衡で、政府が一括均衡の場合、NGO と政府の間に大きな質の差があるか、あるいは質の高い政府を持つ必要がある。
- もし NGO が一括均衡で、政府が分離均衡の場合、NGO と政府の質の差は小さく、NGO の質は低い必要がある。

明らかにモデルは単純かつ定型化されているものである。しかしながら、モデルは問題を研究するために必要な重要な要素を備えているのは明らかである。第一にこのモデルは NGO のケースを内生的に生み出す政府行動の不完全性をモデル化している。第二に、政府への援助が政府のインセンティブをどのように変化させるかをモデル化している。第三に、NGO の説明責任が弱いことを前提に、援助機関と NGO の間の契約プロセスをモデル化する。

4.7.4　さらなる問題

ここで開発された枠組みで有効に研究される可能性のある問題はさらに数多くある。特に、棚上げしてきた NGO と政府の説明責任は多くの非対称性がある。

前述のように、この分析では、NGO と援助提供者の間で結ばれる契約の種類が、政府、市民／有権者、NGO の間で結ばれる契約と全く同じであると仮定している。これによって単純な分析が可能になったが、間違いなく重要な点を見逃している。もし、より洗練された契約が可能であれば、それは NGO のケースを強化することになる。しかし、同様の意見は、政府と援助

提供者の関係にも当てはまる。我々はそこでの契約に直接的な条件付けの要素を一切認めず、これを規定する主権的な政治プロセスが存在すると仮定した。有権者と援助提供者の共同説明責任という意味のある概念は、明らかに興味深い共通エージェンシー問題を生み出し、国内政治プロセスと並行して援助と引き換えに行われる条件付けの意味をさらに明確に示すことができるだろう。この議論は、こうしたルートに踏み込むための第一歩である。

　このモデルのもう一つの特徴は、民主的な説明責任が政府のパフォーマンスに関する情報をより良く活用する可能性があると仮定することにある。我々は援助資金がどれだけ公共財に使われるかについて、有権者と同様に援助提供者も十分な情報を持っていると仮定した。しかし、有権者の方がより多くの情報を持っている可能性が高いように思われる。特に、援助が地方自治体によって行われる場合に、特に当てはまる。このことは、政府による援助供与に有利に働くと考えられるが、現地の状況に関するより良い情報が有権者の厚生を改善する必要はないという我々の観察（3.5.2 節参照）は、現地情報の活用を高めるという主張に基づく地方分権の流行に対する重大な戒めとなるであろう。この方向でモデルを開発すれば，NGO を通じた援助と地方政府を通じた援助供与の正確な便益と費用を照らしていくことができるだろう。

　NGO と政府の説明責任の重要なもう一つの違いは、その活動範囲にある。政府は通常複数の業務をこなす機関であるが、NGO はより狭い範囲でしか責任を負わない。このことは、NGO と政府のインセンティブ条件が異なるという事実として、これまでの分析で限られた形で表面化した。一般的にこの観察は、市民が政府に対して多種多様な成果に対する責任を問うのに対して、NGO は従事している特定の任務を契約書に書き込むことができるため、インセンティブ案を設計しやすいはずであることを示唆している。援助によって資金提供される業務は、政府の説明責任に強い影響を与えるには(良くも悪くも)あまりにも規模が小さすぎるのかもしれない。

4.8 政治家の能力

このモデルは、政治家が有権者の利益に奉仕しないことによるエージェンシー問題に焦点を当てている。その代わりに、能力の点で相異なる政治家を研究するため、このモデルがどのように利用されるのかを見るのは興味深い。

このことを研究するために、公共財の提供コストに影響を与える政治家固有の特性が存在するモデルを設定する。これは、2.4.3節で能力をモデル化した方法と基本的には同じである。もし無能さだけが問題なら、無能な政治家は自ら身を引いて落選することに満足するかもしれない。エージェンシー問題を引き起こすには、無能な政治家がレントを得る必要がある。$\eta > 0$ で表される金銭的利得というよりは「エゴ」レント（すなわち、効用の増加）があるとしよう。能力を組み込むために、公共財の生産コストは θ（有権者には観察不可能な費用ショック）に依存し、能力パラメーター κ にも依存するものとする。具体的に、コストは、

$$\theta G \quad \text{（現職が有能な場合）}$$
$$\kappa \theta G \quad \kappa > 1 \quad \text{（現職が無能な場合）}$$

無能な現職は個人的なコストをかけて、有能な現職を模倣できるとする。このコストは、現職のコスト削減努力の量に比例する。公共財の単位当たりコストを δ だけ引き下げるためには、$c\delta G$ のコスト削減努力が必要となる。

モデルのタイミングは、基本的に基準モデルと同じである。自然は、まず現職のタイプと公共財の供給コストを決定する。そして現職は課税と公共財の水準、コスト削減努力の量を選択する。残りのゲーム構造は従来通りである。

4.3.3節で展開されたストーリーの特徴は、ここでも一貫している。有能な現職は $G_\theta^*(\mu)$ を選択する。無能な現職は費用ショックを観察し、コスト削減努力を行って有能な現職の真似をするか、そのような努力はしないのかを決定する。後者のケースにおいて、有権者は税金 $\kappa\theta G_{\kappa\theta}^*(\mu)$ を支払っていることを観察し、現職を落選させるだろう。

ここで、現職の一括均衡へのインセンティブを考えてみる。まず費用ショックが L で、λ を一括均衡の確率とする（すなわち、有能な現職を真似するために十分な努力をする）。現職は $(\kappa-1)LG_L^*(\mu)$ または $(\kappa L-H)G_H^*(\mu)$ の努力を選ぶことができる。常に現職は費用ショック H を真似する努力を常に選択することを確認するのは簡単である。そして、公共財 $G_H^*(\mu)$ を選択し、その公共財の水準に補助金を出し、$(\kappa L-H)G_H^*(\mu)$ の調整まで自分の無能さを隠蔽することができる。これは現状では費用がかさむことになるが、現職が再選される結果になるのであれば、これは価値があることである。

$$\beta\eta - c(\kappa L - H)G_H^*(\mu) > 0$$

次に H の状態で何が起こるかを考えてみよう。費用ショックが H の有能な現職を真似するためには、$(\kappa-1)HG_H^*$ というコスト削減努力をしなければならない。一括均衡が存在するために必要な条件は、

$$\beta\eta - c(\kappa L - H)G_H^*(\mu) > 0 > \beta\eta - c(\kappa-1)HG_H^*(\mu)$$

である。

その他の場合、分離均衡となる[36]。もし $q > 1/2$ ならば、上記の条件は一括均衡の必要十分条件になっている。

政治家の間で能力の差があるモデルでは、政治家の間の差が動機の差に起因するモデルで見られたのと同じ、選択とインセンティブの問題を示している。

4.9 結び

本章の主な目的は、政治的エージェンシー・モデルを前章よりも抽象度の低い設定にすることにあった。経済的な設定としては、政府が公共支出の水準を決定し、税金と債務から調達しなければならないという単純な財政モデ

---

[36] 無能な現職が常に費用ショックにも関係なく（すなわち $\beta\eta - c(\kappa-1)HG_H^*(\mu) > 0$ の場合）G_H^* と $x = HG_H^*$ を提供する場合、有権者は、G_H^* と $x = HG_H^*$ を提供するような現職を落選させる。この場合、無能な現職は真似するインセンティブを失う。

ルを用いた。ここで、有権者が再選インセンティブを最適に利用することで均衡政策経路を決定する、単純かつ定型化された政治モデルを提示した。

　その核となる考え方は第3章から引き継がれ、政治的均衡は政治における選択効果とインセンティブ効果のバランスとして理解できるというものである。これら相互作用のあり方が政治的均衡の厚生特性を決定する。

　非常に単純なモデルであるにもかかわらず、再選挙と政策成果との関連について示唆をいくつか与えてくれるものである。また、政治家が第二期目末の再選に直面できない場合の税と支出のサイクルについての洞察を与えてくれる。

　主な分析対象は、政府の課税・支出能力に影響を与えるような制約を追加する方法に対して、エージェンシー・モデルの意味を検討することであった。これは一種の政治的次善理論である。選挙は情報問題によるエージェンシー問題に対処するのに役立つかもしれないが、均衡政策経路に沿ってある程度のレントシーキングがいくらか残るという点では不十分である。そこで問題は、この次善の文脈で、政府に対する追加的な抑制を考えることである。抑制は、経済的制約条件を変えるという直接的な効果と、政治家の政治行動を変えるという間接的効果の2つの効果を持つ。後者は、政治における選択効果やインセンティブ効果を媒介としている。

　また、非政府組織を通じて資源を調整する可能性も検討した。ここでは、政府とNGOにおけるインセンティブ問題をモデル化することができるため、この枠組みは有用である。この点でエージェンシー・モデルは有益な示唆を与えてくれる。

　このモデルはあくまでも例に過ぎない。政策論議の詳細な指針を示すには、あまりにも単純で抽象的であることは確かである。しかしながら、考え方として、有権者と政府との間に生じる利害の対立について、財政的な設定においてバランスのとれた視点を提供してくれる。これは、財政の政治経済について考えるとき、関連する次元はこれだけではない。政府に追加的な制約を課す必要性についての政策論争に取り組むためには必要である。また、税、支出、政治的交代に関する経験的観察に根ざしているという魅力もある。

第4章の補遺：純粋なモラル・ハザードを伴う最適財政政策

4.3.2節では、政治家が悪いタイプであることが認知されており、有権者は前もって再選ルールを約束できる場合における純粋なモラル・ハザートの下での有権者の最適財政政策について述べた。ここでは、この問題の正式な解を提示する。

有権者の問題は、歳出および租税の水準 (G_L, x_L) および (G_H, x_H) を選択して、期待厚生

$$q[G_H - \mu C(x_H)] + (1-q)[G_L - \mu C(x_L)] \tag{4.12}$$

をタイプ H がすぐに X のレントを得るよりも、(G_H, x_H) を生み出すことを選好することを保証する参加制約

$$s_H = x_H - HG_H \geq (1-\beta)X \tag{PC$_H$}$$

およびタイプ L が (G_H, x_H) よりも (G_L, x_L) を生み出すことを選好するのを保証するインセンティブ制約

$$s_L = x_L - LG_L \geq x_H - LG_H = s_H + (H-L)G_H \tag{IC$_L$}$$

のもとで、最大化する。

これは「緩和された」問題で、タイプ L に対する同様の参加制約とタイプ H に対するインセンティブ制約を無視している。とはいえ、$G_H \geq 0$ とともに上記の制約を満たす解の中には、（$L < H$ のため）L の参加制約も満たしていることは自明である。ところが H のインセンティブ制約が満たされることは、明らかではない。我々のアプローチは、緩和された問題を解くことであり、そして H のインセンティブも正しく整合していることをチェックすることである。

課税 x_θ が高いほど有権者の厚生を減少させるが、政治家のレントを増加させるため、(4.12) 式の解は、PC$_H$ 式と IC$_L$ 式の両方が等式として満たされなければならない。よって有権者の問題の一階条件は、以下のように簡単

にできる。

$$\mu C'(x_L) = \frac{1}{L} \qquad (4.13)$$

$$\mu C'(x_H) = \frac{1}{H}\left(1 - \frac{1-q}{q}\frac{H-L}{L}\right) \qquad (4.14)$$

$$x_H = HG_H + (1-\beta)X$$

$$x_L = LG_L + (1-\beta)X + (H-L)G_H$$

(4.13) 式は低コストの財政政策に歪みがないことを示している。つまり、支出の限界便益は、図 4.1 における接点 B_2 で表されるように、限界税コストと等しく設定される。(4.14) 式は高コスト状態の支出は、下方に歪んでいることを示しており、$\mu C'(x_H) < 1/H$ である。

なお、(4.14) 式は x_H（と G_H）は、L と q の増加関数であることを意味している。これは、一次の確率優位の意味での低コストは、高コスト状態での支出を大きくするという本文中の命題 2 を裏付けている。よって、政府サービスのコスト削減は、悪いタイプの政治家によって生み出される潜在的なエージェンシー問題を悪化させるため、実際には政府支出をさらに制限することにつながるかもしれない。

導出を完了するために、高コストに直面する政治家が低コストのタイプのために意図された財政政策を好んで採用しないことを確認する必要がある。関連するインセンティブ制約は、

$$s_H = x_H - LG_H \geq x_L - HG_L = s_L - (H-L)G_L \qquad (\text{IC}_H)$$

IC_L に代入し、二つのインセンティブ制約の両方が、任意の財政政策の組において満たされるのであれば、そのとき以下が得られる。

$$(H-L)\,(G_L - G_H) \geq 0 \qquad (\text{IC}_H)$$

あるいは単純に $G_L - G_H \geq 0$ である。遂行のための必要条件が成立することを検証するために、一階条件 (4.13) 式 - (4.14) 式を反転させると、以下が得られる。

$$L\,(G_L - G_H) = C'^{-1}\left(\frac{1}{\mu L}\right) - C'^{-1}\left(\frac{1}{\mu H}\left(1 - \frac{1-q}{q}\frac{H-L}{L}\right)\right) \geq 0$$

第5章

結論と今後の研究課題

　本書の主な目的は、現代の政治経済学のレンズを通して「良いガバナンス」の問題に目を向けることである。今だ発展途上の分野であり、まだ多くのことを学ばなければならない。この最終章では、前章までの議論に続く、今後の研究課題について述べる。

　誰が政治家になることを選択するのか、そして制度構造がこの決断をどのように形作るのかというテーマは、政治経済学ではあまり重要視されていない[1]。ところが本書の分析では、政治家階級の質が優れた政策の重要な決定要因であることを示している。第2章では、政治家階級の質が政治の失敗の原因であることを示した。また、第3章と第4章では、逆選択とモラル・ハザードを伴うエージェンシー・モデルでこのことが繰り返し論じられた。したがって、良い政治家を選ぶために選挙がどのように機能するかを理解するのは有益であろう。

　現在では、選挙は政治家を選ぶための主要な手段であると受け入れられているが、昔は必ずしもそうではなかった。古代アテネでは、市民の中からくじを引いて議会の議席を埋めていた時期があった（Manin 1997）。各市民の任期は1年で、生涯二期までという制限があった。ギリシア人は、良い政治家を確保するという点で、この方法の欠点を理解していた。そこで、選ばれた候補者の人格と能力が吟味される確認審問のような形で、安全策を講じた。しかし、くじ引きによる選出の基本的な前提は、市民的美徳が国民に広く分布しているということであり、無作為の選出によって、くじ引きで選ばれた

---

[1] 以下に続く選択に関する議論は、Besley（2005）に基づくものである。

者が悪い政治家になる可能性は比較的低いということである。くじ引きによる選出が選挙よりも望ましいとされたのには、主に三つの理由がある。第一に、政治家の交代が保証されるため、政治家と日常生活の両方を経験することが保証される。第二に、くじ引きによる選出は公職への可能な限りの幅広いアクセスを保証するため、平等主義的とみなされた。第三に、選挙では市民が派閥に分かれてしまう可能性が高くなるのに対し、くじ引きでは共同体における目的の統一が維持されやすいと考えられたからである。

　アテネのような比較的均質な都市国家では、くじの使用は非常に理にかなっている。同様な理由で、イタリアの都市国家であるヴェネツィアやフィレンツェでもくじが使われた。しかし、モンテスキューやルソーのような政治思想家が、くじ引きによる政治家選択の考えを真剣に取り上げており、最終的には選挙を支持した。なぜなら主に、選挙が才能と徳のある自然な貴族を選ぶのに役立つと信じていたからである。結局のところ、くじ引きによる選別は、政治的能力の高い者が低い者より有利になることはないのである。

　この考え方はアメリカ建国の父祖たちに大きな影響を与えたが、彼らも同様に、政治家選択の課題は、一般市民とは異なる、才能や精神的能力に優れた支配階級を選ぶことだと考えていた。実際、「生来の貴族」という言葉は、トマス・ジェファーソン（1813）がジョン・アダムスに宛てた手紙に由来している。ジェファーソンは、「私は、人々の中に生来の貴族が存在することに同意する。その根拠は徳と才能である（…）このような生来の貴族を純粋に選んで政府の役職に就任させるのに最も効果的なのは、このような政府の形態であるとさえ言えるのではないでしょうか？」ジェファーソンは、生来の貴族が台頭し選抜される状況を作り出す方法として、多額の遺産を分割する法律と公教育を支援する法律を賛成であると主張し続けている。

　選挙で選択された生来の貴族という考え方は、多くの国が依然として世襲貴族に大きく依存していた近世ヨーロッパの一般的な規範と対照的である。血統による選抜という考え方は、政策決定に必要な資質が遺伝的あるいは何らかの社会的条件付けによって世代間で受け継がれている場合にのみ意味を持つものであるが、そのような形質の伝達がうまくいかない場合の安全策を提供しない。また、支配階級が長期的な視野に立つことを可能にする場合、

この考え方には利点がある。世襲貴族は、どの時代にも最も才能があり成功した市民を取り込む能力はあったが、政治的能力に欠ける世襲貴族を降格させることははるかに困難であった。世襲貴族はまた、富裕層への利益に偏りを内蔵している。このような状況では、国民に根差した政策がノブレス・オブリージュ、あるいは革命の脅威に基づいて行われる。

　イギリスをはじめとするいくつかの国々では、いまだに政治家階級の世襲制が残っている。典型的な民主主義国家であっても、有力な政治王朝は存在する。インドのネルー王朝は、1947年から1989年までの間に三人の首相を輩出し、わずか2年の中断のみでインドを「統治」した。アメリカのブッシュ王朝は、16年間のうち12年間は大統領の座にある可能性が高い†)。知名度での優位性は明らかである。しかし、政治家の資質が世代を超えて継承されるかどうかは、まだ明らかではない。政治における世襲の議論は、この点において市場における同族企業の優位性の議論に通じるものがある。

　世襲貴族制を政治家選択のレンズを通して考察してみると、この制度が時代とともにほぼ消失してしまったのは、さして驚くにはあたらない。世襲貴族制は、政策を決定する最適な人物を選ぶ手段としては、全く称賛に値しない。世襲の原則は、ジョン・ロックなどの啓蒙思想家の大きな影響力によって、最も深刻な打撃を受けた。ロックは、政府は投票箱を通じて表明される市民の自由な同意によってのみ正当性を得ることができるという考えを唱えた。この正統性に関する主張は、選挙が規則を規律するインセンティブを与えるかどうかとは直接関係がなく、むしろ、政治システムがうまく機能するための選挙が重要であるという主張である。

　現代社会では、ほとんどの独裁者が世襲ではなく、暴力による支配を行っている。独裁政治の選出ルールは、軍隊や警察などの権力機関から最大の忠誠心を集めることができる指導者を選ぶことである。独裁政治は、その実績

---

†) アメリカ合衆国の大統領任期は2期8年である。ここでの12年間の合計はジョージ・H・W・ブッシュ（第41代米国大統領、1989–1993）とその息子であるジョージ・W・ブッシュ（第43代米国大統領、2001–2009）のことであり、本書が書かれた当時はジョージ・W・ブッシュの大統領任期途中であったので、このような記述になっている。

においてかなりの多様性を示すが、人類史上最も残虐な政権は、概してこの
ような類の政権であったと言ってもよいだろう。

　力による選出は、多様な政治的代表者を選ぶにも、公職に就くのに最も
相応しい人を選ぶにも、効果的な方法ではない。Jones and Olken（2005）
は、独裁政治の下での政府の質の低さが、選択の問題に根ざしていることを
示す証拠を提示している。彼らは、世界の指導者の死去前後の経済成長を調
べ、指導者の質が重要かどうかの証拠を示している。彼らの主な発見によれ
ば、独裁者の死は成長に変化をもたらすということである。民主的に選出さ
れた指導者には、これに対応するパターンは見られない。この発見は、民主
的な選出に比べ、力による選出は優れた指導者を選ぶのに不利であるという
ことと整合的である。

　現在、選挙が政治家の選出に最もよく使われる制度であるとはいえ、制度
構造には非常に多様性がある。政治家に支給される賃金、求められる公務の
種類、政治家が享受する政策的裁量権には違いがある。また、年齢、資産、
識字率など、立候補のためのルールも多様である。選挙についてのルールも、
同じ政党から複数の候補者を擁立する予備選挙上位2名による決選投票を行
うかなど、民主制制度によって異なる。また、選挙運動の実施や候補者が受
けることができる資金援助についても、制度が異なる。

　ほとんどの場合、政治経済学のモデルは、選挙が行われる前後に、制度が
政策提供のインセンティブをどのように形成するかを研究したものが大半で
ある。そのため、選挙制度が政治家選択をどのように形成するかについての
理解は、まだ始まったばかりである。このことを（理論的にも実証的にも）
より深く理解することが、今後の課題である。まず誰が政治家になることを
選択するのか、そしてその選択がより広いキャリアの関心とどのように関
わっているのかを理解する必要がある[2]。

　本書の大半を通じてのアプローチは、極めて個人主義的である。しかしな
がら、政治活動の多くは、内閣、議会、政党、利益団体、NGOといった集

---

[2]このようなプロジェクトに対する興味深い出発点として、Matozzi and Merlo（2008）
　を参照。

団内で行われるものである。政治経済学の支配的な伝統は、それらを首尾一貫した選好を持つ一元的な当事者として扱うことであった。しかし、このような組織の内部の仕組みや、選択とインセンティブへの影響を理解するために、やるべきことがたくさんある。例えば、政党は政治家を選ぶためのフィルターとして機能する。その結果、最も優秀な人材が立候補することになるのかどうかは、よくわかっていない[3]。また、政党がどのように集団的評価を形成しているのか、集団的利益に反する行為をしたエージェントを懲らしめる手段を有しているのか、といったインセンティブに関する疑問もある。

　内閣、連合、議会に関する文献は数多く存在する。しかしエージェンシーの枠組みには組み込まれていない。このことは、意思決定ルールの最適な構造に関係している。一番の問題は、複数の意思決定者に委任することが、公的意思決定の質の低下を招くのか、それとも向上させるのか、ということである。第3章で論じた例から、これは制度構造の詳細に依存する可能性が高いことが示唆される。この領域における制度構造から政策成果への対応付けを理解することは、今後の研究課題である。

　上記の分析では、主に政治プロセスが政策を形成する方法に注目してきた。しかし、政治選択は問題の一側面に過ぎない。政策は、通常は官僚によって実施されなければならない。官僚は政策の実施について多くの情報を持っているため、概して強大である。このことは、有権者、政治家、官僚の間に、エージェンシー・モデルではあまり研究されてこなかった多層的なエージェンシー問題を生み出す[4]。官僚の説明責任は政治家の説明責任とはかなり異なる。その理由の一つは、官僚はプロジェクトの遂行に対してより明確なインセンティブを与えられる可能性があり、一般的に政治家よりも狭い範囲の仕事に集中しているためである。また、官僚は市場に基づくインセンティブに対してより敏感である可能性もある。政治家選択と関連して、官僚選択の問題がある。潜在的な公務員は、どのような場合に政治家になるのか、官僚になるのかを選択するのだろうか。

---

[3] この方面での分析については、Carrillo and Mariotti (2001)を参照。

[4] この分野における動向については、Alesina and Tabellini (2007)を参照。

　本書以上に完成度の高い本であれば、良い政策を決定するための政治だけでなく、官僚制の問題も掘り下げられるだろう。旧態依然とした公共選択の推論が、政治におけるエージェンシーのより洗練されたモデルに取って代わられたように、官僚制についても旧態依然とした予算最大化モデルを超える必要がある。これらの問題を完全に扱うには、軍隊から学校、病院、都市計画まで、全く異なる官僚的環境で発生する問題に配慮したモデルを検討する必要がある。政治経済学の新しい文献は、これらすべての領域をカバーする包括的なアプローチを提供するためには、まだ道半ばである。

　上記の議論に欠けているもう一つの要素は、司法権の行使である。先にも述べたように、Maskin and Tirole (2004)はエージェンシー・アプローチを用いて、様々な司法選択の方法とその結果に対する影響を対比している。例えば競争政策など、多くの重要な政策立案が政策の実施に際して司法手続を多用していることは明らかである。（立法府ではなく）裁判所にどこまで政策の役割を与えることができるのか、また与えるべきなのかは、興味深い問題であり、良い政府の一つの要素は、責任の適切な組み合わせであることは間違いない。これらの問題については、さらに多くの研究が必要である。

　政治経済学の分野は活況を呈している。政策決定の質を向上させるためには、政府におけるインセンティブを理解する必要があることは、今や広く理解されている。従来の公共経済学は、様々な政策の長所と短所を研究するものであった。これは政策論争を形成する上で非常に強力なものであったが、これが物語の一部に過ぎないことは明らかである。

　まず、なぜ良い政策が一部でしか実施されないのかを理解する必要がある。関税に基づく貿易保護がその例である。ここで働いている政治的失敗の原因を理解することは、政府の政策の質を向上させるために政策プロセスを改革する方法があるかどうかを確認するために有益であろう。

　第二に、提案されている改革の多くは、制度構造の変化を伴うものである。例えば、政府は政策決定を下層部に分散させたり、政策遂行のための独立機関を設立すること、そして政策決定の透明性を高めることの是非を理解したいと考える。このような場合、制度変更による選択とインセンティブの意味を理解できるような政策過程のモデルを用いて作業することが必要である。

　政治経済学の分野では、この二つのケースに対応して、政府の仕組みを改善するために必要な知識やツールを提供している。

　本書の内容は、政府の能力に関する幅広い考え方を形作るものである。我々は、市場には資源配分の限界があるが、政府にも限界があるという立場から出発した。経済学の専門家が、公的責任と私的責任の境界をどこに置くかという課題に対応するためのツールを提供していることは明らかである。良い政府と小さな政府を同一視する見解もある。しかも、これは過去の政治経済学において支配的な伝統であった。しかしながら、政府介入への態度が以前より慎重になっているとはいえ、現代の政治経済学にはこの見解を支持するものはない。政治経済学的アプローチは楽観主義を助長することもできる。もし我々が良い政府の論理を理解することができれば、それが良い政府を作るための最初の第一歩になるのかもしれない。

『良い政府の政治経済学』解説

下松真之

1　はじめに

本書の原著 *Principled Agents?* の原稿を世界で一番最初に目にしたのは、多分私です。

本書が執筆されていた 2005 年、私はロンドン・スクール・オブ・エコノミクス（LSE）の博士課程（経済学専攻）に在籍してから 3 年が経っていました。ある日、LSE の教授である Tim[1] から博士課程生全員宛の電子メールが届きました。リサーチ・アシスタント（RA）募集のお知らせで、執筆中の本の原稿チェックの依頼でした。本の内容は、政治経済学。当時、発展途上国の経済発展における政治の役割を研究テーマにしていた私は、迷うことなく応募しました。

他に応募した人がいなかったのか、すんなり採用され、受け取った原稿が、今、あなたが手にとっている本書の原著の初稿でした。

当時の LSE には、1 年後輩の博士課程生の中に、後にジョン・ベイツ・クラーク賞[2] を受賞する Dave Donaldson がいました。彼は、Tim の RA として働いた経験があり、働き方についてのアドバイスを聞いたところ、「Tim

---

[1] 本書の著者、Timothy Besley の愛称です。LSE、及び、アメリカの主要大学の経済学部では、大学院生が教授をファーストネームで呼ぶのが当たり前で、私も含め、皆 Tim と呼んでいたので、本解説でもそう記しています。

[2] アメリカ経済学会によって 40 歳以下のアメリカの経済学者に贈られる賞。受賞者の多くが後にノーベル経済学賞を受賞していることで知られています。

は、言われた通りのことをする RA を望んではいないので、どんどん自分の考えをぶつけていくといい」と教えてくれました。

そのアドバイスに従い、証明が間違っていると思ったら、自分で証明し直して修正したり、「自分だったらこの文のところで引用する」と思った論文を積極的に追加引用したり、さらには英語表現の訂正まで提案していました（英語に関しては、ネイティブの Tim によくそんなことしたなあ、と今になって思います）。

このような私のコメントについて、Tim は本書序文に "a host of important comments which lead to substantial improvements" と書くほど、評価してくれました。このことが、後述する Tim との共同研究につながっていきます。

また、本書第 1 章のグラフを統計分析ソフト Stata で作り、その脚注を書いたのは私です。

このように本書との関わりが深い私から見て、本書の中で特に重要な部分、及び、著者である Tim の特筆すべき学問的業績について、以下で解説していきます。

2　政治的エージェンシー・モデル

学問的に本書で一番重要な内容は、政治的エージェンシー・モデル（political agency model）という理論モデルを定式化している第 3 章、及び、そのモデルを財政問題に応用した第 4 章です。本書を引用する学術文献の数は、Google Scholar によれば、2000 を超えていますが[3]、私が目にした引用のパターンは、文中で政治的エージェンシー・モデルに言及する時であることがほとんどです。

政治的エージェンシー・モデルは、経済学者が政策決定過程を分析するために用いる理論モデルの中で、最も人気のあるものの一つです。それは何故

---

[3] 2024 年 4 月 20 日時点で、2074（Google Scholar 2024）。

なのか。四つの理由があると思います。

2.1　有権者と政治家の利害対立を分析できる

　政策決定過程を分析する経済学理論として一般によく知られているのは中位投票者理論（Downs 1957）ですが、この理論で扱えるのは有権者の間で利害対立がある政策（お金持ちと貧乏人が対立する所得再分配政策が一例）であり、政治家と政治家以外の有権者全員が利害対立関係にある政策（例えば、政治資金規正法）を分析することができません。また、有権者にとって望ましい政策を実施するのは政治家にとって時間的にコストがかかる（例えば、自然災害の被災者支援）ということであれば、政治家と有権者は利害対立関係にあります[4]。政治的エージェンシー・モデルは、そのような政治状況を分析することができる道具です。

　また、政治的エージェンシー・モデルは、有権者が政治家についての情報をすべて知ることができない状況を想定しています。このことから、本書3.4.2節で議論されているように、政治におけるマスメディアの役割を分析する際に、とても使い勝手の良い理論モデルとなっています。また、Timによる日本語版序文には、ソーシャルメディアの政治的役割の分析に応用されるようになった、と述べられています。

2.2　理論モデルが現実的

　政治的エージェンシー・モデルを初めて提示したのは、「バローの中立命題」で知られるロバート・バローが執筆した1973年の論文です（Barro 1973）。その後、政治学者による研究（Ferejohn 1986）で無限期間モデルに拡張され、この二つの論文が政治的エージェンシー・モデルの元祖としてよく引用されます。しかし、この二つの論文で提示されているモデルでは、有権者が現職と対立候補の間で無差別ならば現職を再選させる、という仮定が

---

[4] Timの代表的研究の一つであるBesley and Burgess (2002)は、インド州政府の災害支援データを分析する理論的枠組として、政治的エージェンシー・モデルを採用しています。

あり、現実離れしていると言わざるを得ません。

　本書で定式化されている政治的エージェンシー・モデルは、この問題を克服するために、選挙での立候補者が一定確率πで「良い政治家」であるという仮定を入れています[5]。ここで「良い政治家」とは、有権者と利害が一致している政治家という意味です。すると、現職の「悪い政治家」が「良い政治家」の振りをして再選を目指すインセンティブが生まれます。「悪い政治家」が実際に「良い政治家」の振りをするかどうかは、その機会費用の大きさ次第[6]なので、すべての「悪い政治家」が「良い政治家」の真似をするとは限りません。そのため、「良い政治家」の振る舞いをした現職は、有権者から見れば、「良い政治家」である確率がπよりも高くなります。他方、実績のない対立候補が「良い政治家」である確率はπです。結果として、「良い政治家」である確率が対立候補よりも高い現職が、有権者によって再選される、という結論が導かれます。

　この「選挙での立候補者が一定確率πで『良い政治家』である」という仮定は、「良い政治家」なんているわけがない、と考えるシニカルな経済学者から批判されますが、「良い政治家」である確率πがゼロに限りなく近くても、ゼロではない限り、以上の理屈は通るので、そういった批判を交わすことができています。

2.3　因果推論の結果と整合的

　このように、現実例への応用が効き、かつ、理論的にも現実性が高い政治的エージェンシー・モデルですが、それだけでは21世紀の経済学の中で評価されません。理論が前提としていることや、理論から導かれる因果関係が、

---

[5]　このアイデアを最初に提示したのは、政治学者による研究（Banks and Sundaram 1993）で、Tim がアメリカ州知事の多選禁止条項が財政政策に与える影響をデータで実証するための理論的枠組として、経済学に導入しました（Besley and Case 1995）。

[6]　例えば、オファーされた賄賂が莫大な金額であれば、それを受け取るのを拒否することで生じる「機会費用」は高額になり、再選されるために「良い政治家」の振りをすることをやめる可能性が高くなります。

現実のデータで支持されている必要があります[7]。政治的エージェンシー・モデルが人気であるもう一つの理由は、その理論の仮定や予測が因果推論の結果と整合的であることにあります。

　政治的エージェンシー・モデルの仮定とは、有権者が現職の政治家の業績を知ることで、その現職を再選させるかどうかの意思決定を変える、というものです。当たり前のように聞こえるかもしれませんが、現実社会において本当であるかを確認するのは難題です。現職の業績をマスメディアなどを通じてよく知っているかどうかは、有権者の様々な観察できない特徴（例えば知的水準）とも関係しているので、両者の影響を統計学的に分けることが困難だからです。また、再選されるかどうかギリギリの状態にいる現職の政治家自身が、意図的に自分の業績を派手に宣伝した場合、再選確率から有権者の持つ情報への逆の因果関係が働き、両者の相関関係を情報の効果として解釈できなくなります。

　この難題をクリアした研究として有名なのが、本書の出版後に公刊された研究論文であり、Tim の日本語版序文でも言及されている Ferraz and Finan（2008）です[8]。ブラジルの市長選挙のデータを用いて、有権者が現職市長の汚職の度合を知ると、その市長の再選確率が統計学的に有意に変化することを実証しました。この研究は、事実上のランダム化比較試験になっています。なぜなら、ブラジルでは、汚職監査を実施する市を公開ルーレットで決めているので、有権者が選挙時に市長の汚職の度合を知っているかどうかが、ランダムに決まるからです。監査により同程度の汚職が明らかになった市長のうち、選挙より前に監査を受けた市長と、選挙より後に監査を受けた市長を比べた時、どちらの再選確率が高いかは、有権者が汚職の度合を知ったことの結果だと解釈することができます。

---

[7]　学部生向けの経済学の教科書である Acemoglu, Laibson, and List（2015）は、経済学の特徴として「最適化（optimization）」と「均衡（equilibrium）」に加えて「実証（empiricism）」を挙げています。

[8]　この論文は、著者の一人、Frederico Finan の博士論文であり、2006 年初頭に LSE への就職セミナーとして発表していたのを聞きに行きました。

　興味深いのは、汚職の度合がある水準を超えた時のみ、再選確率が下がるという結果が出ているところです。言い換えると、汚職に手を染めていることを知っても、その程度が小さければ、有権者は投票行動を変えないということです。この実証結果を政治的エージェンシー・モデルを通して解釈すると、ブラジルの有権者は、現職であれ対立候補であれ、政治家はある程度は汚職に手を染めるもの、と考えていて、その程度を超えたと知った時のみ、現職は「悪い政治家」であると判断して、対立候補に投票する、ということになります。

　他方、政治的エージェンシー・モデルの理論的予測とは、再選を目指すために政治家は有権者を利する政策を採用する、というものです。Ferraz and Finan（2011）は、同じブラジルの市長選挙のデータを用いて、この因果関係を立証しました。ブラジル憲法の規定により、二期目を終えた市長は再選を目指して立候補することができません。そこで、一期目の市長が僅差で再選を果たした場合（したがって、選挙後に再選を目指すインセンティブがない）と僅差で落選した場合（当選した新市長は一期目なので再選を目指すインセンティブがある）を比較して、前者の方が、選挙後の市長の汚職度合が統計学的に有意に高いことを示しました。僅差で勝敗が決まった選挙は、現職が勝ったかどうかは運によると考えられるので、再選を目指せるかどうか以外の要因は同じとみなせます（「回帰不連続デザイン」と呼ばれる因果推論の手法です）。従って、再選を目指すために汚職に手を染めるのを思いとどまった、と解釈することができます[9]。

　このように、政治的エージェンシー・モデルは、その仮定も理論的予測も、因果推論での実証結果と整合的です。

---

[9] 憲法の再選禁止条項が政策決定に与える影響は、Tim が Besley and Case（1995）で相関関係を示して以来、多くの研究蓄積があります。最近では、新型コロナウィルス対策の国別データを分析した Pulejo and Querubín（2021）が、憲法規定により再選できない大統領は、そうでない大統領よりも、より厳しい感染対策を採用したことを実証しました。

2.4 特定の政治制度を想定していない

政治的エージェンシー・モデルの一つの特徴として、特定の政治制度を想定していないという点が挙げられます。選挙のモデルですが、理論モデル自体は、現職が「良い政治家」なのか「悪い政治家」なのかがわからない有権者が、現職の選んだ政策の結果を知った後に、現職を再選させるかどうか決める、という非常に単純な「不完全情報の展開型ゲーム」であり[10]、具体的な政治制度がモデルの中に組み込まれているわけではありません。したがって、細かい政治制度の違いに捉われずに、選挙の効果について分析することができ、政治的エージェンシー・モデルの応用範囲の広さにつながっています。

さらに言うと、分析対象が民主主義国家における選挙である必要もありません。Tim の日本語版序文でも言及されている、Tim と私の共著論文（Besley and Kudamatsu（2008））では、権威主義国家の政治分析に政治的エージェンシー・モデルを応用しています。国民が、政策の良し悪しではなく、民族や宗教などの集団帰属意識に基づいて支持する政治家・政党を選ぶ国では、現政権と対立する民族・宗派の参政権を制限した方が、現政権が「良い」政策を選ぶインセンティブを確保することができる、ということを理論的に示しました[11]。

ここ数年、民主主義国家と権威主義国家の間の相互不信が高まっていますが、民主主義国側にいる我々が権威主義国家にとっての理屈を理解する一助を、この研究が提供しているのではないかと思います。

3 「政府の失敗」

以上、本書の内容の中で学問的に注目すべき部分について解説してきまし

---

[10] 例えば、学部生向けのゲーム理論の教科書として定評のあるギボンズ（2020）の第4章で説明されているモデルとほぼ同じです。

[11] もちろん、ここでの「良い」政策とは、参政権を持つ民族や宗派にとって望ましい政策という意味です。

たが、より一般的な視点で注目すべきだと私が思うのは、本書の第2章です。「政府の失敗（government failure）」について概観しているこの第2章は、すべての人が読むべきだと、Tim の RA として原稿チェックの仕事をしながら思っていました。

「市場の失敗」の四つの例（独占、情報の非対称性、外部性、公共財）は、政府の市場介入を正当化する経済学の理論的根拠です。しかし、政府の市場介入自体が失敗する可能性があります。そのような「政府の失敗」について、様々な経済学者による議論を一つにまとめたのは、この第2章が初めてだったと思います。

なぜ、経済学的に正当化できない政策が実施されてしまうのだろう、と疑問に思ったら、本書の第2章を読み返してみてください。なぜ現政権がそのような政策を選んだのか、理由が見つかるはずです。

例えば、2.6.2節では、次の選挙で負けることがほぼ確定している現政権が、次の政権ができることを制限するために財政赤字を積み増す、という政策の連鎖（policy linkage）による「政府の失敗」が紹介されています。2022年にイギリスの首相となって保守党政権を引き継いだ Liz Truss の大減税政策は、このロジックで説明することができます。この大減税政策は、財政赤字の悪化を懸念した金融市場の大混乱を招き、住宅ローン金利の上昇を引き起こし、中央銀行が市場介入する事態となりました。結果、Liz Truss は大減税政策を撤回し、就任後わずか49日で辞任に追い込まれました。

なぜ、このような先進国にあるまじき「政府の失敗」が起こったのか。当時の保守党政権は支持率が低迷し[12]、議会の任期切れとなる2024年に開かれる選挙では、野党の労働党が勝利すると多くの人が思っていました（実際に、2024年7月の総選挙で労働党が勝利しました）。そんな中、大減税を打ち出したのは、労働党政権に大幅な財政支出を伴う政策を実施する自由を奪

---

[12] EU 脱退による便益が一向に実現しなかったこと、緊縮財政により警察や医療などの公共サービスの質が低下したこと、Boris Johnson 前首相が、新型コロナウィルス感染防止のために国民の外出を禁止していた時に、首相官邸でスタッフとパーティーを開催していたことが明るみになったこと、などが原因とされています。

う狙いがあった、と私は思っています。

　大減税政策は失敗に終わりましたが、財政赤字を拡大する政策は金融市場の混乱を招くことがわかった以上、野党である労働党は、その後、保守党議員や保守党支持者が嫌う大幅な財政支出を伴う政策を公約に掲げることができなくなりました。この意味において、Liz Truss の大減税政策は、保守党支持者の利益を守ることに成功したと言えます。

4　Tim の研究業績

　さて、本書の著者である Tim はどのような経済学者なのでしょうか。特に重要な学問的貢献だと私が思うのは、以下の四つです。

4.1　所有権と投資インセンティブ

　Tim の最初の大きな業績は、所有権の保証が投資インセンティブを生み出すことを理論的に定式化し、整合的なエビデンスを初めて示したことです（Besley 1995）。この論文の被引用数は 3000 を超えています[13]。

　1990 年代まで、経済学者は、経済主体が自らの資産の所有権を有していることを暗黙に仮定していました。しかし、発展途上国に目を向ければ、他人に物を盗まれても国家は何もしないし、その国家自体が強制収用してくることもあります[14]。

　Tim は西アフリカの国、ガーナの二つの農村での調査データを用いて、自分の土地を売ったり贈与したりできる権利があると答えている農民の方が、その土地に投資をしている確率が高い、という相関関係があることを示しました。

　この研究が公刊されて以降、開発経済学はもちろん、マクロ経済学の経済

[13) 2024 年 4 月 20 日時点で、3005（Google Scholar 2024）。

[14) LSE での留学生活中、間借りをしていたアパートの大家さんはベトナム出身で、彼が子供の頃、実家の庭が共産主義政権によって収容され、知らない貧しい人が小屋を建てて暮らすようになった、というエピソードを話してくれました。

成長論でも、所有権の重要性が注目され、かの有名な Acemoglu, Johnson, and Robinson (2001) の研究[15] に繋がっていきます。

4.2 市民候補者モデル

Tim は、政治経済学においても、二大政党制をゲーム理論から説明することに成功するという大きな業績を残しています（Besley and Coate 1997）。Downs (1957) による中位投票者理論によれば、得票率最大化のために、全ての立候補者は中位投票者の望む政策を公約します。しかし、アメリカやイギリスでは、歴史的に二つの政党が異なる政策を提示し、選挙のたびに争ってきました。このように中位投票者理論は現実を説明できていないにもかかわらず、1990 年代まででは、ほとんどの経済学者は政治的要因を理論モデルに組み込む必要がある時に、中位投票者理論に頼っていました。

二大政党制を説明する理論的枠組みとして、本書の 1.6 節で言及されている Besley and Coate (1997) は、有権者が政治家として立候補するインセンティブを考慮した展開型ゲームを提案しました。このゲームでは、立候補者は当選後公約した政策を必ず実行する、という中位投票者理論の強い仮定が外され、各政治家は自分が一番好む政策以外を公約しても信頼してもらえない、という現実的な設定となっています。

この理論モデルには複数の均衡があり、中位投票者理論の結論もそのうちの一つの均衡ですが、中位投票者の好む政策を挟んで対照的な二つの政策を好む国民がそれぞれ立候補し、得票率を 50% ずつ分け合う、という結果も均衡として成立します。つまり、二大政党制がゲーム理論の均衡として説明できる、ということです。

ほぼ同時期に、Osborne and Slivinski (1996) も同様のモデルを提示しましたが、有権者は「戦略的投票行動」[16] をしないという強い仮定があり、理

---

[15] 大航海時代以降のヨーロッパ人植民者の死亡率が高かった国は、所有権を保証する制度が確立されず、その結果として今日の所得水準が低い、という因果関係を国別データの回帰分析で実証した研究です。

[16] 当選してほしくない候補者の当選を阻むために、自分が一番良いと思う候補者以外に投票することです。日本の例で言えば、共産党支持者が、自民党候補の当選を阻むた

論的には戦略的投票行動を前提とした Besley and Coate (1997)の理論モデルの方が現実的です。他方、理論の名称は、Osborne and Slivinski (1996)が名付けた「市民候補者モデル（citizen-candidate model）」という名前が定着しました。

その後、「各政治家は自分が一番好む政策を実行する」という仮定が Lee et al. (2004)の回帰不連続デザインを用いた因果推論による実証結果で支持されました。

なお、この市民候補者モデルでは、有権者が政治家として立候補するコストは外生的に与えられています。この立候補コストを内生化する試みが、Tim の別の業績として後述する「政治家選択」という政治経済学の一分野の研究テーマとなっていきます。

4.3　国家の統治能力

発展途上国の経済発展を考える上で、「国家の統治能力（state capacity）」の重要性は、開発援助の実務家の間で議論されることはありましたが[17]、経済学者が研究トピックとして真正面から取り上げることはありませんでした。Tim は、Besley and Persson (2009, 2011)にて、このトピックに取り組み、経済学の重要な研究テーマとして確立させました。

この研究で、Tim は、国家の統治能力の財政面（徴税能力）と法律面（所有権の保証や契約執行のための法律や司法制度を整備する能力）に着目し、この二つの統治能力の向上を図ろうとする政府のインセンティブを分析しています。財政面の統治能力が高ければ、法律面での統治能力向上インセンティブが高まり、他方で、法律面の統治能力が高ければ、財政面での統治能力向上インセンティブが高まる、という両者の補完性を理論的に導きました。また、双方のインセンティブを高める要因として、公共財の便益の高さ、及び、多くの人の合意を必要とする政治制度の二つがあることを理論的に明ら

めに、共産党候補者よりも当選の可能性が高い立憲民主党の候補に投票する、という投票行動を指します。

17) 例えば、世界銀行の 1997 年のレポート（World Bank 1997）があります。

かにしました。

公共財の便益が高い状況の一例としては、対外戦争の頻度の高さが挙げられます。国土防衛に投資する便益がすべての国民にとって高くなるからです。また、多くの人の合意を必要とする政治制度の一例としては、議院内閣制があります。首相は議会で過半数を占める与党議員の支持を常に必要とするので、政治的な妥協を強いられるからです[18]。

対外戦争の頻度と議院内閣制は、国別にデータとして計測することができます。Besley and Persson (2009)は、どちらのデータも国家の統治能力と正の相関関係があり、理論的な予測が現実と整合的であることを示しています。

また、本書の表 1-1, 図 1-2, 図 1-3 で示されている経済的な豊かさと政府の規模の正の相関関係を説明することにも、Besley and Persson (2009)の理論モデルは成功しています。経済的に豊かであれば課税ベースが大きくなり、徴税能力を向上することの便益（増えた税収による公共財供給の増加）が高くなるからです。一般的な経済学の理論モデルでは、高い税率は投資を妨げるので所得が低くなると考えますが、このモデルが指摘する逆の因果関係の方が現実のデータと整合的ということになります。

この論文が出版されて以降、例えば、コロンビアの地方自治体レベルの行政能力が、隣接する自治体の貧困度や公共財供給に波及することをデータで実証した Acemoglu, García-Jimeno, and Robinson (2015)や、インドの農民世帯に年間 100 日間の雇用を保証をする政策の実施が、生体認証の導入で効率化したことをランダム化比較試験で示した Muralidharan, Niehaus, and Sukhtankar (2016)など、国家の統治能力の影響や決定要因を探る研究が経済学で盛んになりました[19]。

---

[18] 詳しくは、Persson, Roland, and Tabellini (2000)を参照してください。

[19] この研究分野のサーベイとしては、Pomeranz and Vila-Belda (2019)や Besley et al. (2022)を参照してください。より最近の研究としては、コンゴ民主共和国の地方政府の徴税能力を向上させるフィールド実験を行った Weigel (2020)と Balán et al. (2022)、官僚機構の人材の質の決定要因について分析した Xu (2018)と Colonnelli et al. (2020)があります。

4.4 政治家選択

本書の1.6節で議論されている「誰が政治家になるのか」というトピックを、経済学における主要な研究テーマにしたのも、Tim の業績です。

本書が出版された2000年代半ばまでは、経済学者による政治の研究は、政治家のモラルハザードについてが中心でした。Caselli and Morelli（2004）などの例外はありましたが、そもそも誰が政治家になるのか、というテーマでの研究は稀でした。

Besley（2005）において、Tim は、議員の給与を高くすると、どのような国民が議員に立候補するようになるかを分析する理論的枠組を提示しました。プリンシパル＝エージェント・モデルにおける「逆選択」に対応する、誰が政治家になるのか、という問題意識の重要性を提示し、これ以降、多くの研究が「政治家選択（political selection）」と呼ばれるようになったこのトピックでなされるようになりました[20]。

このテーマにおける研究で私が特に面白いと思った研究が、Tim の日本語版序文でも言及されている Dal Bó et al.（2017）です。誰がスウェーデンの政治家になるかを豊富なデータで記述統計的に明らかにしました。スウェーデンには徴兵制があり、男性は徴兵されるときに全員必ず IQ テストを受けます。この IQ テストの結果は、スウェーデン国民全員が持つ個人番号と結び付けられていて、研究者は政治家個人個人の IQ スコアをデータとして手に入れることができます。データ分析の結果、スウェーデンの政治家は、国民平均よりも IQ スコアが高く、親の収入や職業の分布については国民全体と大きく変わらないことが明らかになりました。つまり、スウェーデンでは、優秀な人が、全国民の利害を平等に反映した形で、政治家になっている、ということです。高福祉国家が機能している理由の一つかもしれません[21]。

---

[20] 日本では全く知られていない研究分野のようなので、「政治家選択」という訳語は仮のものです。この研究分野のサーベイとしては、Dal Bó and Finan（2018）が挙げられます。

[21] 同じスウェーデンのデータを用いた研究で Tim も共著者に名を連ねる Besley et al.（2017）は、市議会議員に占める女性の割合を増やすためのクォーター制により、平均

なお、政治家選択という研究分野を Tim が確立してくれたおかげで、私の就職後の主要な研究となった Jia et al. (2015)が、経済学者に評価してもらいやすくなりました。私はこの研究で、誰が中国共産党幹部になるか、という問いに答えたのですが、誰が政治家になるのか、という政治家選択の研究テーマの一例として位置づけることが可能になったからです。

4.5 Tim の研究スタイル

以上、Tim の主要な研究業績を振り返ってきましたが、経済学者が暗黙のうちに仮定していたことを疑い、そのための理論的枠組を整理する、という研究スタイルが共通しています。また、所有権と統治能力に関する研究ついては、理論と整合的な相関関係をデータで示す、という点でも共通しています。どちらの特徴も、ここで紹介できなかった Tim の他の研究にも当てはまっています。

5 Tim との共同研究

冒頭に紹介した私の個人的なエピソードの続きです。本書の校正が終わり、後は出版を待つだけとなった 2005 年末、Tim に誘われて翌年 1 月のアメリカ経済学会で発表するための小論文を共著することになりました（Besley and Kudamatsu 2006）。トピックは、民主主義国家の方が平均寿命が長いかどうかを国別データで検証するというものでした。

この共同研究から着想を得て、私は博士論文（Kudamatsu 2012）を執筆しました。Tim による論文指導のコメントはいつも的確で、多くのことを学びました。ただ、Tim は忙しすぎるので、なかなか時間をとってもらえず、論文指導が、昼休みにサンドイッチをテイクアウトするために往復する間に歩きながら話す形で行われることがよくありました。

2006 年の夏に初稿を書き上げた時、私自身はあまり自信がなかったので

的な女性議員の能力が下がることはなく、平均的な男性議員の能力は上がった、という実証結果を出しています。

すが、Tim に読んでもらったら予想外の高評価で、そこから怒涛の就職活動が始まり、ストックホルム大学の国際経済研究所（IIES）に assistant professor として就職することができました[22]。

　前述の Tim との共同研究がなければ、博士論文も就職先も全く違うものになっていたでしょう。

　就職が決まった2007年春、Tim に誘われて、権威主義国家の政治について共同研究することになりました（Besley and Kudamatsu 2008）。この研究で応用した理論モデルは、前述の通り、本書の第3章で扱われている 政治的エージェンシー・モデルでした。

　共同研究する中で印象に残っているエピソードとしては、他人の論文を迷わずどんどん引用する Tim の姿勢でした。引用するのは費用がほとんどかからないのに、引用した論文の著者からは感謝されるので、いいことしかない、と話していました。

6　結び

　以上、私の個人的なエピソードを交えながら、本書、及び著者の Tim について解説してきました。2019年以降の経済学の動向を追っていないので、古くなっている情報もあるかもしれませんが、本書を広い視点から読むことに繋がれば幸いです。

　なお、執筆にあたり、大阪大学の北村周平さんと神戸大学の山﨑潤一さんに初稿を読んでもらい、誤りの指摘や2019年以降の関連文献の提案をしていただきました。この場を借りてお礼を申し上げます。もちろん、文責は私にあります[23]。

---

22) 欧米では、経済学専攻の博士課程生は、指導教官が納得する水準の論文を書くことができた直後に、それを名刺がわりにして就職活動をするのが一般的です。博士論文を提出するのは、就職が決まってからになります。

23) 英語で "All remaining errors are mine." となるこのフレーズは、経済学論文でコメントをくれた人への謝辞の後に書き加える定番の文言です。

参考文献

Acemoglu, Daron, Camilo García-Jimeno, and James A. Robinson. (2015). "State Capacity and Economic Development: A Network Approach." *American Economic Review* 105(8): 2364–2409.

Acemoglu, Daron, Simon Johnson, and James A. Robinson. (2001). "The Colonial Origins of Comparative Development: An Empirical Investigation." *American Economic Review* 91(5): 1369–1401.

Acemoglu, Daron., David I. Laibson, and John A. List. (2015). *Economics*. Pearson.

Balán, Pablo, Augustin Bergeron, Gabriel Tourek, and Jonathan L. Weigel. (2022). "Local Elites as State Capacity: How City Chiefs Use Local Information to Increase Tax Compliance in the Democratic Republic of the Congo." *American Economic Review*, 112 (3): 762–97.

Banks, Jeffrey S., and Rangarajan K. Sundaram. (1993). "Adverse selection and moral hazard in a repeated elections model" in William A. Barnett, Melvin J. Hinich, and Norman J. Schofield (eds.) *Political Economy: Institutions, Competition, and Representation* (Cambridge: Cambridge University Press).

Barro, Robert J. (1973). "The Control of Politicians: An Economic Model." *Public Choice* 14: 19–42.

Besley, Timothy. (1995). "Property Rights and Investment Incentives: Theory and Evidence from Ghana." *Journal of Political Economy* 103(5): 903–37.

Besley, Timothy. (2005). "Political Selection." *Journal of Economic Perspectives* 19(3): 43–60.

Besley, Timothy, and Robin Burgess. (2002). "The Political Economy of Government Responsiveness: Theory and Evidence from India." *Quarterly Journal of Economics* 117(4): 1415–51.

Besley, Timothy, Robin Burgess, Adnan Khan, and Guo Xu. (2022). "Bureaucracy and Development." *Annual Review of Economics*, 14: 397–424.

Besley, Timothy, and Anne Case. (1995). "Does Electoral Accountability Affect Economic Policy Choices? Evidence from Gubernatorial Term Limits", *Quarterly Journal of Economics*, 110(3): 769–798.

Besley, Timothy, and Stephen Coate. (1997). "An Economic Model of Representative Democracy." *Quarterly Journal of Economics* 112(1): 85–114.

Besley, Timothy, and Masayuki Kudamatsu. (2006). "Health and Democracy." *American Economic Review* 96(2): 313–18.

Besley, Timothy, and Masayuki Kudamatsu. (2008). "Making Autocracy Work." In *Institutions and Economic Performance*, ed. Elhanan Helpman. Harvard University Press, 452–510.

Besley, Timothy, and Torsten Persson. (2009). "The Origins of State Capacity: Property Rights, Taxation, and Politics." *American Economic Review* 99(4): 1218–44.

Besley, Timothy, and Torsten Persson. (2011). *Pillars of Prosperity : The Political Economics of Development Clusters*. Princeton University Press.

Caselli, Francesco, and Massimo Morelli. (2004). "Bad Politicians." *Journal of Public* Economics 88: 759–82.

Colonnelli, Emanuele, Mounu Prem, and Edoardo Teso. (2020). "Patronage and Selection in Public Sector Organizations." *American Economic Review*, 110(10): 3071–99.

Dal Bó, Ernesto, and Frederico Finan. (2018). "Progress and Perspectives in the Study of Political Selection." *Annual Review of Economics* 10: 541–75.

Dal Bó, Ernesto et al. (2017). "Who Becomes A Politician?" *Quarterly Journal of Economics* 132(4): 1877–1914.

Downs, A. (1957). *An Economic Theory of Democracy*. New York: Harper and Bros.

Ferejohn, John. (1986). "Incumbent Performance and Electoral Control." *Public Choice* 50: 5–25.

Ferraz, Claudio, and Frederico Finan. (2011). "Electoral Accountability and Corruption: Evidence from the Audits of Local Governments." *American Economic Review* 101(4): 1274–1311.

Ferraz, Claudio, and Frederico Finan. (2008). "Exposing Corrupt Politicians: The Effects of Brazil＇s Publicly Released Audits on Electoral Outcomes." *Quarterly Journal of Economics* 123(2): 703–45.

Google Scholar. (2024). "Timothy Besley". https://scholar.google.com/citations?user=sacF4dwAAAAJ

Jia, Ruixue, Masayuki Kudamatsu, and David Seim. (2015). "Political Selection in China: The Complementary Roles of Connections and Performance." *Journal of the European Economic Association* 13(4): 631–68.

Kudamatsu, Masayuki. (2012). "Has Democratization Reduced Infant Mortality in Sub-Saharan Africa? Evidence from Micro Data." Journal of the *European Economic Association* 10(6): 1294–1317.

Lee, D. S., E. Moretti, and M. J. Butler. (2004). "Do Voters Affect or Elect Policies? Evidence from the U. S. House." *Quarterly Journal of Economics* 119(3): 807–59.

Muralidharan, Karthik, Paul Niehaus, and Sandip Sukhtankar. (2016). "Building State Capacity: Evidence from Biometric Smartcards in India." *American Economic Review* 106(10): 2895–2929.

Osborne, Martin J., and Al Slivinski. (1996). "A Model of Political Competition with Citizen-Candidates." *Quarterly Journal of Economics* 111(1): 65–96.

Pomeranz, Dina, and José Vila-Belda (2019) "Taking State-Capacity Research to the Field: Insights from Collaborations with Tax Authorities", *Annual Review of Economics*, 11: 755–781.

Pulejo, Massimo, and Pablo Querubín (2021) "Electoral concerns reduce restrictive measures during the COVID-19 pandemic", *Journal of Public Economics*, 198:104387.

Weigel, Jonahan L. (2020). "The Participation Dividend of Taxation: How Citizens in Congo Engage More with the State When it Tries to Tax Them." *Quarterly Journal of Economics*, 135(4): 1849–1903.

World Bank (1997) *World Development Report 1997: The State in a Changing World*. New York: Oxford University Press.

Xu, Guo. (2018). "The Costs of Patronage: Evidence from the British Empire." *American Economic Review*, 108(11): 3170–98.

ギボンズ，ロバート (2020).『経済学のためのゲーム理論入門』（福岡正夫・須田伸一訳，岩波書店）.

訳者あとがき

　本書は Timothy Besley, *Principled Agents?*（Oxford University Press, 2006）の全訳である。本書の翻訳は 2007 年に刊行されたペーパーバック版を用いている。本書はベズリー教授がスウェーデンのウプサラ大学経済学部に 2002 年 10 月に招聘され、そこでの講義がもとになっている。この招聘講義は、リンダール講義（The Lindahl Lecture）と呼ばれ、スウェーデンを代表する経済学者エリック・リンダール (1891-1960) の業績を讃えるために、1986 年から開始され、2 年毎に行われている。招聘された研究者たちは、リンダールが業績があった金融論や財政論などに業績がある人たちで、本書にも名前が出てくるアトキンソン、スティグリッツ、ダイヤモンドなどの著名な研究者が名を連ねている。この講義の一部はオックスフォード大学出版会より書籍化されており、本書もリンダール講義シリーズの 1 冊として出版された。

　まず本書の位置づけについて述べておきたい。本書は政治経済学（political economics）の中級テキストとして Persson and Tabellini (2000) と共によく読まれてきた本である。この「政治経済学」という言葉の起源は、アダム・スミスが活躍した 18 世紀までさかのぼる。経済学は最初、政治経済学（political economy）と呼ばれ、現在の経済学（economics）と同じ意味で使われていた。政治経済学の起源とその歴史については、本書 1.5 節にも書かれているので、興味のある読者は参照されたい。

　現在、「政治経済学」と呼ばれている研究領域には、様々な学術的アプローチがある。本書の政治経済学の取り扱いは、近代経済学の数理モデルを用いたアプローチから様々な政治的な事象を分析しようとするものである。さらには投票データなどの整備、計量分析の深化によって、理論的なモデルの実証分析も盛んに行われており、「新しい政治経済学」は今一番ホットな研究領域の一つである。

　本書は、政治家や官僚、有権者の問題を取り扱っており、ミクロ経済学の
モデルである依頼人（プリンシパル）・代理人（エージェント）問題を応用し
て、分析を行っている。有権者などが何らかの理由で、意思決定と実行を他
の人に依頼するとき、依頼する側を依頼人（プリンシパル）、依頼される側
を代理人（エージェント）と呼ぶ。ここで依頼人と代理人の行動目的が同じ
であれば問題は起きない。しかし代理人自身の目的が依頼人の目的と異なる
場合、依頼人が依頼人の利益を最大化してくれることを期待して代理人に実
行を依頼しているにも関わらず、代理人は代理人自身の利益の最大化を優先
するために、依頼人の利益が最大化されない。これを依頼人・代理人問題と
いう。

　本書ではこの選択の問題を政治的エージェンシー・モデルを用いて、資源
配分の効率性の立場から良い政府とは何かを設定を変えながら追究している。
具体的には、公益のための政府あるいは、利己的な政府の存在を仮定した上
で、依頼人である有権者は、政治家や官僚といった、代理人のタイプがわか
らないという不完備情報の下、政治家を選択しなければならないという理論
モデルの分析の枠組みを提示している。

　本書を読むにあたってさしあたり必要となる知識は、ゲーム理論、公共経
済学、ミクロ経済学の基礎的な知識である[1]。

　本書のモデル分析をさらに深く理解するためには、本書で参照される査読
付きの専門論文をあたる必要があるだろう。本書は、民主制における「政府
の役割」とは何かを深く追求する内容になっており、基礎的知識を持たない
読者も、本書の第1章と第2章を読むだけでも、本書の主要なテーマである
「政府の失敗」と「政治的エージェンシー・モデル」の諸概念を知ることがで
きよう[2]。

---

[1] 本書のモデルをさらに読み解くために必要な知識については、基本的な書籍がたくさ
　んあるが、その中でも石田・玉田(2020)は情報とインセンティブの基礎的な知識につ
　いて与えてくる本である。また、レントシーキング等の概念を学ぶための良書しては、
　寺井・肥前(2015)が役に立つだろう。

[2] 本書を読んで更なる知識を得たい読者には小西(2009)、浅古(2018)、北村(2022)があ
　る。本書を読んで興味を持った読者は浅古、北村両氏の本を読むことをお勧めする。両

　本書を翻訳するきっかけになったのは、訳者の溝口が腐敗（corruption）の研究を行っており、本書で腐敗の問題について分析されていたからである。特に本書で政治家のタイプが2種類存在し、そのタイプによって腐敗が起こる可能性があるというモデルは、現実に即したものだったからである。本書の第1章では、腐敗の問題が言及されており、その後第2章の基本モデルにおいても腐敗を考慮に入れた経済モデルが展開されている。ここでいう腐敗とは、「私益を得るために、公的に与えられた権限（公的な権力）を濫用する行為」と定義される。本書では、民主制における選挙の役割を重要視しており、プリンシパルである有権者が腐敗した政治家を選挙によって選択することが、腐敗防止につながっており、我々自身が腐敗防止について考えるきっかけを与えてくれるだろう[3]。

　本書の学術的意義や著者ティモシー・ベズリー教授については、ベズリー教授の原著のリサーチ・アシスタントを行っていた下松真之氏の本書の解説を参照されたい。下松氏は序文に謝辞が記されているように、本書の成立にかかわっており、今回解説をお願いした。さらには、日本語版オリジナルとなる、ベズリー教授の日本語版序文を下松氏から依頼してもらった。改めて感謝したい。本書出版後の分野の学術的展開についてベズリー教授も述べているように、政治的エージェンシー・モデルがその後の実証分析を行う上での基礎付けになっているのは明らかである。本書を読むことで、我々が有権者としていかに政治家を選択するのかを考えるきっかけを与えてくれるだろう。実際、日本において、「政治家の説明責任」という言葉が形骸化し、「ご飯論法」と呼ばれる言葉に代表されるように、政治家は説明責任を果たさず、一方的に自分の主張を述べたり、黙秘するという状況が続いている。本書の

　　書とも日本や世界の具体的な事例について、ゲーム理論や本書で取り扱った政治的エージェンシー・モデルなどを応用したモデル分析を紹介しており、どのような形で本書の分析が発展しているのかを知ることができる。本書で取り扱った分析をさらに深めたい読者は小西（2009）を読むことをお勧めする。

[3]　このテーマに関連して、さらなる発展トピックを知りたい読者は、フィスマンとゴールデン（Fisman and Golden 2017）が政府部門のもたらす腐敗の問題について、様々な具体的な事例を踏まえて分析やその弊害について説明をしている。

モデルにあるように、有権者が選挙という権利を行使して、あるべき説明責任の形に戻していくことが求められている。

　翻訳に際し、参考文献については、出版刊行されているものについては、最新のものにアップデートしており、書籍内でのミスなどは訳者が適宜修正した。翻訳については、慶應義塾大学出版会の永田透氏と北海道医療大学の金盛直茂氏に詳細なチェックを頂いた。もちろん文責はすべて訳者にある。なお本書の翻訳については、JSPS 科研費 JP21K01542 の助成を受けている。

2024 年 7 月

参考文献

Fisman, R and Golden, A. M.（2017）*Corruption*. New York: Oxford University Press.（『コラプション』山形浩生、守岡桜訳、慶應義塾大学出版会、2019 年）

Persson, T. and Tabellini, G. (2000). *Political Economics: Explaining Economic Policy*. Cambridge: MIT Press.

浅古泰史（2018）『ゲーム理論で考える政治学』有斐閣

石田潤一郎・玉田康成（2020）『情報とインセンティブの経済学』有斐閣

北村周平（2022）『民主主義の経済学』日経 BP

小西秀樹（2009）『公共選択の経済分析』東京大学出版会

寺井公子・肥前洋一（2015）『私たちと公共経済』有斐閣

参考文献

＊本訳書では最新の情報に更新し、かつ欠落している文献情報については補った。

Acemoglu, D. (2003). 'Why Not a Political Case Theorem?', *Journal of Comparative Economics*, 31(4): 620–652.

—— (2005). 'Modeling Inefficient Institutions,' in R. Blundell., W. K. Newey, and T. Persson (eds.) *Advances in Economics and Econometrics, Theory and Applications, Ninth World Congress*. Cambridge: Cambridge University Press.

—— and Robinson, J. (2001). 'Inefficient Redistribution', *American Political Science Review*, 95(3): 649–661.

—— and —— (2005). *Economic Origins of Dictatorship and Democracy*. Cambridge: Cambridge University Press.

—— and —— (2006). 'Economic Backwardness in Political Perspective', *American Political Science Review*, 100(1): 115–131.

—— and Verdier, T. (2000). 'The Choice between Market Failures and Corruption', *American Economic Review*, 90(1): 194–211.

——, Johnson, S., and Robinson, J. A. (2001). 'The Colonial Origins of Comparative Development: An Empirical Investigation', *American Economic Review*, 91(5): 1369–1401.

Adams, J. D. and Kenny, L. (1986). 'Optimal Tenure of Elected Public Officials', *Journal of Law and Economics*, 29(2): 303–328.

Ades, A. and Di Tella, R. (1999). 'Rents, Competition, and Corruption', *American Economic Review*, 89(4): 982–993.

Aghion, P. and Bolton, P. (1990). 'Government Debt and the Risk of Default: A Politico-Economic Model of the Strategic Role of Debt', in R. Dornbusch and M. Draghi (eds.) *Public Debt Management: Theory and History*. Cambridge: Cambridge University Press.

Ahrend, R. (2000). 'Press Freedom, Human Capital and Corruption', typescript. Paris: DELTA.

Aldrich, J. (1997). 'When is it Rational to Vote?' in D. Mueller (ed.) *Perspectives on Public Choice: A Handbook.* Ann Arbor, MI: University of Michigan Press.

Alesina, A. (1988). 'Credibility and Policy Convergence in a Two-Party System with Rational Voters', *American Economic Review*, 78(4): 796–806.

—— and Perrotti, R. (1995). 'The Political Economy of Budget Deficits', *IMF Staff Papers*, 42(1): 1–31.

—— and Roubini, N. (1992). 'Political Cycles in OECD Economies', *Review of Economic Studies*, 59(4): 663–688.

—— and Tabellini, G. (2007). 'Bureaucrats or Politicians?', *American Economic Review*, 97(1): 169–179.

Alt, J. E. and Dreyer Lassen, D. (2002). 'Fiscal Transparency and Fiscal Policy Outcomes in OECD Countries', EPRU Working Paper Series, No. 03-02.

——, Dreyer Lassen, D. and Skilling, D. (2002). 'Fiscal Transparency, Gubernatorial Popularity, and the Scale of Government: Evidence from the States', *States Politics Quarterly*, 2(3): 230–250.

—— and Lowry, R. C. (1994). 'Divided Government, Fiscal Institutions and Budget Deficits: Evidence from the States', *American Political Science Review*, 88(4): 811–828.

——, Bueno de Mesquita, E., and Rose, S. (2006). 'Disentangling Accountability and Competence in Elections: Evidence from U.S. Term Limits', *Journal of Politics*, 73(1): 171–186.

Arrow, K. (1951). *Social Choice and Individual Values.* New York: Wiley.（『社会的選択と個人的評価　第3版』長名寛明訳、勁草書房、2013年）

Ashworth, S. (2005). 'Reputational Dynamics and Political Careers', *Journal of Law, Economics, & Organization*, 21(2): 441–466.

—— and Bueno de Mesquita, E. (2005). 'Delivering the Goods: Legislative Particularism in Different Electoral and Institutional Settings', *Journal of Politics*, 68(1): 168–179.

—— and —— (2008). 'Electoral Selection, Strategic Challenger Entry, and the Incumbency Advantage', *Journal of Politics*, 70(4): 1006–1025.

Atkinson, A. B. and Stiglitz, J. E. (1980). *Lectures on Public Economics.* New York: McGraw Hill.

Austen-Smith, D. and Banks, J. (1989). 'Electoral Accountability and Incumbency', in P. Ordeshook (ed.) *Models of Strategic Choice in Politics.* Ann Arbor, MI: University of Michigan Press.

Bails, D. and Tieslau, M. (2000). 'The Impact of Fiscal Constitutions on State and Local Expenditures', *Cato Journal*, 20(2): 255–277.

Banks, J. and Duggan, J. (2005). 'Probabilistic Voting in the Spatial Model of Elections: The Theory of Office-motivated Candidates', in D. Austen-Smith and J. Duggan (eds.) *Social Choice and Strategic Decisions.* Heidelberg, Berlin: Springer-Verlag.

—— and Sundaram, R. (1993). 'Adverse Selection and Moral Hazard in a Repeated Elections Model', in W. Barnett et al. (eds.) *Political Economy: Institutions, Information, Competition and Representation.* New York, NY: Cambridge University Press.

—— and —— (1998). 'Optimal Retention in Agency Problems', *Journal of Economic Theory*, 82(2): 293–323.

Bardhan, P. and Mookherjee, D. (2000). 'Capture and Governance at Local and National Levels', *American Economic Review*, 90(2): 135–139.

Barganza, J. C. (2000). 'Two Roles for Elections: Disciplining the Incumbent and Selecting a Competent Candidate', *Public Choice*, 105(1/2): 165–193.

Barro, R. (1973). 'The Control of Politicians: An Economic Model', *Public Choice*, 14: 19–42.

—— (1979). 'On the Determination of the Public Debt', *Journal of Political Economy*, 87(5): 940–971.

Bator, F. M. (1958). 'The Anatomy of Market Failure', *Quarterly Journal of Economics*, 72(3): 351–379.

Battaglini, M. and Coate, S. (2007). 'Inefficiency in Legislative Policy Making: A Dynamic Analysis', *American Economic Review*, 97(1): 118–149.

Baumol, W. J. (1967). 'Macroeconomics of Unbalanced Growth: The Anatomy of Urban Crisis', *American Economic Review*, 57(3): 415–426.

Baye, M., Kovenock, D., and De Vries, C. (1994). 'The Solution to the Tullock Rent-Seeking Game When R > 2: Mixed-Strategy Equilibria and Mean Dissipation Rates', *Public Choice*, 81: 363–380.

Becker, G. (1983). 'A Theory of Competition Among Pressure Groups for Political Influence', *Quarterly Journal of Economics*, 98(3): 371–400.

—— and Mulligan, C. (2003). 'Deadweight Costs and the Size of Government',

Journal of Law and Economics, 46(2): 293–340.

Belleflamme, P. and Hindriks, J. (2005). 'Yardstick Competition and Political Agency Problems', *Social Choice and Welfare*, 24(1): 155–169.

Bénabou, R. and Tirole, J. (2003). 'Intrinsic and Extrinsic Motivation', *Review of Economic Studies*, 70(3): 489–520.

Bergstrom, T. (1979). 'When Does Majority Rule Supply Public Goods Efficiently?' *Scandinavian Journal of Economics*, 81(2): 216–226.

Bernheim, B. D. and Whinston, M. (1986). 'Menu Auctions, Resource Allocation, and Economic Influence', *Quarterly Journal of Economics*, 101(1): 1–31.

Berry, W., Ringquist, E., Fording, R., and Hanson, R. (1998). 'Measuring Citizen and Government Ideology in the American States', *American Journal of Political Science*, 42(2): 327–348.

Besley, T. (2004). 'Paying Politicians: Theory and Evidence', *Journal of the European Economics Association*, 2(2–3): 193–215.

—— (2005). 'Political Selection', *Journal of Economic Perspectives*, 19(3): 43–60.

—— and Burgess, R. (2002). 'The Political Economy of Government Responsiveness: Theory and Evidence from India', *Quarterly Journal of Economics*, 117(4): 1415–1452.

—— and Case, A. (1995a). 'Incumbent Behavior: Vote Seeking, Tax Setting and Yardstick Competition', *American Economic Review*, 85(1): 25–45.

—— and —— (1995b). 'Does Political Accountability Affect Economic Policy Choices? Evidence From Gubernatorial Term Limits', *Quarterly Journal of Economics*, 110(3): 769–798.

—— and —— (2003). 'Political Institutions and Policy Choices: Evidence from the United States', *Journal of Economic Literature*, 41(1): 7–73.

—— and Coate, S. (1997). 'An Economic Model of Representative Democracy', *Quarterly Journal of Economics*, 112(1): 85–114.

—— and —— (1998). 'Sources of Inefficiency in a Representative Democracy: A Dynamic Analysis', *American Economic Review*, 88(1): 139–156.

—— and —— (2001). 'Lobbying and Welfare in a Representative Democracy', *Review of Economic Studies*, 68(1): 67–82.

—— and —— (2003). 'On the Public Choice Critique of Welfare Economics',

Public Choice, 114(3): 253–273.

—— and Ghatak, M. (2001). 'Public versus Private Provision of Public Goods', *Quarterly Journal of Economics*, 116(4): 1343–1372.

—— and —— (2005). 'Competition and Incentives with Motivated Agents', *American Economic Review*, 95(3): 616–636.

—— and Kudamatsu, M. (2008) 'Making Autocracy Work', in E. Helpman (ed.) *Institution and Economic Performance*, Cambridge, Harvard University Press.

—— and Prat, A. (2006). 'Handcuffs for the Grabbing Hand? Media Capture and Government Accountability', *American Economic Review*, 96(3): 720–736.

—— and Preston, I. (2007). 'Electoral Bias and Policy Choice: Theory and Evidence', *Quarterly Journal of Economics*, 122(4): 1473–1510.

—— and Smart, M. (2007). 'Fiscal Restraints and Voter Welfare', *Journal of Public Economics*, 91(3): 755–773.

Biais, B. and Perotti, E. (2002). 'Machiavellian Underpricing', *American Economic Review*, 92(1): 240–258.

Black, D. (1958). *The Theory of Committees and Elections*. Cambridge: Cambridge University Press.

Bodenstein, M. and Ursprung, H. (2005). 'Political Yardstick Competition, Economic Integration, and Constitutional Choice in a Federation', *Public Choice*, 124(3/4): 329–352.

Boettke, P. J., C. Coyne., and Sautet, F. (2005). 'The New Comparative Political Economy', *Review of Austrian Economics*, 18(3/4), 281–304.

—— and Lopez, E. J. (2002). 'Austrian Economics and Public Choice', *Public Choice*, 15(2/3): 111–119.

Bonaglia, F., Braga de Macedo, J., and Bussolo, M. S. (2001). 'How Globalization Improves Governance' CEPR Discussion Paper No. 2992. http://ssrn.com/abstract=288354.

Bordignon, M., Cerniglia F., and Revelli, F. (2003). 'In Search of Yardstick Competition: A Spatial Analysis of Italian Municipality Property Tax Setting', *Journal of Urban Economics*, 54(2): 199–217.

Borcherding, T. E. (1985). 'The Causes of Government Expenditure Growth: A Survey of the U.S. Evidence', *Journal of Public Economics*, 28(3): 359–

382.

Brennan, G. and Buchanan, J. M. (1980). *The Power to Tax: Analytical Foundations of the Fiscal Constitution.* Cambridge: Cambridge University Press.

—— and —— (1985). *The Reason of Rules: Constitutional Political Economy.* Cambridge: Cambridge University Press.(『立憲的政治経済学の方法論　ルールの根拠』深沢実 監訳、文眞堂、1989 年)

Brunetti, A. and Weder, B. (2003). 'A Free Press Is Bad News for Corruption', *Journal of Public Economics*, 87(7–8): 1801–1824.

Buchanan, J. M. (1967). *Public Finance in Democratic Process.* Chapel Hill: University of North Carolina Press. (『財政理論 ―民主主義過程の財政学』山之内光躬、日向寺純雄訳、勁草書房、1971 年)

Buchanan, J. M. (1972). 'Toward an Analysis of Closed Behavioral Systems', in J. Buchanan and R. Tollison (eds.) *Theory of Public Choice.* Ann Arbor: University of Michigan Press.

—— (1989a). 'The Public-Choice Perspective', Essays on the Political Economy. Honolulu: University of Hawaii Press.

—— (1989b). 'Constitutional Economics', *Explorations into Constitutional Economics.* College Station, TX: Texas A&M University Press.

—— (1999). 'Constraints on Political Action', in J. M. Buchanan and R. A. Musgrave (eds.) *Public Finance and Public Choice: Two Contrasting Visions of the State.* Cambridge, MA: MIT Press.

—— and Tullock, G. (1962). *The Calculus of Consent.* Ann Arbor: University of Michigan Press.

—— and R. E. Wagner (1977). *Democracy in Deficit: The Political Legacy of Lord Keynes.* New York: Academic Press. (『赤字の民主主義 ケインズが遺したもの』大野一訳、日経BP、2014 年)

Calvert, R. L. (1985). 'Robustness of the Multi-dimensional Voting Model: Candidate Motivations, Uncertainty and Convergence', *American Journal of Political Science*, 29(1): 69–95.

Canes-Wrones, B., Herron, M. C., and Shotts, K. W. (2001). 'Leadership and Pandering: A Theory of Executive Policy Making', *American Journal of Political Science*, 45(3): 532–550.

Carrillo, J. and Marriotti, T. (2001). 'Electoral Competition and Politician

Turnover', *European Economic Review*, 45(1): 1–26.

Caselli, F. and Morelli, M. (2004). 'Bad Politicians', *Journal of Public Economics*, 88(3-4): 759–782.

Cho, I-K. and Kreps, D. (1987). 'Signaling Games and Stable Equilibria', *Quarterly Journal of Economics*, 102(2): 179–221.

Chubb, J. (1988). 'Institutions, the Economy, and the Dynamics of States Elections', *American Political Science Review*, 82(1): 133–154.

Ciccone, A. (2004). 'Resistance to Reform: Status Quo Bias in the Presence of Individual-Specific Uncertainty: Comment', *American Economic Review*, 94(3): 785–795.

Clarke, E. H. (1971). 'Multipart Pricing of Public Goods', *Public Choice*, 11: 17–33.

Coate, S. (2004a). 'Political Competition with Campaign Contributions and Informative Advertising', *Journal of the European Economic Association*, 2(5): 772–804.

—— (2004b). 'Pareto Improving Campaign Finance Policy', *American Economic Review*, 94(3): 628–655.

—— and Morris, S. (1995). 'On the Form of Transfers to Special Interests', *Journal of Political Economy*, 103(6): 1210–1235.

—— and —— (1999). 'Policy Persistence', *American Economic Review*, 89(5): 1327–1336.

Cooter, R. D. (2000). *The Strategic Constitution.* Princeton: Princeton University Press.

Coughlin, P. (1992). *Probabilistic Voting Theory.* Cambridge: Cambridge University Press.

Crain, W. M. and Oakley, L. K. (1995). 'The Politics of Infrastructure', *Journal of Law and Economics*, 38(1): 1–17.

—— and Tollison, R. D. (1977). 'Attenuated Property Rights and the Market for Governors', *Journal of Law and Economics*, 20(1): 205–211.

—— and —— (1993). 'Time Inconsistency and Fiscal Policy: Empirical Evidence of U.S. States, 1969–89', *Journal of Public Economics*, 51(2): 153–159.

Dal Bó, E., Finan, F. (2018). 'Progress and Perspectives in the Study of Political Selection', *Annual Review of Economics*, 10: 541–575.

——, ——, Folke, I., Persson, T., and Rickne, J. (2017) 'Who Becomes A Politician?' *Quarterly Journal of Economics* 132(4): 1877–1914.

——, ——, ——, ——, and Rickne, J. (2023) 'Economic and Social Outsiders but Political Insiders: Sweden's Populist Radical Right', *Review of Economic Studies*. 90(2): 675–706.

De Toqueville, A. (1835). *Democracy in America, Everyman's Library Classics.* New York: Alfred A. Knopf. (『アメリカのデモクラシー』松本礼二訳、岩波書店、2008 年)

Denzau, A. T., Mackay R. J., and Weaver, C. (1981). 'On the Initiative Referendum Option and the Control of Monopoly Government', in H. F. Ladd and T. N. Tideman (eds.) *Tax and Expenditure Limitations.* Washington: The Urban Institute.

Dewatripont, M., Jewitt, I., and Tirole, J. (1999). 'The Economics of Career Concerns', *Review of Economic Studies*, 66(1): 189–217.

Diermeier, D., Keane, M., and Merlo, A. (2003). 'A Political Economy Model of Congressional Careers', *American Economic Review*, 95(1): 347–373.

Djankov, S., Glaeser, E., LaPorta, R., Lopez-de-Silanes, F., and Shleifer, A. (2003a). 'The New Comparative Economics', *Journal of Comparative Economics*, 31(4): 595–619.

——, McLeish, C., Nenova, T., and Shleifer, A. (2003b). 'Who Owns the Media?' *Journal of Law and Economics*, 46(2): 341–382.

Downs, A. (1957). *An Economic Theory of Democracy.* New York: Harper and Bros. (『民主主義の経済理論』古田精司監訳、成文堂、1980 年)

Dunning, T., Grossman, G., Humphreys, M., Hyde., S. D., McIntosh, C., Nellis, G., Adida., C. L., Arias, E., Bicalho, C., Boas, T. C., Buntaine, M.T., Chauchard, S.,Chowdhury, A., Gottlieb, J., Hidalgo, F.D., Holmlund, M., Jablonski, R., Kramon,E., Larreguy, H., Lierl, M., Marshall, J., McClendon, G., Melo, M. A., Nielson, D., Pickering, P. M., Platas, M. R., Querubín, P., Raffler, P., and Sircar, N. (2019). 'Voter Information Campaigns and Political Accountability: Cumulative Findings from a Preregistered Meta-Analysis of Coordinated Trials', *Science Advances* 5(7): eaaw2612.

Farnham, P. G. (1990). 'The Impact of Citizen Influence on Local Government Expenditure', *Public Choice*, 64(3): 201–21.

Fearon, J. (1999). 'Electoral Accountability and the Control of Politicians: Selecting Good Types verses Sanctioning Poor Performance', in A. Przeworski, S. Stokes and B. Manin (eds.) *Democracy, Accountability and Representation*. Cambridge: Cambridge University Press.

Feddersen, T. and Pesendorfer, W.(1997). 'Voting Behavior and Information Aggregation in Elections with Private Information', *Econometrica*, 65(5): 1029–1058.

—— and —— (1999). 'Abstention in Elections with Asymmetric Information and Diverse Preferences', *American Political Science Review*, 93(2): 381–398.

Feld, L. P. and Kirchgässner, G. (2000). 'Direct Democracy, Political Culture, and the Outcome of Economic Policy: A Report on the Swiss Experience', *European Journal of Political Economy*, 16(2): 287–306.

Fehr, E. and Falk, A. (2002). 'Psychological Foundations of Incentives', *European Economic Review*, 46(4–5): 687–724.

Ferejohn, J. (1986). 'Incumbent Performance and Electoral Control', *Public Choice*, 50(1/3): 5–25.

—— (1999). 'Accountability and Authority: Toward a Theory of Political Accountability', in A. Przeworski, S. Stokes, and B. Manin (eds.) *Democracy, Accountability and Representation*. Cambridge: Cambridge University Press.

Fernandez, R. and Rodrik, D. (1991). 'Resistance to Reform: Status Quo Bias in the Presence of Individual-Specific Uncertainty', *American Economic Review*, 81(5): 1146–1155.

Ferraz, C., and Finan, F. (2008). 'Exposing Corrupt Politicians: The Effects of Brazil's Publicly Released Audits on Electoral Outcomes', *Quarterly Journal of Economics*, 123(2): 703–745.

Fiorina, M. (1981). *Retrospective Voting in American National Elections. New Haven*, CT: Yale University Press.

Fischer, S. and L. H. Summers (1989). 'Should Governments Learn to Live with Inflation?' *American Economic Review*, 79(2): 382–388.

Frey, B. S. (1983). *Democratic Economic Policy: A Theoretical Introduction*. Oxford: M. Robertson & Company Ltd.

—— (1997). *Not Just for the Money: An Economic Theory of Personal Moti-*

vation. Cheltenham: Edward Elgar Publishing.

Gallego, M. and C. Pitchik (2004). 'An Economic Theory of Leadership Turnover', *Journal of Public Economics*, 88(12): 2361–2382.

Gelbach, S., Sonin, K., and Zhuravskaya, E. (2010). 'Businessman Candidates', *American Journal of Political Science*, 54(3): 718–736.

Gerber, E. (1996). 'Legislative Response to Threat of Popular Initiatives', *American Journal of Political Science*, 40(1): 99–128.

Gersbach, H. (2003). 'Incentives and Elections for Politicians and the Down – Up Problem', in M. Sertel and S. Koray (ed.), *Advances in Economic Design*. Berlin Heidelberg: Springer-Verlag.

Gersbach, H. (2004). 'Competition of Politicians for Incentive Contracts and Elections', *Public Choice*, 121(1/2): 157–177.

—— and Liessem, V. (2008). 'Incentive Contracts and Elections for Politicians with Multi-Task Problems', *Journal of Economic Behavior & Organization*, 68(2): 401–411.

Glaeser, E. L., and Ponzetto, G.A.M. (2017). 'Fundamental Errors in the Voting Booth', NBER Working Paper No. 23683.

Glazer, A. (1989). 'Politics and the Choice of Durability', *American Economic Review*, 79(5): 1207–1213.

Grossman, G. and Helpman, E. (1994). 'Protection for Sale', *American Economic Review*, 84(4): 833–850.

—— and —— (1996). 'Electoral Competition and Special Interest Politics', *Review of Economic Studies*, 63(2): 265–286.

Groves, T. (1973). 'Incentives in Teams', *Econometrica*, 41(4): 617–631.

Hammond, P. (1979). 'Straightforward Incentive Compatibility in Large Economies', *Review of Economic Studies*, 46(2): 263–282.

Harrington, J. E., Jr. (1993). 'Economic Policy, Economic Performance, and Elections', *American Economic Review*, 83(1): 27–42.

Hayek, F. (1944). *The Road to Serfdom*. Chicago: University of Chicago Press. (『隷属への道』西山千明訳、春秋社、2008 年)

—— (1948). *Individualism and Economic Order*. Chicago. University of Chicago Press. (『個人主義と経済秩序』嘉治元郎訳、春秋社、2008 年)

Heal, G., (1973). *The Theory of Economic Planning*. Amsterdam: North-Holland.

Hellman J. S., Jones, G., and Kaufmann, D. (2000). 'Seize the State, Seize the Day: State Capture, Corruption, and Influence in Transition', World Bank Policy Research Working Paper, 2444.

Hettich, W. and Winer, S. (2004). 'The Political Economy of Public Finance: Structure and Application', in D. Wittman and B. Weingast (eds.) *The Oxford Handbook of Political Economy*. Oxford: Oxford University Press.

Hibbs, D. A. (1977). 'Political Parties and Macroeconomic Policy', *American Political Science Review*, 71(4): 146–187.

Hindriks, J. and Lockwood, B. (2009). 'Decentralization and Electoral Accountability: Incentives, Separation and Voter Welfare', *European Journal of Political Economy*, 25(3), 385–397.

Holmstrom, B. (1979). 'Moral Hazard and Observability', *Bell Journal of Economics and Management Science*, 10(1): 74–91.

—— (1982). 'Moral Hazard in Teams', *Bell Journal of Economics and Management Science*, 13(2): 324–340.

—— (1999). 'Managerial Incentive Problems: A Dynamic Perspective', *Review of Economic Studies*, 66(1): 169–182.

Holsey, C. and Borcherding, T. (1997). 'Why Does Government's Share of National Income Grow? An Assessment of the Recent Literature on the U.S.', in D. Mueller (ed.) *Perspectives on Public Choice*. Cambridge: Cambridge University Press.

Hume, D. (1742). 'Of the Independency of Parliament', in E. F. Miller (ed.) *Essays, Moral Political and Literary*, Liberty Fund, Library of Economics and Liberty. Available at https://oll.libertyfund.org/titles/hume-essays-moral-political-literary-lf-ed

Jain, S. and Mukand, S. (2003). 'Redistributive Promises and the Adoption of Economic Reform', *American Economic Review*, 94(1): 256–264.

Jefferson, T. (1813). 'The Natural Aristocracy', Letter to John Adams, October 28.

Jones, B. F. and Olken, B. A. (2005). 'Do Leaders Matter? National Leadership and Growth Since World War II', *Quarterly Journal of Economics*, 120(3): 835–864.

Kaplow, L. and Shavell, S. (2001). 'Any Non-welfarist Method of Policy Assignment Violates the Pareto Principle', *Journal of Political Economy*, 109(2):

281–286.

Key, V. O. (1956). *American State Politics: An Introduction*. New York: Alfred A. Knopf.

—— (1966). *The Responsible Electorate: Rationality in Presidential Voting: 1936–60*. Cambridge, MA: Belknap Press.

Keynes, J. N. (1891). *The Scope and Method of Political Economy*. London: Macmillan. (『経済学の領域と方法』上宮正一郎訳、日本評論社、2000 年)

Kendall, C., Nannicini, T., and Trebbi., F (2015). 'How Do Voters Respond to Information? Evidence from a Randomized Campaign', *American Economic Review*, 105(1): 322–353.

Kopit, G. and Craig, J. (1998). 'Transparency in Government Operations', IMF Occasional Paper 158.

Knight, B. (2000). 'Supermajority Voting Requirements for Tax Increases: Evidence from the States', *Journal of Public Economics*, 76(1): 41–67.

Krueger, A. (1973). 'The Political Economy of the Rent-Seeking Society', *American Economic Review*, 64(3): 291–303.

Krusell, P. and Rios-Rull, J-V. (1996). 'Vested Interests in a Positive Theory of Stagnation and Growth', *Review of Economic Studies*, 63(2): 301–321.

Kydland, F. and Prescott, E. (1977). 'Rules rather than Discretion: The Inconsistency of Optimal Plans', *Journal of Political Economy*, 85(3): 473–491.

Laffont, J-J. (2000). *Incentives and Political Economy*. Oxford: Oxford University Press.

—— and Maskin, E. (1980). 'A Differential Approach to Dominant Strategy Mechanisms', *Econometrica*, 48(6): 1507–1520.

—— and Tirole, J. (1986). 'Using Cost Observation to Regulate Firms', *Journal of Political Economy*, 94(3): 614–641.

—— and —— (1993). *A Theory of Incentives in Procurement and Regulation*. Cambridge: MIT Press.

Lange, O. (1936). 'On the Economic Theory of Socialism, Part I', *Review of Economic Studies*, 4(1): 53–71.

—— (1937). 'On the Economic Theory of Socialism, Part II', *Review of Economic Studies*, 4(2): 123–142.

La Porta, R., Lopez-de-Silanes, F., Shleifer, A. and Vishny, R. W. (1999). 'The Quality of Government', *Journal of Law, Economics & Organization*,

15(1): 222–279.

Le Borgne, E. and Lockwood, B. (2002). 'Candidate Entry, Screening, and the Political Budget Cycle', IMF Working Paper, No.2002/048.

—— and —— (2006). 'Do Elections Always Motivate Incumbents? Learning vs. Re-Election Concerns,' *Public Choice*, 129(1/2), 41–60.

Ledyard, J. O. (1995). 'Public Goods: A Survey of Experimental Research,' in J. H. Kagel and A. E. Roth (eds.) The *Handbook of Experimental Economics*. Princeton: Princeton University Press.

Lee, D. S., Moretti, E., and Butler, M. (2004). 'Do Voters Affect or Elect Policies? Evidence from the U.S. House', *Quarterly Journal of Economics*, 119(3): 807–860.

Leon, G. (2004). 'Political Considerations and the Implementation of Long Term Projects in the Developing World', unpublished M.Phil Thesis, Oxford University.

Lerner, A. (1944). *The Economics of Control: Principles of Welfare Economics*. New York: Macmillan. (『統制の経済学──厚生経済学原理』桜井一郎訳、文雅堂書店、1961 年)

Levi, M. and Stoker, L. (2000). 'Political Trust and Trustworthiness', *Annual Review of Political Science*, 3: 475–507.

Lindbeck, A. and Weibull, J. (1987). 'Balanced Budget Redistribution as the Outcome of Political Competition', *Public Choice*, 52(3): 273–297.

Lipsey R. G. and Lancaster, K. (1956). 'The General Theory of the Second Best', *Review of Economic Studies*, 24(1): 11–32.

List, J. and Sturm, D. (2006). 'How Elections Matter: Theory and Evidence from Environmental Policy', *Quarterly Journal of Economics*, 121(4): 1249–1281.

Lott, J. R., Jr. and Bronars, S. G. (1993). 'Time Series Evidence on Shirking in the U.S. House of Representatives', *Public Choice*, 76(1/2): 125–149.

Lowry, R. C., Alt, J. E., and Ferree, K. E. (1998). 'Fiscal Policy Outcomes and Electoral Accountability in American States', *American Political Science Review*, 92(4): 759–774.

McArthur, J. and Marks, S. V. (1988). 'Constituent Interest vs. Legislator Ideology: The Role of Political Opportunity Cost', *Economic Inquiry*, 26(3): 461–470.

Maddison, A. (2001). *The World Economy-A Millennial Perspective*. Paris: OECD Development Centre.

Madison, J. (1788 [1961]). *The Federalist Papers: A Collection of Essays in Support of the Constitution of the United States*. News York: Doubleday. (『ザ・フェデラリスト　新装版』斎藤眞訳、福村出版、1998 年)

Manin, B. (1997). *The Principles of Representative Government*. Cambridge: Cambridge University Press.

Maskin, E. (1999). 'Nash Equilibrium and Welfare Optimality', *Review of Economic Studies*, 66(1): 23–38.

—— and Tirole, J. (2004). 'The Politician and the Judge: Accountability in Government', *American Economic Review*, 94(4): 1034–1054.

Mattozzi, A. and Merlo, A. (2008). 'Political Careers or Career Politicians', *Journal of Public Economics*, 92(3-4): 597–608.

Matsusaka, J. G. (1995). 'Fiscal Effects of the Voter Initiative: Evidence from the Last 30 Years', *Journal of Political Economy*, 103(3): 587–623.

Mauro, P. (1995). 'Corruption and Growth', *Quarterly Journal of Economics*, 110(3): 681–712.

Milesi-Ferretti G-M. (2004). 'Good, Bad or Ugly? On the Effects of Fiscal Rules with Creative Accounting', *Journal of Public Economics*, 88(1-2): 377–394.

—— and Spolaore, E. (1994). 'How Cynical Can an Incumbent Be? Strategic Policy in a Model of Government Spending', *Journal of Public Economics*, 55(1): 121–140.

Mirrlees, J. A. (1971). 'An Exploration in the Theory of Optimum Income Taxation', *Review of Economic Studies*, 38(2): 175–208.

Muller,D. C. (1996). *Constitutional Democracy*. Oxford: Oxford University Press.

—— (2003). *Public Choice III*. Cambridge: Cambridge University Press.

Morris, S. (2001). 'Political Correctness', *Journal of Political Economy*, 109(2): 231–265.

Mueller, D. C. (2003). *Public Choice III*. Cambridge: Cambridge University Press.

Mukand, S. W. and Majumdar, S. (2004). 'Policy Gambles', *American Economic Review*, 94(4): 1207–1222.

Mulligan, C. B., Gil R., and Sala-i-Martin, X. (2004). 'Do Democracies have Different Public Policies than Non-Democracies?' *Journal of Economic Perspectives*, 18(1): 51–74.

Murdock, K. (2002). 'Intrinsic Motivation and Optimal Incentive Contract', *Rand Journal of Economics*, 33(4): 650–671.

Murphy, K. M., Shleifer, A., and Vishny, R. W. (1991). 'The Allocation of Talent: Implications for Growth', *Quarterly Journal of Economics,* 106(2): 503–530.

Musgrave, R. A. (1999). 'The Nature of the Fiscal State: The Roots of My Thinking', in J. M. Buchanan and R. A. Musgrave (eds.) *Public Finance and Public Choice: Two Contrasting Visions of the State.* Cambridge: MIT Press.

—— and Peacock, A. T. (eds.) (1958). *Classics in the Theory of Public Finance.* London: McMillan.

Myerson, R. B. (1993). 'Incentives to Cultivate Favored Minorities under Alternative Electoral Systems', *American Political Science Review*, 87(4): 856–869.

—— (2000). 'Economic Analysis of Constitutions', *University of Chicago Law Review*, 67(3): 925–940.

—— (2006). 'Federalism and the Incentives for Success of Democracy', *Quarterly Review of Political Science*, 1(1): 3–23.

Nannestad, P. and Paldam, M. (1994). 'The VP-Function: A Survey of the Literature on Vote and Popularity Functions after 25 Years', *Public Choice*, 79(3–4): 213–245.

Nordhaus, W. D. (1975). 'The Political Business Cycle', *Review of Economic Studies*, 42(2): 169–190.

Osborne, M. J. and Slivinski, A. (1996). 'A Model of Political Competition with Citizen Candidates', *Quarterly Journal of Economics*, 111(1): 65–96.

Ottaviani, M. and Sørensen, P. (2006). 'Professional Advice', *Journal of Economic Theory*, 126(1): 120–142.

Peltzman, S. (1976). 'Toward a More General Theory of Regulation', *Journal of Law and Economics*, 19(2): 211–240.

—— (1980). 'The Growth of Government', *Journal of Law and Economics*, 23(2): 209–287.

—— (1987). 'Economic Conditions and Gubernatorial Elections', *American Economic Review*, 77(2): 293–297.

Persson, T. (2005). 'Forms of Democracy, Policy and Economic Development', NBER Working Paper 11171.

—— and Svensson, L. (1989). 'Why a Stubborn Conservative Would Run A Deficit: Policy with Time-Inconsistent Preferences', *Quarterly Journal of Economics*, 104(2): 325–346.

—— and Tabellini, G. (2000). *Political Economics: Explaining Economic Policy*. Cambridge: MIT Press.

—— and —— (2003). *The Economic Effects of Constitutions*. Cambridge: MIT Press.

——, Roland, G., and Tabellini, G. (1997). 'Separation of Powers and Political Accountability', *Quarterly Journal of Economics*, 112(4): 1163–1202.

——, ——, and —— (2000). 'Comparative Politics and Public Finance', *Journal of Political Economy*, 108(6): 1121–1161.

——, Tabellini, G., and F. Trebbi, (2003). 'Electoral Rules and Corruption', *Journal of the European Economic Association*, 1(4): 958–989.

Pettersson-Lidbom, P. (2003). 'A Test of the Rational Electoral-Cycle Hypothesis', typescript. University of Stockholm, Stockholm.

Pharr, S. J., Putnam, R. D., and Dalton, R. (2000). 'Trouble in the Advanced Democracies? A Quarter-Century of Declining Confidence', *Journal of Democracy*, 11(2): 5–25.

Pigou, A. (1920). *The Economics of Welfare*. London: McMillan.（『厚生経済学』気賀健三、千種義人他訳、東洋経済新報社、1955 年）

POLITY IV available at https://www.systemicpeace.org/polity/polity4.htm

Poutvaara, P. and Takalo, T. (2007). 'Candidate Quality', *International Tax and Public Finance*, 14: 7–27.

Prat, A. (2005). 'The Wrong Kind of Transparency', *American Economic Review*, 95(3): 862–877.

Prendergast, C. (1999). 'The Provision of Incentives in Firms', *Journal of Economic Literature*, 37(1): 7–63.

—— and Stole, L. (1996). 'Impetuous Youngsters and Jaded Old-Timers', *Journal of Political Economy*, 104(6): 1105–1134.

Putnam, R. (1993). *Making Democracy Work: Civic Traditions in Modern*

Italy. Princeton: Princeton University Press.（『哲学する民主主義：伝統と改革の市民的構造』河田潤一訳、NTT出版、2001年）

Qian, Y. and Roland, G. (1998). 'Federalism and the Soft Budget Constraint', *American Economic Review*, 88(5): 1143–1162.

Revelli, F. (2001). 'Local Taxes, National Politics and Spatial Interactions in English District Election Results', *European Journal of Political Economy*, 18(2): 281–299.

Robinson, J. A. and Torvik, R. (2005). 'White Elephants', *Journal of Public Economics*, 89(2-3): 197–210.

Rodrik, D. (1996). 'Understanding Economic Policy Reform', *Journal of Economic Literature*, 34(1): 9–41.

Roemer, J. (2001). *Political Competition: Theory and Applications*. Cambridge, MA: Harvard University Press.

Rogoff, K. (1990). 'Equilibrium Political Budget Cycles', *American Economic Review*, 80(1): 21–36.

—— and Siebert, A. (1988). 'Elections and Macroeconomic Policy Cycles', *Review of Economic Studies*, 55(1): 1–16.

Romer, T. and Rosenthal, H. (1978). 'Political Resource Allocation, Controlled Agendas, and the Status Quo', *Public Choice*, 33(4): 27–43.

Rueben, K. (2000). 'Tax Limitations and Government Growth: The Effect of State Tax and Expenditure Limits on State and Local Government', typescript. San Francisco, CA.

Salmon, P. (1987). 'Decentralization as an Incentive Scheme', *Oxford Review of Economic Policy*, 3(2): 24–43.

Sand-Zantman, W. (2004). 'Economic Integration and Political Accountability', *European Economic Review*, 48(5): 1001–1025.

Schaltegger, C. A. and Küttel, D. (2002). 'Exit, Voice, and Mimicking Behavior: Evidence from Swiss Cantons', *Public Choice*, 113(1–2): 1–23.

Schattschneider, E. E. (1960). *The Semisovereign People: A Realists View of Democracy in America*. New York: Holt, Rinehart and Winston.（『半主権人民』内山秀夫訳、而立書房、1972年）

Schumpeter, J. A. (1943). *Capitalism, Socialism and Democracy*. London: Allen & Unwin.（『資本主義、社会主義、民主主義』大野一訳、日経BP、2016年）

Sen, A. K. (1970). 'The Impossibility of a Paretian Liberal', *Journal of Political*

Economy, 78(1): 152–157.

—— (1976–77). 'Rational Fools: A Critique of the Behavioral Foundations of Economic Theory', *Philosophy and Public Affairs*, 6(4): 317–344.

—— (1977). 'On Weights and Measures: Informational Constraints in Social Welfare Analysis', *Econometrica*, 45(7): 1539–1572.

Shepsle, K. and Weingast, B. (1981). 'Structure-Induced Equilibria and Legislative Choice', *Public Choice*, 37(3): 503–519.

Shi, M. and Svensson, J. (2006). 'Political Budget Cycles: Do They Differ across Countries and Why?' *Journal of Public Economics*, 90(8-9): 1367–1389.

Smart, M. and Sturm, D. (2003). 'Does Democracy Work? Estimating Incentive and Selection Effects of U.S. Gubernatorial Elections, 1950–2000', unpublished notes. University of Munich, Munich.

—— and —— (2013). 'Term Limits and Electoral Accountability', *Journal of Public Economics*, 107: 93–102.

Smith, A. (1776). in R. H. Campbell, A. S. Skinner, and W. B. Todd (eds.) *An Inquiry into the Nature and Causes of the Wealth of Nations*. Oxford: Clarendon Press.（『国富論』（全4巻）水田洋監訳、岩波書店、2000–1年）

Stigler, G. J. (1971). 'The Theory of Economic Regulation', *Bell Journal of Economics*, 2(1): 3–21.

Stromberg, D. (2004). 'Radio's Impact on Public Spending', *Quarterly Journal of Economics*, 119(1): 189–221.

Sturm, D. (2006). 'Product Standards, Trade Disputes, and Protectionism', *Canadian Journal of Economics*, 39(2): 564–581.

Svensson, J. (2005). 'Controlling Spending: Electoral Competition, Polarization and Endogenous Platforms', unpublished typescript, IIES, Stockholm.

Tabellini, G. and Alesina, A. (1990). 'Voting on the Budget Deficit', *American Economic Review*, 80(1): 37–49.

Testa, C. (2008). 'Government Corruption and Legislative Procedures: Is One Chamber Better than Two?' LSE STICERD Research Paper No. DEDPS41.

Tirole, J. (1996). 'A Theory of Collective Reputations (with Applications to the Persistence of Corruption and to Firm Quality)', *Review of Economic Studies*, 63(1): 1–22.

Triesman, D. (2000). 'The Causes of Corruption: A Cross National Study', *Journal of Public Economics*, 76(3): 399–457.

Tullock, G. (1959). 'Problems of Majority Voting', *Journal of Political Economy*, 67(6): 571–579.

—— (1967). 'The Welfare Costs of Tariffs, Monopolies and Theft', *Western Economic Journal*, 5(3): 224–232.

—— (1980). 'Efficient Rent-Seeking', in I. Buchanan, R. Tollison, and G. Tullock (eds.) *Towards a Theory of the Rent-Seeking Society.* College Station, TX: Texas A&M University Press.

Weingast, B., Shepsle, K., and Johnsen, C. (1981). 'The Political Economy of Benefits and Costs: A Neo-classical Approach to Distributive Politics', *Journal of Political Economy*, 89(4): 642–664.

Weissberg, R. (1976). *Pubic Opinion and Popular Government.* Englewood Cliffs, NJ: Prentice Hall.

Wicksell, K. (1896). 'A New Principle of Just Taxation', in R. A. Musgrave and A. T. Peacock (eds.) *Classics in the Theory of Public Finance.* London: McMillan.

Wilson, J. D. (1999). 'Theories of Tax Competition', *National Tax Journal*, 52(2): 269–304.

Wittman, D. A. (1977). 'Candidates with Policy Preferences: A Dynamic Model', *Journal of Economic Theory*, 14(1): 180–189.

—— (1989). 'Why Democracies Produce Efficient Results', *Journal of Political Economy*, 97(6): 1395–1426.

—— (1997). *The Myth of Democratic Failure: Why Political Institutions Are Efficient.* Chicago: University of Chicago Press.（『デモクラシーの経済学』奥井克美訳、東洋経済新報社、2002 年）

Zax, J. S. (1989). 'Initiatives and Government Expenditures', *Public Choice*, 63(3): 267–277.

Zhuravskaya, E, Petrova, M., and Enikolopov, R. (2020). 'Political Effects of the Internet and Social Media', *Annual Review of Economics*, 12: 415–438.

索　引

【著者】

ティモシー・ベズリー（Timothy Besley）

ロンドン・スクール・オブ・エコノミクス（LSE）教授（経済学・政治学）、及び、W・アーサー・ルイス開発経済学教授。オックスフォード大学卒業後、同大学にて DPhil（Economics）取得。2018 年に Sir の称号を授与される。専門は、開発経済学、政治経済学、公共経済学など幅広い分野にわたっている。*American Economic Review* などのトップジャーナルに論文多数。本書以外の著作に、*Pillars of Prosperity: The Political Economics of Development Clusters*, Princeton University Press, 2011（Torsten Persson との共著）がある。

【訳者】

溝口哲郎（みぞぐち・てつろう）

高崎経済大学経済学部教授。慶應義塾大学経済学部卒。オタワ大学で Ph.D.（Economics）取得。専門は、公共経済学および応用ミクロ経済学、腐敗の経済分析。著書に『国家統治の質に関する経済分析』（三菱経済研究所）、著作に "Amakudari: The Post-Retirement Employment of Elite Bureaucrats in Japan," *Journal of Public Economic Theory*, 14(5): 813–847（N.V. Quyen との共著）などがある。

【解説者】

下松真之（くだまつ・まさゆき）

東京大学教養学部卒。ロンドン・スクール・オブ・エコノミクス（LSE）で Ph.D.（Economics）を取得。ストックホルム大学国際経済研究所（IIES）や大阪大学大学院国際公共政策研究科（OSIPP）で教鞭をとる。アフリカ諸国の乳児のマイクロデータを用いて民主主義の乳児死亡率への影響を推定した論文と、中国共産党幹部の履歴書データを用いて昇進にはコネと実績の両方が必要であることを実証した論文を *Journal of the European Economic Association* に掲載。2019 年に退職後、UX デザインや Web エンジニアリングを独学し、現在、エクスポート・ジャパン株式会社に勤務。

良い政府の政治経済学

2024 年10月 5 日　初版第 1 刷発行

著　者 ——— ティモシー・ベズリー
訳　者 ——— 溝口哲郎
発行者 ——— 大野友寛
発行所 ——— 慶應義塾大学出版会株式会社
　　　　　　〒108-8346　東京都港区三田 2-19-30
　　　　　　TEL〔編集部〕03-3451-0931
　　　　　　　　〔営業部〕03-3451-3584〈ご注文〉
　　　　　　　　〔　〃　〕03-3451-6926
　　　　　　FAX〔営業部〕03-3451-3122
　　　　　　振替 00190-8-155497
　　　　　　https://www.keio-up.co.jp/
装　丁 ——— Boogie Design
印刷・製本 —— 株式会社啓文堂
カバー印刷 —— 株式会社太平印刷社

©2024　Mizoguchi Tetsuro
Printed in Japan　ISBN 978-4-7664-2973-2

慶應義塾大学出版会

セイヴィング キャピタリズム

ラグラム・ラジャン+ルイジ・ジンガレス著／堀内昭義・アブレウ聖子・有岡律子・関村正悟訳
自由な金融市場の重要性を強調しつつ、国際比較や歴史的視点を踏まえ、資本
主義市場がしばしば政治的に歪められてしまう原因を明らかにした、米国でベ
ストセラーの翻訳。 定価 3,850 円（本体 3,500 円）

企業 契約 金融構造

オリバー・ハート著／鳥居昭夫訳
企業理論の基礎となる「契約理論」の古典。企業の境界や企業金融について理
論的な視座を与える。本書を含む業績により著者は、2016年ノーベル経済学賞
を受賞した。 定価 3,520 円（本体 3,200 円）

歴史は実験できるのか　自然実験が解き明かす人類史

ジャレド・ダイアモンド＋ジェイムズ・A・ロビンソン編著／小坂恵理訳
「実験」が不可能な歴史事象に対して、歴史学、経済学、政治学など幅広い専門
家たちが、新しい比較研究・自然実験の手法を駆使して奴隷貿易からフランス
革命の影響まで、世界史の謎に挑む！ 定価 3,080 円（本体 2,800 円）

コラプション　なぜ汚職は起こるのか

R・フィスマン＋M・A・ゴールデン著／山形浩生・守岡桜訳／溝口哲郎解説
世界中の国が汚職・腐敗に苦しんでいる。その原因は「悪人」にあるのではなく「構
造」にある。「汚職の均衡」がなぜ起こるのか、なくすにはどうすればよいのか。
気鋭の経済学者と政治学者が最新の知見をまとめた汚職撲滅のバイブル。
定価 2,970 円（本体 2,700 円）

新版 市場を創る　バザールからネット取引まで

ジョン・マクミラン著／瀧澤弘和・木村友二訳
古今東西の市場の豊富な事例と、経済学の先端研究をベースにした「市場設計」
について理論・実践ともに一流の学者が書いた先駆的な書。初学者には経済学
入門として、ビジネスパーソンには実際の市場を考える上で参考になる。
定価 2,970 円（本体 2,700 円）